北京师范大学史学探索丛书
唐宋城市社会空间与经济结构研究丛书

唐宋城市史论集

陈涛 著

图书在版编目（CIP）数据

唐宋城市史论集 / 陈涛著. — 北京：商务印书馆，2024
（唐宋城市社会空间与经济结构研究）
ISBN 978-7-100-23984-4

Ⅰ.①唐… Ⅱ.①陈… Ⅲ.①城市史－研究－中国－唐宋时期 Ⅳ.①K928.5

中国国家版本馆CIP数据核字（2024）第099353号

权利保留，侵权必究。

唐宋城市社会空间与经济结构研究
唐宋城市史论集
陈涛 著

商 务 印 书 馆 出 版
（北京王府井大街36号　邮政编码 100710）
商 务 印 书 馆 发 行
三河市尚艺印装有限公司印刷
ISBN 978-7-100-23984-4

2024年10月第1版　　开本 710×1000　1/16
2024年10月第1次印刷　　印张 16

定价：80.00元

北京师范大学史学探索丛书

编辑委员会

顾　问　刘家和　瞿林东　郑师渠　晁福林
主　任　杨共乐
副主任　李　帆　易　宁

委员（按姓氏笔画排序）

宁　欣　刘林海　安　然　张　升　张　皓　张　越
张荣强　张建华　吴　琼　周文玖　罗新慧　郑　林
侯树栋　姜海军　郭家宏　耿向东　董立河

北京师范大学史学探索丛书总序

在北京师范大学的百余年发展历程中，历史学科始终占有重要地位。经过几代人的不懈努力，今天的北京师范大学历史学院业已成为史学研究的重要基地，是国家"211"和"985"工程重点建设单位，首批博士学位一级学科授予权单位；拥有国家重点学科、博士后流动站、教育部人文社会科学重点研究基地等一系列学术平台，综合实力居全国高校历史学科前列。教学上，历史学院在课程改革、教材编纂、教书育人等方面，都取得了显著的成绩，曾荣获国家教学改革成果一等奖。在学术研究方面，同样取得了令人瞩目的成就。在出版了由白寿彝教授任总主编，被学术界誉为"20世纪中国史学的压轴之作"的多卷本《中国通史》后，一批底蕴深厚、质量高超的学术论著相继问世，如十卷本《中国文化发展史》、二十卷本《中国古代社会与政治研究丛书》、三卷本《清代理学史》、五卷本《历史文化认同与统一多民族国家的发展》、二十三卷本《陈垣全集》以及《中西古代历史、史学与理论比较研究》、《历史视野下的中华民族精神研究》、《上博简〈诗论〉研究》等巨著。这些著作皆声誉卓著，在学界产生较大影响，得到同行普遍好评。

除上述著作外，历史学院的教师们潜心学术，以探索精神攻关，又陆续完成了众多具有原创性的成果，在历史学各分支学科的研究上连创佳绩，始终处在学科前沿。特别是崭露头角的部分中青年学者，他们的作品已在学术界引起较大反响。为了集中展示历史学院的这些探索性成果，也为了给中青年学者的后续发展创造更好条件，我们组编了这套"北京师范大学史学探索丛书"，希冀在促进北京师范大学历史学科更好发展的同时，为学术界和全社会贡献一批真正立得住的学术力作。这些作品或为专题著作，或为论文结集，但内在的探索精神始终如一。

当然，作为探索丛书，特别是以中青年学者作品为主的学术丛书，不成熟乃至疏漏之处在所难免，还望学界同仁不吝赐教。

北京师范大学历史学院

北京师范大学史学理论与史学史研究中心

北京师范大学史学探索丛书编辑委员会

2016 年 12 月 25 日

唐宋城市社会空间与经济结构研究丛书总序

唐宋时期是中国历史上具有划分时代意义的时期，也是中国传统社会由前期向后期过渡的关键转型期。只有完整地考察唐宋，才能更清楚地勾勒出这一时期的历史变化过程和意义，这一变化对中国社会历史的影响和作用也才能得到整体体现。城市社会及城市空间是近年学界关注的领域。在中国古代社会，城市是引领社会发展的龙头，其发展演变具有导向性与典型性。对中国古代城市的研究自20世纪80年代以来形成热点，至今热度不减，深度和广度都有明显发展。近年来，城市研究中引起热议和不能回避的五个问题为：一是如何认识唐宋变革说；二是对各种"空间"的认识与探讨；三是城市制度及社会阶层变迁研究；四是推进城市研究的新材料的利用；五是对不同类型城市（如沿海、地方政权）的新探索等。随着国家"丝绸之路经济带和21世纪海上丝绸之路"（"一带一路"）倡议构想的实施和推进，具有龙头意义和枢纽地位的历史文化名城，包括唐宋时期具有深厚积淀的内陆都城和新兴的沿海城市，具有新的战略研究的重大价值和意义。

唐宋城市社会空间与经济结构研究丛书正是在这一大环境下围绕上述问题的展开和延伸研讨。研究唐宋时期城市化进程中的诸多变化及其原因、发展趋势，对探索当今及此后现代化过程中城市的发展变化和面临的新问题都有借鉴意义。

一、国内外相关研究

（一）如何认识和把握由唐到宋城市社会的变化

在 20 世纪 20 年代，内藤湖南提出的"唐宋变革说"引领下，以社会经济为突破点和核心，众多中外学者就如何认识唐宋城市社会从封闭走向开放的历史过程，如何把握城市社会变化的诸多层面，展开了广泛和深入的探讨。

日本学者宫崎市定对宋代所呈现出的近世社会特征进行的论证，加藤繁对唐宋城市经济的系列研究。此后，日野开三郎、佐藤武敏、斯波义信、梅原郁等人的研究涉及唐宋时期的市坊制度、邸店、商业、行会组织等，都是围绕着城市社会经济进行的剖析。斯波义信对城市研究的量化工作，以及对商业发展潮流与唐宋变革内在联系的分析，指出了唐宋变革时期"商业繁荣"的一个明显特点是显著的城市化现象。可以说，立足于唐宋变革视野的城市研究，最先取得突破性进展的是与城市社会经济相关的研究。

中国学界较早对中古城市经济问题进行探讨的是被称作"食货派"的一批学者，以 20 世纪 30 年代中国社会史问题论战为契机，形成以陶希圣为主要代表的"以中国古代社会经济史为研究旨趣的学术团体"。其中全汉升、鞠清远等对唐宋时代市镇等的研究对引起现代中国史学界对城市变革问题的关注有筚路蓝缕之功。

（二）对唐宋社会结构、阶级、阶层和群体的研究

陈寅恪、杨志玖、韩国磐、胡如雷等在有关论著中涉及阶级、阶层、等级问题。唐代的士庶界限，士人的转型，科举考试带来的社会变化，行会的

发展；唐朝中后期中小商人的成长，社会等级的再编制，依附关系的变化等，也引起众多学者的关注。城市类型、城市居民、城市经济结构的研究，是集中于城市社会的深层研究，着眼点放在城市社会群体，张泽咸、王曾瑜、郭正忠、杜文玉及日本学者妹尾达彦等对此都有很深入的研究。此外在探讨城市组织的产生、发展和演变方面，全汉升和加藤繁有开拓之功。

（三）城市历史地理研究的厚重与发展

谭其骧、史念海等分别从沿革地理、古都制度、城市与自然地理环境等方面进行了探讨，侯仁之明确了城市历史地理研究的内容，包括城址的起源和演变、城市职能的形成及演变、城市面貌的形成及特征、城市位置的转移及其规律、地区开发和城市兴衰的地理因素等几个方面。

近些年来，历史城市地理研究领域涌现出诸多论著，比较重要的如李孝聪《历史城市地理》，马正林《中国城市历史地理》，杨宽《中国古代都城制度史研究》，成一农《古代城市形态研究方法新论》《空间与形态——三至七世纪中国历史城市地理研究》等，这些都推动了城市及城市历史地理研究的进一步深入。

（四）唐五代宋城市研究的新进展

21世纪以来，与唐宋城市有关的研究有几个关注点：一是对中国古代城市社会阶层的研究受到重视。由于中国改革进程的加速，当代社会面临的社会转型和新社会阶层生成的现实问题，当代社会阶层的划分和界定成为近年讨论和研究的热点，有专家学者将当代中国社会归纳为五大社会等级、十大社会阶层。这也促使我们回头思考，唐宋时期社会转型的过程中，城市社会阶层的构成是否发生了变化，我们有必要重新审视社会阶层的重组和分化，尤其是中下层的变化。二是城市研究中"空间"概念使用的频率越来越高。

随着全球史观视野下环境史的兴起，人们正重新探索认识社会历史发展与环境变迁的关系，因此，也涉及如何在这一大空间的视野下，考察城市的发展与变化。三是对城市空间的定义，随着政治学、社会学等的介入，已不仅仅局限于地理空间的范畴，政治空间、文化空间、经济空间、精神空间、礼仪空间、信息空间、环境与自然空间、冥界空间等虚实空间逐渐成为热议的对象，由此引出如何把握历史学的城市研究"空间"问题。回归社会空间的主体或核心——人，应该是我们研究的重点。

（五）还可开拓的研究

就迄今的成果来看，城市社会群体的分层分类，城市各类空间，不同类型城市的发展道路，对沿海城市的再认识，中古走向近世时期中外城市比较研究，传世文献，新出史料如敦煌吐鲁番文书、《天圣令》，以及陆续发现的墓志和石刻资料对古代城市研究的新价值，笔记小说、诗歌中的城市社会信息等多领域、多角度的研究，仍然具有进一步开拓性研究的空间。

随着全球史观视野下环境史的兴起，人们正探索重新认识社会历史发展与环境变迁的关系。因此，也涉及如何在这一大空间的视野下，考察城市的发展与变化。

（六）新视野下陆路和海上丝绸之路沿线城市兴衰的重新审视

考古学在丝路沿线新的发掘及研究的新成果，很多以往废弃的城市以及与曾经兴盛的城市有关的新材料给人以日新月异的感觉。西北内陆城市与东南沿海城市，中国古代城市与日本、中亚、西亚乃至欧洲中世纪城市的比较研究，都是目前国际学术界日益关注的话题，也成为国际交流与合作在"一带一路"新视野下正在探索和实践的新领域。以国内学者为主的多支考察团队已经取得了很多收获。

二、本套丛书的主要内容

丛书围绕的主题都是作者长期关注和研讨的领域，我们选择了考虑比较成熟和有扎实研究基础的城市经济空间及其运作、长安与洛阳之间——武则天时期的长安、笔记小说与城市社会、城市中下阶层、城居士族与政治、区域中心城市与地方政权及其格局、盛衰转折时期的中心城市等主题作为研究的重点，另将多年整理的宋人笔记小说中的隋唐五代史史料进行了整理汇编。

（一）唐代城市空间与经济运作

以城市景观建设与经济功能的研究为线索，其中宅第建筑、衙署、仓廪、市场等为重点关注点，进而探讨城市建设与管理、城市税收等相关问题。对包括《营缮令》在内的《天圣令》的研究与利用，为本课题研究增加了城市建设中立法与管理等新资料，拓展了城市研究新领域。在制度的确立与变迁的审视分析中，还探讨了律令制度与城市制度演变嬗替之轨迹及规律，进而远瞻其对中国社会历史的影响和作用。

（二）长安与洛阳之间——武则天时期的长安

长安和洛阳作为武则天政治活动的主要舞台，一为起点，一为终点，贯穿武氏一生。武则天虽然将政治中心定位于洛阳，但并未取消长安的西京地位。她在洛阳的重大政治行为，诸如临朝称制、改唐为周、营建宗庙等，皆需顾虑长安反应。本课题将视角转向武则天时期的长安城，关注其时长安城的重要政治地位与战略意义，研究武则天对长安经营控制的手段与效果，探讨其时长安与洛阳地位的升降，观察其时长安城内部空间布局的演变以及对后世的影响。通过对以上问题的思考，不仅能够对武则天的政治生涯有更为全面、客观的认识，而且能为唐代长安城的发展演变提供新的思考。

（三）文人笔下的城市社会

主要探讨文人笔下的人物群像和真幻相间的场景所构成的鲜活的唐宋城市画卷。与文学注重故事情节、人物形象性格、创作手法等不同，从历史学的角度，探讨笔记小说中的社会历史信息。还涉及了城市空间与政争的关系，商人沉浮与城市兴衰的关系，城市公共信息传播的渠道与社会影响，流动人口与城市化等诸多问题。

（四）盛衰中的都城变迁——以安史乱后的洛阳为中心

洛阳在整个中古时期的政治和经济格局变动过程中都尤为重要。唐宋之际政治中心的东移和经济中心的东南移都以洛阳为支点，洛阳在这一历史过程中具有重要的意义。主要探讨安史之乱后（唐后期）北方中心城市——洛阳的发展与变迁。安史之乱后，洛阳在两京政治轴心体系中走向边缘。在"焚埃略尽、百曹榛荒"的表象背后，我们看到唐王朝在战乱后重塑东都形象的努力；洛阳在中央与周边藩镇的抗衡中扮演的重要角色。审视唐后期洛阳的城市变迁及其背后深层次的历史动因，探究这一系列变动对洛阳城市性格形成所带来的影响，以及洛阳在唐宋之际政治中心东移和经济重心东南移过程中的重要意义。

（五）士族与中古时期的"城市化"

对具有典型意义的中古世家大族京兆韦氏等家族历史变迁进行系统考察，探讨中古士族在社会转型期的盛衰起伏。如韦氏虽然支系繁多，但南迁北归或一直留居北方的京兆韦氏则凭借宗族乡里基础与北朝隋唐政权重新结合，成为延续至唐初的军功新贵或皇亲国戚，武质特征明显。随着唐代中央集权的加强，科举制的实施和城市商品经济的复兴，京兆韦氏精英分子被吸收到两京，成为寄生官僚，武质丧失殆尽，文质凸显，家族重心逐渐从乡里杜陵转移至城市两京。安史之乱后，随着唐代中央集权的衰落，经济重心的南移，文化学术的下移，原来世家大族所仅有的也是最为依恃的文化优势逐渐丧失，京兆韦氏也走向衰落。进一步思考宋代以后的大家族为何呈现出完全不同的历史面貌。

（六）社会转型中的城市贱民阶层

在唐宋社会转型期，我们如果眼光下移，会发现大部分城市中下阶层的社会政治地位及生活实态都发生了很大变化。如数量众多的唐代京城及分散与地方的乐人（乐户），他们（她们）的身份低于平民。但随着社会转型和制度变迁，唐代官府乐户制度已逐渐松弛，原隶属于太常的乐户身份也在向平民化方向转化，至宋代则完成了这一过程。随着城市社会对乐舞百戏娱乐消费需求的增加，城市中涌现了乐户、音声人之外的更多的散乐人员。乐户由半自由的依附民转化为平民身份与中古时期人身依附关系的变化相一致。反映了包括城市社会在内的身份等级比较低下的人户身份制色彩逐渐弱化的历史趋势。

（七）未完成的中兴：中唐前期的长安政局

中唐——这里指代宗到德宗时期，在长安政治空间中发生了一系列关乎此后政局走向的重大事件，如何在社会变革视野下考察这一时期的朝廷动向与基本国策，具有瞻前顾后的重要意义。

（八）区域中心城市

围绕这一主题，作者就五代时期的以江陵为统治中心的荆南政权、淮北地区城市作为个案研究的对象。五代荆南只有三州之地，其首府为江陵（荆州）。虽地狭兵弱，但当南北要冲，在五代十国时期诸强环视的环境下得以存活和发展，其政权必有别于其他九国的特殊之处。淮北地区则是中古时期中国的基本经济区，同时也是受历代王朝重视的政治区域，该地区的城市在隋唐五代时期的发展历程中，有关与区域内部的社会、政治、经济状况有着复杂的相互作用关系尚需澄清。

（九）宋人笔记中的隋唐五代史料

笔记小说的史学价值，堪与出土文书、石刻碑志鼎足而立。陈寅恪"以诗证史"的代表作《元白诗笺证稿》，也是以笔记小说证史的经典之作，从而使史学界重新审视笔记小说及其史学价值。唐宋两朝时代相隔不远，宋人著作中很多涉及或引用隋唐五代，尤其是唐代"故事"，唐代的史实、人物、典故都是宋人津津乐道的内容，但由于没人进行过专门的搜集、整理，目前对唐宋史研究还是很大的缺憾。希望我们的努力能够弥补这一缺憾，进一步推动研究工作的开展。

本套丛书属于研究系列的一部分，上述的主题研究，并非准确的各卷书名。根据研究的进展，可能会有调整和补充。此后还将陆续围绕相关主题展开研讨，将成熟的作品陆续呈现给读者。

本套丛书被列入"北京师范大学史学探索"丛书，并得到出版资助。特此致谢！

宁欣

2021 年 5 月于北京

目 录

上 编

"中世纪城市革命"论说的提出和意义 3
    一、"中世纪城市革命"论说的提出 3
    二、唐宋城市变革研究的拓宽与深化 7
    三、结语 17

唐宋城市史研究的若干新趋向 19
    一、城市建筑与城市景观的研究 20
    二、城市医疗卫生与城市社会保障的研究 24
    三、城市生态环境与城市灾害的研究 28

唐宋城市史研究的省思与展望 35
    一、唐宋城市史研究省思 36
    二、唐宋城市史研究中"变革"与"连续"的辩证统一 40
    三、唐宋城市史研究展望 42

唐代后期江南的乡村经济及其商品化 47
    一、甫里的地理位置与自然资源 48

  二、唐代后期甫里经济的多元化格局 51
  三、甫里经济的商品化及其原因和特点 60
  四、甫里的经济困境 66

中国古代人口史近来研究综述 69
  一、通论性研究 70
  二、区域性研究 73
  三、断代性研究 77
  四、回顾与展望 98

中国古代户籍制度近来研究综述 99
  一、通论性研究 99
  二、断代性研究 101
  三、中国古代户籍制度研究的特点与趋向 116

汉唐间的"富民"、"富人" 120
  一、正史所见"富民"、"富人"的数据统计 121
  二、正史所见"富民"、"富人"的综合分析 125
  三、结语 133

唐代南康州建置新证 134
  一、唐代南康州的早期历史 134
  二、唐初南康州建置诸说 135
  三、唐代南康州之名管陈 138
  四、唐代南康州建置时间蠡测 140
  五、唐代南康州沿革略述 145

唐大中二年沙州遣使中原路线新说 146

下 编

唐代木炭使置废考 157
    一、唐代木炭使的始置时间 157
    二、唐代木炭使的变化过程及原因 160
    三、结语 164

唐代长安城牡丹时空分布的嬗变 165
    一、从河东寺院到长安禁苑：高宗武后时期长安牡丹的引种 166
    二、都城宫苑和官员私第：玄宗开元天宝时期长安牡丹分布空间的扩展 171
    三、宫苑、官署、私宅、寺观：唐代中期以降长安牡丹分布空间的多元化 173
    四、唐代长安牡丹时空分布所反映的城市社会 177

唐宋时期牡丹栽培技术的传承与发展 182
    一、野生牡丹与栽培牡丹在医书中的区分时代 183
    二、栽培牡丹的出现时间 185
    三、唐代的牡丹栽培技术 189
    四、宋代的牡丹栽培技术 192
    五、结语 195

"文房四宝"源流考 196
    一、"文房"含义嬗变 196
    二、"笔墨纸砚"合称——"文房四宝"的萌芽阶段 198
    三、文房"四友"出现——"文房四宝"的确立阶段 200
    四、名称多元化——"文房四宝"的盛行阶段 203
    五、小结 208

宋代东京城"马行街无蚊" 209
    一、唐宋时人对"蚊"的认知 210
    二、唐宋时人对"人与蚊"关系的揭示 211
    三、唐宋时人对"蚊与环境"问题的理解 214
    四、从环境史角度对"马行街无蚊"的诠释 216

制度视域下的唐代冬至节及其对日本的影响 218
    一、唐代冬至节的制度规定与社会风俗 218
    二、日本冬至节的出现及其流变 228
    三、结语 232

后　记 234

上　编

"中世纪城市革命"论说的提出和意义

唐宋时期的中国社会曾经发生了很多重要的变化,这是中外史学界比较公认的看法。由唐到宋,政治、经济、军事、文化等诸多领域都呈现出与之前不同的面貌,其中,作为社会重要载体的城市,它的变化往往昭示着社会深刻而全面的变化。如何认识这些变化,学界展开了多方面的探讨,其中,美国学者施坚雅(G. W. Skinner)提出的"中世纪城市革命"的论说引起了中外学者的重视,并且具有比较广泛的影响。

一、"中世纪城市革命"论说的提出

中国古代经历的城市变化,有学者冠以"城市革命"之说,作为学界经久不衰的话题,其实可追溯到美国学者施坚雅提出的"中世纪城市革命"(The medieval urban revolution)概念。在这场讨论中,对"革命"的诠释,发轫于伊懋可等学者提出的"经济革命",并且成为讨论的基点。

1973年,英国汉学家伊懋可(Mark Elvin)在《中国的历史之路》(The Pattern of the Chinese Past)中提出了中国中古时期发生重大的变化,他称之为"中古时期的经济革命"(The medieval economic revolution)[1],其着眼点主要在唐宋(特别是宋)时期出现的"经济革命"。作为这一观点的基石,他指出宋代的中国,经济出现了巨大进步,即"宋代经济革命"。他将"宋代

---

[1] Mark Elvin, *The Pattern of the Chinese Past*, Stanford, CA: Stanford University Press, 1973.

经济革命"的表现，归纳为农业革命（The revolution in farming）、水运革命（The revolution in water transport）、货币和信贷革命（The revolution in money and credit）、市场结构与都市化的革命（The revolution in market structure and urbanization）和科学技术革命（The revolution in science and technology）。[1] 日本学者斯波义信在《北宋的社会经济》一书中也提出"宋代经济革命"的论说，他将之归纳为农业革命、交通革命、商业革命以及都市化方面的重大变化。[2] 伊懋可与斯波义信二人的分类虽不尽相同，但他们都将都市化作为宋代经济革命的重要变化之一。可以说，此后学界经久不衰的"城市革命"论说应发轫于此。

美国学者施坚雅提出的"中世纪城市革命"（The medieval urban revolution）概念，是以中心地学说（Central place theory）为基本指导性理论框架，开展对中国城市史和以中心城市为核心的区域经济史的研究，他概括为"市场结构和城市化中的中世纪革命"，认为这个革命具有鲜明的特点，表现为：（1）放松了每县一市，市须设在县城的限制；（2）官市组织衰替，终至瓦解；（3）坊市分隔制度消灭，而代之以"自由得多的街道规划，可在城内或四郊各处进行买卖交易"；（4）有的城市在迅速扩大，城外商业郊区蓬勃发展；（5）出现具有重要经济职能的"大批中小市镇"。他指出政府放弃对贸易的干预和地区经济的商业化萌芽，正是造成中世纪城市革命的原因。[3]

施坚雅经过对中国历史长时段的认真考察后指出，这场中世纪城市革命并没有在中国的所有地区或大部分地区同时发生，长江中下游地区在南宋时期所达到的商业化水准，在其他大部分中心地区只是到明清时期才达

---

[1] Mark Elvin, *The Pattern of the Chinese Past*, pp.113-199.
[2] 参见〔日〕斯波义信：《北宋的社会经济》，〔日〕松丸道雄等编：《世界历史大系·中国史3·五代—元》，山川出版社1997年版，第170—199页。
[3] 参见〔美〕施坚雅著，王旭等译：《中华帝国的城市发展》，《中国封建社会晚期城市研究——施坚雅模式》，吉林教育出版社1991年版，第44—45页；或见〔美〕施坚雅：《中华帝国的城市发展》，载〔美〕施坚雅主编，叶光庭等译：《中华帝国晚期的城市》，中华书局2000年版，第23—24页。

到。从中世纪城市革命开始，不但内地逐渐落后于沿海地区，而且子地区间发展也常常不平衡。在公元 10 世纪，中国西北大区域处于经济萧条时期，而华北大区域却处于经济高涨时期；在公元 12 世纪，长江下游地区经济繁荣，而华北大区却呈经济衰退之势。因而，西北和华北区域的都市化都拖了下来。①可以说，中国多数区域的中世纪城市革命是到帝国晚期才发生的。作者认为，城市职能的强度水平，从唐初至中世纪周期末，始终是稳定的，或者甚至是增长着，真正重大的变化就是官僚政府在这些职能——行政社会职能及经济职能——上所起的作用在不断收缩。因而，这场革命是整个社会的管理方式上的革命。②

施坚雅的上述论断，的确很有见地，尤其是他对政府作用于社会经济及对城市的解析，以及研究区域经济的发展对城市革命的作用，这两点给我们研究城市史提供了新的思路。不过，我们从中仍然可以看出，中国"中世纪城市革命"概念的背后有着自 20 世纪初以来国外学术界广泛争论的"唐宋变革论"的影子③。

"唐宋变革论"源自日本学者内藤湖南（1866—1934）的倡说，其影响延续至今。内藤基于对中国历史的全局观，将唐宋时期作为一个相对完整的历史时段进行考察，认为唐代和宋代有着显著的差异，强调在这一时期的政治制度、社会结构、经济发展、学术文艺等各个方面都发生了关键性的转变，指出唐宋之际正是这一转变的契机。内藤的"唐宋时代观"④，正是源自宏观视野的概括，学界通常称之为"内藤假说"或"唐宋变革说"或"唐宋变革论"，这一论说在学术界有着广泛的影响，也引起颇多争议。张广

---

① 参见《施坚雅教授中国城市史研究评介（代序）》，《中国封建社会晚期城市研究——施坚雅模式》，王旭等译，第 5 页。
② 参见〔美〕施坚雅：《中华帝国的城市发展》，〔美〕施坚雅主编，叶光庭等译：《中华帝国晚期的城市》，第 26 页。
③ 参见李孝聪：《历史城市地理》，山东教育出版社 2007 年版，第 31 页。
④ 〔日〕内藤湖南著，黄约瑟译：《概括的唐宋时代观》，刘俊文主编：《日本学者研究中国史论著选译》第 1 卷《通论》，中华书局 1992 年版，第 10—18 页。

达在《内藤湖南的唐宋变革说及其影响》一文中对其论说的评价堪称公允："唐宋变革说作为假说或学说，经过时代的检验，具体的内容有所改动，一些史实的诠释得到订正，但是，作为一种范式，仍在持续为人们研究和阐释中国历史提供丰富的启示，推动学界进一步探讨唐宋变革期、宋史本身以及宋元以后的历史变革。"[1]

内藤之后，宫崎市定（1901—1995）对唐宋变革说展开充分的论证。在经济方面，内藤认为，唐代货币使用量不多，纺织品和陶瓷等产量不多，主要供应上层社会；而宋代是货币经济，空前的铜钱经济，而纸钞和银的使用量也愈来愈大，纺织品和陶瓷等产量大增，流入百姓之家。20世纪50年代初，宫崎市定的《东洋的近世》问世，补充了内藤说在经济方面论据的不足，全面地列举了宋代作为中国近世社会的特征：倾向资本主义，如大土地经营，产品加速区域化、专门化和商业化（市场化）也更为普及，并走向近世资本主义的大企业经营；土地本身亦市场化，成为投资对象；商人阶层兴起，城市商业化，累积大量财富；坊市制消失，草市镇市等贸易点沿着水陆交通要道兴起；农村进入交换经济，与城市和商业密不可分；北宋的经济仍以运河为中心，南宋则同时以运河和海道（海外贸易）为中心；煤的大量使用，无疑是燃料革命；铁亦大量使用。[2] 在内藤"变革说"的宏观导向下，宫崎的研究已经涉及了唐宋时期城市变革的社会特征及具体层面。

其实，社会变革的核心问题或基本问题，应该首先从社会经济层面寻求。我们看到加藤繁的系列研究显然正是基于这一考虑。在《中国经济史考证》第一卷[3]中，他对唐宋时期坊市制的崩溃、草市的发展及商业组织的"行"等问题的研究都具有开拓意义，至少有这样几个方面的建树和新认

---

[1] 参见张广达：《内藤湖南的唐宋变革说及其影响》，荣新江主编：《唐研究》第11卷，北京大学出版社2005年版，第6页。
[2] 〔日〕宫崎市定：《东洋的近世》，教育タイムス社1950年版。中译文《东洋的近世》，见刘俊文主编，黄约瑟译：《日本学者研究中国史论著选译》第1卷《通论》，第153—241页。
[3] 〔日〕加藤繁著，吴杰译：《中国经济史考证》第1卷，商务印书馆1959年版。

识：一是从城市制度层面提出坊市制向厢制的转化，二是分析了草市的发展带来的市场分布及形态的新格局，三是对商业组织内部变化的研究推进了后学者揭示其与城市结构变化的关系，四是对城市市民生活变化的研究，带动了我们思考城市社会消费结构的终端问题。由于他的卓越贡献，加藤繁被誉为"日本学界中国经济史研究的开拓者"和"日本研究中国经济史的第一人"。他重视对史料的搜集与整理，也为此后城市社会经济研究树立了典范。

中国学界比较早对中古城市经济变革问题进行探讨的是被称作"食货派"的一批学者，他们以20世纪30年代中国社会史问题论战为契机，形成以陶希圣为主要代表的"以中国古代社会经济史为研究旨趣的学术团体"[①]。其中全汉昇、鞠清远对唐宋时代的市镇等研究对开启现代中国史学界对城市变革问题的关注方面有筚路蓝缕之功。

此后，中外学界关于唐宋城市变革的研究更不断深化。

二、唐宋城市变革研究的拓宽与深化

20世纪70年代中叶施坚雅和伊懋可合著的《两个世界之间的中国》[②]，应该说具有开创性意义。是书出版以后，西方学界不仅更加关注过去一千年来中国城市的发展和变化，同时也开始越来越注重中国古代城市变革的一种或多种模式[③]，我们也可以称之为多元化的变革模式。

总的看来，中外学界关于"中世纪城市革命"（或称"唐宋城市变革"）

---

① 李方祥：《三十年代的食货派与中国社会经济史研究的兴起》，《北京科技大学学报（社会科学版）》2007年第1期。

② Mark Elvin and G. W. Skinner, *The Chinese Between Two Worlds*, Stanford, CA: Stanford University Press, 1974.

③ 参见〔美〕林达·约翰逊（Johnson, L. C.）主编，成一农译：《帝国晚期的江南城市》，上海人民出版社2005年版，第1页。

的研究开始不断深化，学者们的研究已经突破传统上对坊市制崩溃的关注，涉及城市规划、城市形态、地域空间、城市结构、政治空间、社会空间，等等。

（一）城市规划与城市结构研究

贺业钜对中国古代城市规划进行了系统研究。他在《关于我国古代城市规划体系之形成及其传统发展的若干问题》[①]一文中阐述了他对中国古代城市规划发展阶段的认识：回顾自春秋、战国之际直到明清，在两千多年的封建岁月里，就营国制度体系传统论，它的发展过程大体上可分为两个阶段，从封建制勃兴的春秋、战国之际，到形成封建大一统帝国的秦汉时代，可列为第一阶段。自东汉迄明、清，则列为第二阶段。这一阶段又可以唐、宋市坊规划制度的改革为转折，分为两个发展过程。作者认为，市坊规划制度的变革推动了城市规划制度改革。他强调了唐宋时代市坊规划制度的变革，是研究我国古代城市规划发展史的一个关键问题。作者通过对比古典市坊规划制度（即唐宋演变之前的旧制）与唐宋市坊规划制度来揭示这番变革的实质，认为这场变革的发生和发展进程，正好反映了中国中世纪因工农业生产不断增长而引起的封建经济中商品经济力量的发展进程。商品经济力量就是这场大变革的推动者[②]。

贺业钜抓住由唐到宋这个关键时期，强调交换经济在市坊规划制度与城市分区结构变化中的作用，进而探讨市坊规划制度变革对推动城市规划制度改革以及改变城市商业布局和聚居生活的组织方式中的积极意义。从城市规划体系演变的角度讲，作者把坊市制的变革（即向开放的转变）作为划分阶段的重要依据，有其独到之处，对此后中国古代城市规划研究的

---

① 贺业钜：《关于我国古代城市规划体系之形成及其传统发展的若干问题》，《中国古代城市规划史论丛》，中国建筑工业出版社1986年版，第1—34页。
② 贺业钜：《唐宋市坊规划制度演变探讨》，《中国古代城市规划史论丛》，第200—217页。

开展具有开拓意义。

关于封闭结构逐渐走向开放，已经成为学界对"唐宋城市革命"的共识。

林立平是中国学者中较早对此展开研究的，他在《封闭结构的终结》[①]一书中，从分析城市结构的生成、发展与递嬗入手，探讨了唐宋之际城市结构的变革。他认为，自城市形成以来至唐中叶为止，城市系封闭结构，宋元明清的城市属于亚开放结构，中唐至北宋中期市坊结构向厢坊结构的过渡，是中国城市内部空间组织由封闭结构向亚开放结构的转折。

林立平强调唐宋之际是我国城市结构的重要演变时期，这不仅因为城市结构在这个时期由封闭结构演变成亚开放结构，而且还体现在城市分布结构在这时期的重大变迁。他通过探寻城市分布结构的规律，就中国城市分布变迁的轨迹提出有两条主线：第一，都城分布是按由西向东、从南到北的线路迁徙，其代表城市是西安—洛阳—开封—杭州—南京—北京。第二，城市分布重心则由北向南移动，即最初的城市规模和密度主要以黄河流域为代表，后来则是长江流域尤其是长江下游最突出了。作者认为这是我国城市分布结构变迁的两个基本特征，而这种变迁的关键时期恰在唐宋之际。他的《六至十世纪中国都城东渐的经济考察》[②]与《试论唐宋之际城市分布重心的南移》[③]分别对古代都城由西向东的迁徙过程及其原因和城市分布重心南移的问题做了探讨。

林立平研究的特点在于：一方面，作者将研究范围扩展到租佃制、国家控制（人身依附关系）、意识形态（统治思想、社会道德）等层面，同时重视商品经济运行机制的作用，以此探讨唐宋之际城市结构的变革，提出城市结构在这个时期由封闭结构演变成亚开放结构；另一方面，作者强调城市分布结构在唐宋时期的重大变迁，并指出这种城市布局的变化又昭示

---

① 林立平：《封闭结构的终结》，广西人民出版社1989年版。
② 林立平：《六至十世纪中国都城东渐的经济考察》，《北京师范大学学报（社会科学版）》1988年第3期。
③ 林立平：《试论唐宋之际城市分布重心的南移》，《暨南学报（哲学社会科学版）》1989年第2期。

着经济重心变化的大趋势。

王才强（Heng Chye Kiang）是建筑学领域中研究建筑史的学者，他在《贵族与官僚之城：中世纪中国都市景观之发展与演变》[①]一书中，集中考察了隋唐、五代和两宋这一历史时段，结合都城和地方城市两个层面，就城市从形成到功能的变革进程进行了深层次分析研究，从建筑史学家的角度，对诸如城市天际线、城市肌理、城市边缘、城市网络、郊区、街道和城市景观等提出了自己的观点。该书的理论支撑点之一，是从（汉魏）六朝到宋代中国统治阶级的一个主要变化，即旧贵族的消亡与大量军功贵族的崛起。作者承袭了贯穿于后来的著者们的论著中用以阐明城市变革问题的例证，即隋唐长安和洛阳被作为古老类型城市瓦解崩溃的典型，而宋代的开封和杭州则被作为新型城市崛起的代表。他以此来支持在同一时期占主导地位的政治和经济发展趋势的影响是城市变革发生的基础这一论点。同时，作者强调，中央权力的削弱既包括皇帝的独裁削弱，也包括贵族统治的削弱这两个方面。如果不考虑可能性的话，文化精英的崛起在某些方面实际上就是崛起了一个富有儒家精神的官僚阶层。作者认为，一个很简单的理由就是这些新的官僚由于缺乏世袭的权利和威望，绝少可能在帝国晚期去向皇权的重建挑战。因此，作者主张中国中世纪城市生活由封闭走向开放是基于政治上的变革（中央权威的弱化、贵族阶层让位于士绅阶层等）。正是在宋代，一个新的城市纪元已经到来。对照隋唐时期受制于贵族的城市里坊制、宵禁和严格的城市控制，具有实践精神的儒家官僚治理下的城市是开放型城市。在这些城市中，商业和娱乐活动的进行不再受到以往时空上的控制。作者论证政治变革对城市生活变化的作用，这对我们研究城市变革也是十分重要的。

[①] Heng Chye Kiang, *Cities of Aristocrats and Bureaucrats: The Development of Medieval Chinese Cityscapes*, Honolulu: University of Hawaii Press, 1999. 或参见〔美〕熊存瑞著，蔡云辉译：《古代中国城市史研究的新进展》，刘海岩主编：《城市史研究》第 23 辑，天津社会科学院出版社 2005 年版，第 308—322 页。

（二）城市多维空间研究

从"空间"的概念考察城市结构及其变化，是 20 世纪 90 年代以后的研究热点。美国学者芮沃寿（Arthur F. Wright）早在 1965 年发表的《象征主义与功能：关于长安和其他大城市的思考》[1]一文中就初步提出了中国城市的"宇宙论"思想。此后，他在《中国城市的宇宙论》[2]一文中进一步深化了这一思想。他从"宇宙论"视角的考察对此后的城市史研究产生了重要影响。

21 世纪以来，李孝聪从地域空间的视角对唐宋城市变化进行的研究，引起学界的重视。他的论文《唐代城市的形态与地域结构——以坊市制的演变为线索》[3]将城市作为"面"，研究其选址、城址转移、街道布局等城市外貌的形态特征和城市内部的地域结构，揭示了唐代坊市制城市从形成到解体过程中规模形态、街道布局、职能组织配置关系的变化，以及导致唐代城市变革的社会历史背景和唐、五代城市形态与地域结构演变的规律。同时，作者还强调城市变革的逐步性、渐进性。在他的系列研究中[4]，李孝聪分析了由唐到宋，中国城市开始从封闭的里坊制形态向开放式街巷制形态的转变，指出这种开放式的街巷制形态从宋朝一直保存到元、明、清时代，迄今我们仍然能够从当代中国城市中发现中国王朝中后期城市形态的影子。这个变革的过程是逐步地、渐进式地，其中虽然不乏前一历史阶段城制的余光折射，但是城市发展的总趋势、城市形态、城市结构、城市管理与宋朝相比已有很大差异。在前人研究的基础上，作者以坊市制度的演

---

[1] Arthur F. Wright, Symbolism and Functions, Reflections on Changan and Other Greater Cities, *The Journal of Asian Studies*, Vol. 24, No. 4, 1965, pp. 667-679.

[2] Arthur F. Wright, *The Cosmology of the Chinese City*; G. William Skinner, *The City in Late Imperial China*, Stanford, CA: Stanford University Press, 1977, pp.33-73. 中译文参见叶光庭等译：《中华帝国晚期的城市》，中华书局 2000 年版，第 37—83 页。

[3] 李孝聪：《唐代城市的形态与地域结构——以坊市制的演变为线索》，李孝聪主编：《唐代地域结构与运作空间》，上海辞书出版社 2003 年版，第 248—306 页。

[4] 李孝聪：《历史城市地理》，山东教育出版社 2007 年版。

变为线索，从唐代都城与地方城市形态和地域结构的塑造及转型来审视大唐王朝的时代，另外他还通过研究运河城市与城市形态的关系，[①]探讨更大空间范围内城市布局的走向，突出城市形态所反映的在城市规划上由象征主义向实用主义的转向，进而从城市形态来揭示社会变革，并且强调这种城市变革在长时段中的渐进性。

在城市史研究中，除了从城市形态、地域空间的角度观察实体空间以外，政治空间、社会空间等虚拟空间或多维空间，也被引入了城市研究的领域。

日本学者平田茂树在其《宋代城市研究的现状与课题——从宋代政治空间研究的角度考察》[②]一文中指出：1980年之后，日本学者向两个学术方向展开研究，其中之一是利用当时的史料复原城市景观。目前的一个新研究倾向是对城市空间的"场"的研究。城市空间的研究视线产生了对人与人之间结合而形成的"场"的分析和对城市文化设施的分析。从政治史角度考察城市空间时，有必要考察城市的各个具体的"场"中结成了哪些关系，进行了什么样的政治活动，其关键在于所谓的政治空间。他在《解读宋代的政治空间》[③]一文中提出：所谓的政治空间包括物理性空间、功能性的抽象空间和更微观的皇帝与官僚间的距离所见政治空间三个层次。作者从政治空间这一视角探讨了唐宋间政治的变化，认为以往的研究将唐宋政治变化看成是唐代的贵族政治（通过皇帝与贵族的协议体开展的政治）向宋代君主独裁政治（在官僚制的基础上，皇帝对所有事务都进行政治裁决的体系）的转变[④]，若将其置换到政治空间来看，可以看作是皇帝、官僚政

---

① 李孝聪：《唐宋运河城市城址选择与城市形态的研究》，侯仁之主编：《环境变迁研究》第4辑，北京古籍出版社1993年版，第153—179页。
② 〔日〕平田茂树：《宋代城市研究的现状与课题——从宋代政治空间研究的角度考察》，〔日〕中村圭尔、辛德勇编：《中日古代城市研究》，中国社会科学出版社2004年版，第107—127页。
③ 〔日〕平田茂树：《解读宋代的政治空间》，杨振红、〔日〕井上彻编：《中日学者论中国古代城市社会》，三秦出版社2007年版，第233—271页。
④ 参见〔日〕内藤湖南：《中国近世史》，弘文堂1947年版；〔日〕宫崎市定：《东洋的近世》，教育タイムス社1950年版。中译文《东洋的近世》，见刘俊文主编，黄约瑟译：《日本学者研究中国史论著选译》第1卷《通论》，第153—241页。

治空间比重的变化。

由于政治权力往往在中心城市发生变动,日本学者的这种研究视角,虽然不是直接研究城市,但却在具有政治中心意义的城市开辟出了政治空间这一概念和领域,的确很有新意。

随着城市史研究的深入,学者们逐渐重视对社会空间的研究。在这方面,荣新江对长安研究长期关注,他的《关于隋唐长安研究的几点思考》[①]一文,将长安研究的主要内容归纳为四个方面:相关文献的整理与增补、都城制度及其演变的探讨、考古发掘的成就和历史地理研究的丰富成果。他组织的"隋唐长安读书班"坚持数年,以期部分恢复盛唐长安的景象,并以此为基础,来探讨长安的社会、文化等方面。他强调新的研究视角,即打破从北到南的长安文献记载体系,注意地理、人文的空间联系;从政治人物的住宅和宫室的变迁,重新审视政治史和政治制度史;走向社会史,对于长安进行不同社区的区分并分析研究;找回《两京新记》的故事,追溯唐朝长安居民的宗教、信仰以及神灵世界。从基础性整理工作入手,目前仍然在有条不紊地开展更深入的学术研讨,系列成果已蔚为可观。

如何认识唐宋城市"公共空间"及其拓展,是近年研究学者热议的论题。

宁欣的系列研究在这方面给予了更多的关注。她将城市空间析分为三个层面:一是地域空间,诸如城市区划、城市布局、城市建筑等;二是社会与政治空间,诸如居民结构、社会结构、社会流动、城市管理制度等;三是精神空间,诸如城市文化、城市社会心理、城市观念等。作者观察到城市空间具有的多重性和多维性,提出可以把唐宋都城长安、开封和临安城市经济社会的变化梳理为有形变化、张力弹性变化和无形变化,具体表现为平面布局的突破、地域空间的拓展、功能区域格局的重新组合、人口流动频率的加快、人口结构的调整、官府职能回应市场的探索与转变等方

---

① 荣新江:《关于隋唐长安研究的几点思考》,荣新江主编:《唐研究》第9卷,北京大学出版社2003年版,第1—8页。

面。作者认为,在城市社会经济空间拓展的过程中,都城无疑具有典型意义。在城市社会结构变化与制度创新的互动中,商品经济因素展示了其无处不在的穿透力[①]。作者经过深入的研究分析后提出,空间的扩展无疑增强了都市的吸纳力,是城市化进程中的关键一环。空间的扩展至少具有三维(向)性:一是外延的扩展,以城关为中心或枢纽,以城内主要大街通过城关连接城外的重要官道,使都市的实际区域逐渐向城外扩展,即形成"大都市"(不以城墙为界限);二是城内封闭式的坊市制度的突破,主要表现为"打墙侵街"、"接檐造舍"等,这是不改变城内空间的情况下,扩大现有平面空间的利用率,增大城内的弹性和流通性,属于内涵的扩展;三是立体空间的扩展,即在占地面积不变的前提下,通过建楼提高现有土地的利用率,以增加商用和民用宅舍使用空间。随着城市商品经济的发展,流动人口的增加,封闭式的坊市制度和原有的空间结构逐渐被突破。这种突破一个重要表现就是立体空间的扩展,表现在民居和商用打破不得起楼阁的规定,尤其是商用起楼,使都城具有了更大的容纳量和吞吐量,也具有更大的弹性。正是由于平面空间和立体空间的多向拓展,都城才有了更大的容纳量和吞吐量,才有了更大的弹性,唐宋城市变革进程才有了更大的回旋空间。但无论是平面面积的扩大,还是立体方向的扩展,都不仅是空间意义上的开拓,也是城市内部结构(如人口结构、社会阶层的构成、社会群体分区特点等)的调整与变化的反映,是传统大都市进入新的历史发展阶段的表现[②]。对人们以往忽略的街道、场等空间在城市"公共社会空间"拓展中所发挥的作用,宁欣通过系列论文《不可忽视的城市社会空间:街——唐宋城市变革中的线形空间(上)》[③]、《诗与街——从白居易"歌钟

---

① 宁欣:《转型期的唐宋都城:城市经济社会空间之拓展》,《学术月刊》2006年第5期。
② 宁欣:《由唐入宋都城立体空间的扩展——由周景起楼引起的话题并兼论都市流动人口》,《中国史研究》2002年第3期。
③ 宁欣:《不可忽视的城市社会空间:街——唐宋城市变革中的线形空间(上)》,《通过城市看中国历史——韩国中国史学会第6回国际学术大会论文集》,2005年,第166—183页。

十二街"谈起》①、《街：城市社会的舞台——以唐长安城为中心》②进行了深入探讨。作者认为街道这种线形空间在突破坊市制度过程中，应该把街作为一个相对独立的功能区。唐长安城外郭城主干街道具有流动性、延伸性、公共性的特点，以及宣示、警示、炫示、舆论与信息传播功能等多项政治与社会功能，在坊市制向街市制演变的历史过程中，在城市社会变迁中发挥了不容忽视的作用。"市"与"场"从两个原本不同的空间成为集合名词也不仅仅是简单的缀合，而是城市公共空间逐渐拓展的重要表现。③

荣新江通过将研究视点聚集在唐代长安的王宅和寺观，考察了前者向后者的转移，指出：这种转移的结果，实际上是城市"公共空间"的扩大，阐明了城市"公共空间"的扩大在唐代"中古式"都城向宋代"近世化"都城转变时的社会史意义④。

（三）妹尾达彦的系列研究

在日本有"中国都市史研究第一人"之誉的学者妹尾达彦在长安研究领域颇有建树，得出了一系列说服力很强的成果。其贡献主要有两个方面：其一，他的研究视野相当宽泛，并不仅限于对长安的城市建制及其沿革进行探讨，而是将考察都城制度沿革与研究城市社会文化生活变迁巧妙地融合为一，充分关注长安的经济、政治、文化、市民生活等众多层面。他的《唐长安的街西》、《唐代长安的繁华》（上、中）、《唐代长安店铺选址与街西致富谭》、《中国都市的景观》⑤等文描绘了长安城市经济繁荣发展的情形；

---

① 宁欣：《诗与街——从白居易"歌钟十二街"谈起》，《中国历史文物》2005 年第 5 期。
② 宁欣：《街：城市社会的舞台——以唐长安城为中心》，《文史哲》2006 年第 4 期。
③ 宁欣：《唐宋城市社会公共空间形成的再探讨》，《中国史研究》2011 年第 2 期。
④ 荣新江：《从王宅到寺观：唐代长安公共空间的扩大与社会变迁》，黄宽重主编：《基调与变奏：七至二十世纪的中国》第 1 册，台湾政治大学历史学系 2008 年版，第 101—118 页。
⑤ 分见《史说》第 25 号，1984 年，第 1—31 页。《史流》第 27 号，1986 年，第 1—60 页；《史流》第 30 号，1989 年，第 37—91 页。《布目潮渢博士古稀纪念论集：东亚的法律和社会》，汲古书院 1990 年版，第 191—243 页。《史境》第 22 号，1991 年，第 25—30 页。

《大明宫的建筑形式与唐后期的长安》①一文将考古学调查成果与历史文献记载相结合，分析从 8 世纪末到 9 世纪前半期中唐大明宫的建筑构造与政治、社会机构的关联；《唐长安城的礼仪空间——以皇帝礼仪的舞台为中心》②、《唐代长安·洛阳城的城郭构造与都市社会史的研究》③、《都市的生活与文化》④诸文对唐代长安的社会文化进行了考察。在前述多篇论文的基础上，妹尾又出版了《长安的都市计画》⑤。在这部书中，作者以世界史的整体眼光，通过地理环境、民族迁徙、社会思想演变等多个角度来考察隋唐长安，在综合性以及多学科交叉研究方面，做了一些有益的尝试。其二，妹尾擅于从他人不甚关注的材料中找到灵感，能够用新的视角解读唐代长安历史。他的《唐代后期的长安与传奇小说——以〈李娃传〉的分析为中心》⑥通过对传奇小说《李娃传》的分析，具体揭示长安城市结构的变化，同时兼顾分析当时长安的庶民文化；《韦述的〈两京新记〉与八世纪前叶的长安》⑦则在前人研究基础上对 8 世纪前叶的长安进行了复原，将《两京新记》中所描绘的 8 世纪前叶为主的长安的情景，作为跨越三百多年的长安城景观史的定点坐标，为后人的长安史研究做出了贡献；《关中平原灌溉设施的变迁与唐代长安的面食》⑧一文对在关中平原灌溉渠系历史发展过程中起关键作用的泾惠渠的变迁作了整理，主要分析唐三白渠渠系及管理的改善，及其

---

① 〔日〕妹尾达彦：《大明宫的建筑形式与唐后期的长安》，《中国历史地理论丛》1997 年第 4 辑。
② 〔日〕妹尾达彦：《唐长安城的礼仪空间——以皇帝礼仪的舞台为中心》，《东洋文化》第 72 号，1992 年，第 1—35 页。中译文（黄正建译）见〔日〕沟口雄三、小岛毅主编，孙歌等译：《中国的思维世界》，江苏人民出版社 2006 年版，第 466—498 页。
③ 〔日〕妹尾达彦：《唐代长安·洛阳城的城郭构造与都市社会史的研究》，日本文部省科学研究费一般研究，研究成果报告书，1995 年。
④ 〔日〕妹尾达彦：《都市的生活与文化》，谷川道雄等编：《魏晋南北朝隋唐时代史的基本问题》，汲古书院 1997 年版，第 365—442 页。
⑤ 〔日〕妹尾达彦：《长安的都市计画》，讲谈社 2001 年版。
⑥ 〔日〕妹尾达彦：《唐代后期的长安与传奇小说——以〈李娃传〉的分析为中心》，刘俊文主编：《日本中青年学者论中国史·六朝隋唐卷》，上海古籍出版社 1995 年版，第 509—553 页。
⑦ 〔日〕妹尾达彦：《韦述的〈两京新记〉与八世纪前叶的长安》，荣新江主编：《唐研究》第 9 卷，北京大学出版社 2003 年版，第 9—52 页。
⑧ 史念海主编：《汉唐长安与关中平原》，《中国历史地理论丛》1999 年增刊。

与长安面食流行的密切关系,揭示了大城市与周边卫星地带的经济、政治、文化联系。

妹尾提出的"历史即人类与环境的关系史"命题,将人类社会与自然环境放在历史长河的统一体中考察,将全球史与区域史结合考察,重视农耕文明和游牧文明的关系,重视东西方文明的关系,以长安城作为研究的具体对象,从全球史观的视角,探索唐朝在几百年统治期的政治统治力和影响力的变化,得到了积极响应。在自然环境与人类社会的关系成为讨论热点的21世纪,妹尾宏大叙事、中西结合的手法又给我们提供了新的研究思路。

三、结语

自"中世纪城市革命"论说提出以后,中外学者的研究并没有囿于施坚雅所归纳的五个特点,而是从不同角度、多个领域展开研讨。本文没有涉及的诸如城市社会生活、城市管理制度、城市社会组织、城市生态环境、古都研究、城市人口、城市类型、城乡关系、城市文化、城市人群及其意识等都是20世纪80年代以来尤其是进入21世纪后诸多学者陆续开辟的领域。"中世纪城市革命"或"唐宋城市变革"论说实际上开阔了学者的研究视野,带动了学者研究的问题意识。有的学者着手的课题细腻具体,但视野却随着研究的深入而更加开阔。有学者提出:在探讨"城市革命"时,长时段的考察和不同地域地方城市的差异是我们必须注意的问题,研究内容也不能仅限于坊市和城外郊区的发展[1],否则就会出现以往研究中的以偏概全、以点带面、不问差异和短视的偏颇。他的提醒中肯且具有现实意义,是我们在今后的研究中必须努力加以克服的。中国中世纪或唐宋时期城市

---

[1] 成一农:《"中世纪城市革命"的再思考》,《清华大学学报(哲学社会科学版)》2007年第2期。

的变化，研究者见仁见智，对"革命"一词的运用也颇多歧异，但这一论题引领了大半个世纪以来唐宋城市变化研究的潮流，众多学者参与其间，将研究不断推向深入，将研究领域和考察视角不断拓宽，引导我们不断思考唐宋社会抑或唐宋城市社会到底发生了什么变化，这些变化说明了什么问题，我们如何认识这些变化，以及这些变化在中国历史发展的长河中、在中国城市发展的进程中如何评价、如何定位的问题。

唐宋城市史研究的若干新趋向

在中国古代城市发展史上，关键的社会转型期莫过于唐宋时代。20世纪初叶以来，唐宋城市史研究历经几代学人的不懈探求获得了相当成就，尤其自改革开放以来，研究成果蔚为大观，且相关研究综论[①]已有不少。

[①] 关于唐宋城市史的研究综论，如有：〔日〕木田知生著，冯佐哲译：《关于宋代城市研究的诸问题——以国都开封为中心》，《河南师大学报》1980年第2期；冻国栋：《二十世纪唐代商业史研究述评》，见胡戟等主编：《二十世纪唐研究》，中国社会科学出版社2002年版，第471—498页；又参见冻国栋：《中国中古经济与社会史论稿》，湖北教育出版社2005年版，第513—572页；何海燕：《近二十余年来中国汉唐城市地理研究概述》，〔日〕中村圭尔、辛德勇编：《中日古代城市研究》，中国社会科学出版社2004年版，第58—83页；〔日〕平田茂树：《宋代城市研究的现状与课题——从宋代政治空间研究的角度考察》，〔日〕中村圭尔、辛德勇编：《中日古代城市研究》，第107—127页；吴松弟：《中国大陆宋代城市史研究回顾》，《大阪市立大学东洋史论丛》第14号，2005年；杨贞莉：《近二十五年来宋代城市史研究回顾（1980—2005）》，《台湾师大历史学报》2006年第35期；吴松弟：《中国大陆宋代城市史研究回顾（1949—2003）》，《宋史研究通讯》2009年第1期；宁欣、陈涛：《唐宋城市社会变革研究的缘起与思考》，《中国史研究》2010年第1期；宁欣、陈涛：《"中世纪城市革命"论说的提出和意义——基于唐宋变革论的考察》，《史学理论研究》2010年第1期；宁欣、陈涛：《唐宋城市社会变革研究的缘起与历程》，李华瑞主编：《"唐宋变革"论的由来与发展》，天津古籍出版社2010年版，第293—357页；姚永辉：《城市史视野下的南宋临安研究（1920—2013）》，《史林》2014年第5期；冯兵：《二十世纪以来隋唐五代城市史研究的回顾与思考》，《云梦学刊》2016年第5期；刘未：《南宋临安研究史》，包伟民主编：《中国城市史研究论文集》，杭州出版社2016年版，第212—217页；徐吉军：《南宋临安文化的成就与研究综述》，包伟民主编：《中国城市史研究论文集》，第394—411页，等等。涉及唐宋城市史研究的综述还有不少，如有：曲英杰：《近年来中国古代城市问题研究综述》，《中国史研究动态》1985年第7期；张东刚：《近年来中国古代城市研究综述》，《历史教学》1990年第5期；曲英杰：《近年来古代城市研究综述》，《中国史研究动态》1990年第9期；朱士光：《八年来中国古都学研究概述》，《中国史研究动态》1991年第5期；曲英杰：《近年来中国古代城市研究的新进展》，《中国史研究动态》1996年第2期；吴铮强：《中国古代市民史研究述评》，《云南社会科学》2003年第1期；张萍：《近十年来大陆学者有关中国古代城市史的研究（1997年—2006年）》，《中国史学》第17卷，朋友书店2007年版；成一农：《中国古代城市城墙史研究综述》，《中国史研究动态》2007年第1期；熊月之、张生：《中国城市史研究综述（1986—2006）》，《史林》2008年第1期；成一农：《中国古代地方城市形态研究现状评述》，《中国史研究》2010年第1期；王卫平、董强：《江南城市史研究的回顾与思考（1979—2009）》，《苏州大学学报（哲学社会科学版）》2010年第4期，等等。

近四十年来，随着唐宋城市史研究的蓬勃开展，学术研究层面已涉及城市类型、城市等级、城市人口、城市阶层、城市经济、城市组织、城市交通、城市建筑、城市景观、城市社会生活、城市医疗卫生、城市社会保障、城市文化、城市生态环境、城市灾害、城市管理等方面，尤其是在城市建筑、城市景观、城市医疗卫生、城市社会保障、城市生态环境和城市灾害方面的研究，可以称得上是近年来唐宋城市史研究中的新趋向。研究城市史，重在关注城市的发展变革，因此笔者不求面面俱到，仅侧重从唐宋城市社会变革的视角对这些新趋向加以总结，希冀为今后进一步推动唐宋城市史研究有所裨益。

一、城市建筑与城市景观的研究

城市建筑与城市景观是城市的重要组成部分，也是城市史研究的重要内容。近些年，学者们更多地将研究对象逐渐从宏观的城市建设转向微观的城市内部建筑和景观。

宏观城市建设研究方面，宁欣概括了唐宋时期城市修建的阶段性特征。氏著《唐初至宋中期城市修建扩建述略——兼论南北地区城市发展之异同》认为，唐初至北宋中期，城市修建工程可分为三个阶段：第一阶段，唐前期，帝业初创，以经营两京为主；第二阶段，唐后期，政治中心逐渐转移，唐王朝有效控制区域缩小，外患内忧所需浩大的财政支出，往往使唐王朝经费捉襟见肘，因此无心亦无力对两京大事经营，基本限于修修补补，西、北方城市由于边防线内缩，夏、银等州成为正面防御吐蕃、回鹘、沙陀等侵扰的边防重镇，这些对长安有拱卫作用的城市以防御性修筑为主，而一些具有割据性质的藩镇，则自主修建扩建中心城市，最典型的是成都；第三阶段，唐末五代宋初，政治权力更迭，经济重心南移，城市修建的重心也发生地域性转移，南方有些中小城市发展势头强劲，呈现出城市成长的新因素。① 包伟民在系统考察宋代市政建设的基础上，提出无论在市区布局、建筑水平，还是道路营缮，元明清各代在发展程度上或有超越前代之处，但基本格局是在两宋时期形成。②

微观城市内部建筑与景观研究方面，包括宫廷建筑、宗教建筑、公私园林等，成果众多，不胜枚举。其中，辛德勇考证了唐代翰林院、学士院、少阳院的位置③；杜文玉详尽考证了大明宫内宫门、殿阁、宗教类建筑、娱乐性建筑和宫内机构的地理方位，并揭示了相关建筑的功能④；李合群重新考证了北宋东京皇宫⑤；张劲对北宋开封皇城宫苑的规模与分布、南宋临安凤凰山皇城大内、南宋临安德寿宫与西湖离宫别苑作了较为系统的研究⑥；曹尔琴、宿白、龚国强、郭黛姮等对宗教建筑做了专题研究⑦；张天启等分析了唐五代江南城市的园林建设及其特点⑧；周宝珠、程民生考察了北宋东京的园林与绿化情况⑨；荣新江探讨了唐代两京城坊建筑的著录问题⑩；郭黛姮则全面介绍了南宋城市、宫殿与行宫、皇陵、宗教建筑、园林建筑、教

---

① 宁欣：《唐初至宋中期城市修建扩建述略——兼论南北地区城市发展之异同》，《扬州大学学报（人文社会科学版）》2006年第2期。
② 包伟民：《宋代城市研究》，中华书局2014年版，第272—303页。
③ 辛德勇：《大明宫西夹城与翰林院学士院诸问题》，《陕西师大学报（哲学社会科学版）》1987年第4期。
④ 杜文玉：《大明宫研究》，中国社会科学出版社2015年版。
⑤ 李合群：《北宋东京皇宫新考》，中国古都学会编：《中国古都研究》第13辑，山西人民出版社1995年版，第245—249页。
⑥ 张劲：《两宋开封临安皇城宫苑研究》，齐鲁书社2008年版。
⑦ 曹尔琴：《唐长安的寺观及有关的文化》，中国古都学会编：《中国古都研究》第1辑，浙江人民出版社1983年版，第144—168页；宿白：《隋代佛寺布局》，《考古与文物》1997年第2期；《试论唐代长安佛教寺院的等级问题》，《文物》2009年第1期；龚国强：《隋唐长安城佛寺研究》，文物出版社2006年版；郭黛姮：《十世纪至十三世纪的中国佛教建筑》，张复合主编：《建筑史论文集》第14辑，清华大学出版社2001年版，第71—92页。
⑧ 张天启、张剑光、邹国慰：《唐五代江南城市的园林建设及其特点探析》，《江西社会科学》2014年第4期。
⑨ 周宝珠：《北宋东京的园林与绿化》，《河南师大学报（社会科学版）》1983年第1期；程民生：《北宋汴京的园林贡献及"绿政"创举》，《河南师范大学学报（哲学社会科学版）》2017年第1期。
⑩ 荣新江：《关于唐两京城坊建筑的著录问题》，《徐苹芳先生纪念文集》编辑委员会编：《徐苹芳先生纪念文集》（上），上海古籍出版社2012年版，第44—58页。

育建筑、居住与市井建筑、桥梁、建筑艺术与技术等，并分析了经济发展所引起的城市与建筑的巨大变革[①]。

唐宋城市建筑与景观诸要素中，第宅是最丰富而重要的部分。曹尔琴较早地考察了唐代长安住宅的规模[②]；杜文玉系统梳理了唐代长安的宦官住宅与坟茔分布[③]。

辛德勇从分析《冥报记》中的报应故事入手，认为《冥报记》所记诸如故事发生的场所等与因果报应并无直接关联的具体事项，大体可以视同信史，有助于复原隋大兴城和唐长安城的面貌。作者指出，隋大兴城建成之初，达官贵人在选择宅第位置时，呈现出比较明显的重西轻东倾向，即更多的人是偏好居住在城区的西部，这与唐代中期以后长安城内居民更多偏好选择东部的情况，形成鲜明的对照，而这正是中国古代城市内部结构的一项重大改变，隋人应是承自先秦时期沿袭下来的"尊长在西"的观念。看似无比严整的隋唐西京坊里制，在其始建之初，即已为日后的瓦解种下了必然的因缘，这就是隋大兴城中的居民，实际上是经常舍大街不行而以坊里内部的街道为正途，并利用街道两旁的生活服务设施，这些坊里内部的街道，实质上与坊里制崩溃以后城市街道的性质颇为相似。作者强调，过去在研究唐宋之际坊市制度的变迁时，大多只关注临街开门开店现象的出现和增长，而坊里内部街道与坊外大街之间的地位变换，实际上在这当中也发挥着至关重要的作用。[④]

荣新江指出，在魏晋南北朝时期，"门第"观念最盛。唐朝政权的新贵在长安的特征之一，就是拥有甲第。长安甲第大多数靠近宫城，外观高大、宽广，庭园内部奢华。甲第在长安的城市生活和文化上具有重要的意义。

[①] 郭黛姮：《南宋建筑史》，上海古籍出版社 2014 年版。
[②] 曹尔琴：《唐代长安住宅的规模》，中国古都学会编：《中国古都研究》第 13 辑，山西人民出版社 1998 年版，第 222—225 页。
[③] 杜文玉：《唐代长安的宦官住宅与坟茔分布》，《中国历史地理论丛》1997 年第 4 辑。
[④] 辛德勇：《〈冥报记〉报应故事中的隋唐西京影像》，《清华大学学报（哲学社会科学版）》2007 年第 3 期。

作者认为，甲第反映了一种城市观念的兴起，有了甲第，城市就变得像一座雄伟壮观的城市了。长安是当时东亚，乃至中亚、南亚、西亚人物精英的荟萃之都，也是各国物质文化的集中之地。甲第宏伟，使得许多物质文化的精品汇聚其中。甲第的山池、庭园，成为文人聚会场所，诗人在长安城里可以找到兰亭那样的景致，产生一组组优美的诗歌等文学作品。甲第的营造，也带动了城市生活和城市文化的发展。① 通过借助新出墓志资料，荣新江还条理出郭子仪家族京城宅第的分布及其沿革。作者认为，亲仁坊郭宅规模最为庞大，乃家族聚居之所在。这处宅第存在时间至少从安史之乱后，一直延续至晚唐，郭子仪生前便与兄弟聚居于此，到子辈郭曜一代，仍然维持兄弟聚居的面貌。郭氏家族墓志的大量现世，不仅可以促进我们对这一中唐权贵家族的认识，同时将加深我们对长安坊里家族聚居内部构造的理解。②

牛来颖则以《营缮令》中的第宅制度为切入点，对第宅制度的约束与实际社会状况形成的极大反差，两者间的冲突和矛盾，以及文本之间的差异，做了深入分析。作者认为，城市居住空间既是地理空间，同时也是社会空间，第宅建筑与居住制度是社会等级结构的外在表现，筑宅行为、规模的变化，映像出社会群体间关系的升降消长以及经济发展、技术进步水平。现实状况在与制度的整合当中，伴随着冲突和妥协的过程，在建筑的视野中，演绎出丰富多彩的城市画卷。③

唐宋时期，从突破原有的街道构造到城市布局的结构性改变、城市功能的拓展等，最初一个变化就表现在房屋结构和功能的变化。牛来颖从建筑空间的视角，以接檐建筑为例，探讨了城市商业空间、街道形态及其城

---

① 荣新江：《高楼对紫陌，甲第连青山——唐长安城的甲第及其象征意义》，《中华文史论丛》2009年第4期。
② 荣新江、李丹婕：《郭子仪家族及其京城宅第——以新出墓志为中心》，《北京大学学报（哲学社会科学版）》2013年第4期。
③ 牛来颖：《冲突与妥协：建筑环境中的唐宋城市——以〈营缮令〉第宅制度为中心》，黄正建主编：《隋唐辽宋金元史论丛》第3辑，上海古籍出版社2013年版，第67—78页。

市管理、城市税赋制度等问题。作者认为，接檐建筑从一种建筑形式的形成，通过侵街造舍的建筑行为的实施，为在唐宋时期突破坊市原有格局、造就新型商业建筑形式和格局起到了催化作用。接檐造舍从纯粹的构筑行为的技术性改变逐步带来城市中建筑空间结构的改变，进而发展形成城市新格局。① 此外，牛来颖还通过深入挖掘佛教典籍《法苑珠林》和世俗笔记小说中的文字记述与叙事模式，展现了唐代长安城街坊格局、里宅佛寺等真实的都城景观，揭示了唐代都城长安的地理环境及社会文化面貌。② 作者又通过对天一阁藏明钞本《天圣令·关市令》宋15条关于官属店肆由私人经营的相关规范的释读与唐令复原，认为唐代类似宋代的"系官店肆"性质是官店无疑。③

由上可见，越来越多的学者开始注重深入挖掘城市建筑与城市景观背后所反映的城市社会变革，这已成为一种趋势。

二、城市医疗卫生与城市社会保障的研究

城市医疗卫生和社会保障作为城市史的重要研究内容，近些年来，越来越受到人们的关注。

梁庚尧较早地分析了南宋城市公共卫生问题的形成及其原因，政府的应对措施、公共卫生问题对环境与社会所造成的部分影响。氏著《南宋城市的公共卫生》指出，宋代城市的繁荣，造成了政府和城市居民都必须面对的公共卫生问题。城市公共卫生问题的产生，与当时城市人口大量增加有密切关联。作者认为，城市公共卫生问题自北宋中期以后多处城市逐

---

① 牛来颖：《唐宋建筑构造变化与城市新格局——以接檐建筑为例的研究》，《中国经济史研究》2010年第1期。
② 牛来颖：《〈法苑珠林〉中所见的唐长安里坊与佛寺》，《南都学坛》2010年第2期。
③ 牛来颖：《唐宋城市的官店与私营——以〈天圣令·关市令〉宋15条为例》，包伟民主编：《中国城市史研究论文集》，第64—70页。

渐引起人们注意,到南宋时期尤其明显。问题的出现,有相当成分与部门民众缺乏环境卫生观念有关,也牵涉到政府和居民贪图经济利益。问题既已逐渐严重,政府采取了多方面的措施。尽管政府措施所发挥的效果有一定的限度,但有比较长远的影响。惠民药局、养济院、义冢等公共卫生与社会福利设施在城市中普遍设立,是宋代以迄明清城市的一大特点,宋代(尤其是南宋)则是其奠基的时期。而城市卫生环境恶化之后,疫病容易流行,应是其所以会出现并且延续的部分原因。[①]

于赓哲则考察了中国中古时期的城市卫生状况,提出在中国古代对疾病成因的理解中,抽象的"气"始终是一条主线,中国古人认为气弥漫天地间,可以躲避,可以通过增强个人体质和修养加以抵御,但却缺乏整体化的卫生概念。中国古代维护群体健康的手段多种多样,但有不少属于无心插柳柳成荫。例如对粪肥的使用维护了城市卫生,坊市制和宽大的街道限制了某些疾病的传播等。实践经验也可以帮助人们通过城镇改造规避病源。但医家和宗教思想家常将医疗和健康看作是个人事务,士大夫有关健康的观念则从属于他们的儒家教条。可以说种种卫护健康的措施从未上升为公共事务。作者认为,用西方式的术语和思维来审读中国历史是找不到"卫生"的,因为它散落在各个角落,从不同维度起到一定的卫护健康的作用,但是从来没有任何人、任何思想将它们整合起来,直到近代西学东渐为止。[②]

李华瑞《宋代的社会保障与社会稳定》分析了宋代社会保障的对象、社会保障的基本制度和措施、社会保障实施的特点和社会保障的效应,其中部分内容涉及城市社会保障。[③]

陈国灿则通过系列论文专门探讨了宋代城市的社会救助,具体体现在两个方面:其一是聚焦社会救助的典型区域、关键领域和特殊人群,洞察

[①] 梁庚尧:《南宋城市的公共卫生问题》,《"中央研究院"历史语言研究所集刊》1999年第70本第1分;梁庚尧:《南宋城市的公共卫生》,苏智良主编:《都市史学》,上海人民出版社2014年版,第118—153页。

[②] 于赓哲:《中国中古时期城市卫生状况考论》,《武汉大学学报(人文科学版)》2015年第3期。

[③] 李华瑞:《宋代的社会保障与社会稳定》,《探索与争鸣》2016年第3期。

社会救助的特点。氏著《南宋时期江浙城市的贫困救助》提出，南宋时期，随着市民贫困化现象的不断加剧，江浙城市的贫困救助日趋活跃，其救助对象包括贫民、穷民、流民等不同社会群体，救助内容涉及赈饥、救寒、助医、助葬等诸多方面，救助方式包括有偿赈济、无偿赈济、集中收养等。从中可以看出，传统社会救助开始突破原来的荒政模式，由临时性的灾荒救助转向日常性的生活救助，而且城市越来越成为官方救助的重点。[①] 氏著《民生为重：宋代城市的官方医疗救助》指出，宋代官方医疗救助日趋活跃，逐渐形成了相对完整的救助体制，并在不同时期呈现出不同的具体形态。宋政府面向城市的医疗救助主要有疾病救治、医药救助和疾疫防治三方面，其救助对象以穷民和贫民为主，在特定情况下也包括普通市民、流动人员等诸多社会群体。作者认为，宋代城市的官方医疗救助虽表现出社会保障的某些特征，但就其本质而言，仍属于传统"仁政"思想指导下的"恩赐"行为。陈国灿在中国古代社会救助史的发展进程中，揭示了宋代城市官方医疗救助的意义，强调宋代是一个重要的发展和转型期，其突出表现之一是官方救助的重点由乡村扩大到城市，进而在一定程度上开始超越传统荒政的既有模式，呈现出向日常性社会保障体制发展的趋势。[②] 氏著《论宋代城市流浪人员的官方救助》指出，入宋以后，随着城市流浪人员问题日益突出，宋朝官方逐渐建立起相应的救助体制。其救助内容及方式主要有济和养两方面，前者重在饥寒、养病等方面的救济，后者则是集中收容和济养。从实际情况来看，宋廷颁布的相关政策与条令在北宋中后期实施效果相对较好，南渡后逐渐流于形式；地方自主性救助在南宋时日显活跃，并取得了一定成效，但也存在缺乏稳定性等局限。作者认为，宋朝官方对城市流浪人员救助的制度化趋向，既反映了城市发展和转型所带来的影响，也是构建社会保障体系的某种初步尝试。[③]

[①] 姚培锋、陈国灿：《南宋时期江浙城市的贫困救助》，《浙江学刊》2011年第4期。
[②] 陈国灿、陈雪瑶：《民生为重：宋代城市的官方医疗救助》，《探索与争鸣》2016年第3期。
[③] 陈国灿、刘洁：《论宋代城市流浪人员的官方救助》，《河北学刊》2014年第5期。

其二是把握社会救助的制度与体系，从社会变革的视角揭示城市社会救助的历史意义。氏著《论南宋城市的官方救助体制》指出，南宋时期，城市社会救助问题进一步引起官方的重视，其救助类型有面向贫民和穷民的预防性救助、面向灾荒民众的补救性救助、面向特定群体的补偿性救助，救助机构有综合性和专门性之分，救助形式和方法有无偿、有偿、放免、收养、资助等。与传统荒政的既有模式相比，南宋城市的官方救助具有对象的广泛性、内容的多样性、行为的规范性等特点，但就其体制而言是不成熟的，存在着诸多不足和局限。[1] 氏著《论宋代江南城市的社会救助》提出，两宋时期，江南地区逐渐形成了面向城市的社会救助体系。其中，官方救助主要有预防性、补救性、补偿性三种，救助对象包括普遍贫困居民和特殊穷困群体，救助方式有赈济、赈贷、收养、放免、资助等。民间救助主要有社区救助和同业救助，施行救助主体包括士人、工商富室和僧道人员，救助内容主要集中于饥寒救济。相对传统荒政和乡村救助，宋代江南城市的社会救助有着诸多新特点，呈现朝社会保障体系发展的趋势。作者认为，通过对江南地区城市社会救助的考察和分析，不难看出，入宋以后，传统社会救助开始发生一系列引人注目的变化。这种变化表面上看是以城市为中心的新型救助体系的逐渐确立，由此形成城乡两种救助体制并存的格局，实质乃是传统荒政向构建社会保障体系发展的一个初始形态。从更广阔的历史视野来看，尽管此期的城市社会救助并未达到成熟和完备的程度，却从一个侧面透视出中国古代都市文明的发展和市民意识的不断增强，这是此期社会变革的一个重要反映。[2] 氏著《南宋时期城市社会救助体系探析》认为，南宋时期，官方救助占主导地位，民间救助属于补充。南宋城市的社会救助对象广泛，内容多样，在一定程度上呈现出向社会保障体系发展的趋势。但就其体制而言还很不成熟，有着诸多历史局限。[3] 氏

---

[1] 陈国灿：《论南宋城市的官方救助体制》，《江海学刊》2011年第5期。
[2] 陈国灿：《论宋代江南城市的社会救助》，《江西社会科学》2011年第12期。
[3] 陈国灿、郑瑞鹏：《南宋时期城市社会救助体系探析》，《江汉大学学报（社会科学版）》2014年第5期。

著《宋代城市的社会救助》认为，宋代城市社会救助是在官方的推动和主导下兴起的，是宋政府面对城市转型和社会变革所做出的一种反应。民间救助是宋代城市社会救助体系的重要组成部分，它是随着市民阶层的发展壮大和市民社会意识的不断增强而兴起的。从表面上看，宋代城市社会救助体系的形成和发展，不过是官方主导、官民结合的传统救助模式由乡村向城市的移植。但实际上，城市和乡村对社会救助有着不同的需求，城市救助活动既有别于此前历史上的传统形态，也与乡村民间救助存在很大的差异。相对于传统荒政和民间宗族互助，宋代城市社会救助有三个突出特点：一是救助对象的开放性和广泛性；二是救助活动的日常性和系统性；三是救助行为的组织性和规范性。①

概而言之，通过研究城市医疗卫生与城市社会保障，有助于我们更加全面地深刻揭示唐宋城市社会变革。

三、城市生态环境与城市灾害的研究

环境和生态危机是当今世界最引人关注的突出问题之一。20 世纪 70 年代以来，环境史的形成和发展已成为国际史学界最引人关注的新领域之一。至 20 世纪末，环境史在西方已颇具气候，而中国与环境有关的历史研究也越来越受到人们的关注。

在城市生态环境研究方面，史念海先后主编《汉唐长安与黄土高原》及《汉唐长安与关中平原》，以黄土高原、关中平原的生态变迁为切入点，探讨了生态变迁与汉唐长安繁荣发展的关系。② 这是在城市生态环境研究方面较早且有较大影响的重要成果。

---

① 陈国灿：《宋代城市的社会救助》，《人才资源开发》2018 年第 11 期。
② 史念海主编：《汉唐长安与黄土高原》，《中国历史地理论丛》1998 年增刊；《汉唐长安与关中平原》，《中国历史地理论丛》1999 年增刊。

程遂营则对唐宋时期开封的生态环境进行了较为系统的研究。氏著《唐宋开封生态环境研究》选取唐宋开封的生态环境作为探讨对象,力求从气候、水文、地形地貌与土壤、植被、城市建设与规划、城市的公共环境等方面,展现当时开封管辖范围内生态环境的整体面貌,进而考察生态环境与开封社会发展的某种内在联系。目前,我国史学界对于古代生态环境问题的探讨,主要从四个方面着手:气候、水文、地形与土壤、生物资源。它们包括了未经人类改造过的自然环境因素如气候、自然河流与湖泊、地形与土壤条件,也有经过人类改造的社会环境因素,如人工运河、人工植被等。除了上述四个方面,作者认为,在古代,随着大规模、大范围城墙建设的出现,它的作用已不仅限于安全防卫,也划定了城市的地理空间和居住区域,散布于城内的官署、仓场、军营、行市、宫观、寺庙及一些重要娱乐场所等的位置,也会大大影响城市的环境状况,因而应该成为城市生态环境的组成部分。与此同时,在一个相当规模的城市,尤其是都城,它的公共环境因子如木材与燃料供应、火灾及其防护、供排水系统、垃圾处理和污水排放、重大疾疫及其防治等,都是与城市居民生存、生活质量密切相关的内容。作者既考虑自然因素对古代城市生态状况的影响,又对社会与人为因素加以关注。通过探讨生态环境与社会发展的关系,作者强调在唐宋时期社会变迁的诸因素中,生态环境变化所起的作用是毋庸置疑的。[①]

陈涛从环境史视角对唐宋史学者所熟稔的"马行街无蚊"这则史料进行了重新解读。氏著《论"马行街无蚊"——从环境史角度的诠释》提出,城市是一个以人类为中心的社会、经济、自然的复合生态系统。城市的最大特点是人口高度集中,马行街作为都城夜市、酒楼极繁盛处,在城市生态系统中,这里人口流、物质流、能流、信息流最大、最集中。在一定的时间和空间范围内,随着人类活动强度和频率的加大,从而盲目加快开发利用环境资源,改变了城市地区的地形、地貌,造成大气和水体污染、温

[①] 程遂营:《唐宋开封生态环境研究》,中国社会科学出版社2002年版。

度和湿度的改变,破坏了自然生态系统的自我调节和修复能力,使人与其周围环境之间的生态关系失调,破坏了原有的生态和生态平衡,给城市生态环境造成了沉重压力。"马行街无蚊",即是从一个侧面对此做出的反映。作者认为,"马行街无蚊",体现了宋人在人与自然关系问题上的一些看法(即环境意识);折射出随着人口的增加、社会经济的繁荣、城市空间的扩展、人类社会的进步,自然环境和人化环境在不断地发生消长变化;实质上反映了人类活动空间的拓展,侵夺、破坏了"蚊"(或其他生物)的生存环境和生存条件,而破坏生物的生境是最致命的;警示人们应该科学、正确地处理好社会经济发展同人口、资源、环境的协调、和谐发展。[①]

从环境史的视野探讨生态环境与城市社会发展的关系,无疑有助于进一步开阔我们的研究思路。

中国文献史料中关于各类灾害的记载颇多,然而灾害与生态环境之间往往有着内在联系。在城市环境的研究过程中,近些年,关于城市灾害的研究也逐渐为学者们所关注。

方湖生较早地分析了开封历史上的主要灾害类型及特点,并指出宋代开封处于灾害的群发期。[②] 程遂营专门探讨了唐宋时期开封的气候与自然灾害间的关系,认为唐宋开封的自然灾害必然会在一定程度上影响这一时期开封的气候状况,但是在从隋唐到北宋初年的400多年时间里,开封基本上维持了温湿的气候特征,只有公元1000年以后的100多年间,开封的气温才开始明显地转向寒冷和干燥。综合而言,唐宋开封的气候还是以温湿为主的。与气候的前后变化相伴随,唐宋开封的水、旱、蝗、风沙等自然灾害也不断出现,但这些灾害并不能从根本上改变温湿气候的总体特征。[③]

张全明则重新考察了北宋开封地区的气候变迁及其特点,提出北宋开封地区的气候,绝大部分时间表现为继唐代以来我国气候变迁史上第三个温

---

① 陈涛:《论"马行街无蚊"——从环境史角度的诠释》,《社会科学论坛(学术研究卷)》2007年第10期。
② 方湖生:《开封历史上主要灾害类型及特点》,《开封教育学院学报》1992年第3期。
③ 程遂营:《唐宋开封的气候和自然灾害》,《中国历史地理论丛》2002年第1辑。

暖期的延续。其转变为第三个寒冷期的时间不是如近几十年来学者们承竺可桢所说的北宋前期，而是在北宋后期的徽宗初年。建中靖国元年（1101）前后，开封地气候突然发生明显变化而进入了新的寒冷期。其间尽管这里的气候在徽宗、钦宗年间曾出现过由温暖期向寒冷期的突变，但总体上是一个渐进的变化过程。在当时每一段温暖期与另一段寒冷期气候交替变化的周期中，每一个较长时间的气候变化周期内都有若干个气候暖、冷交替变化的短周期，甚至在每一个短的气候暖、冷变化的周期内还有一些特别寒冷或温暖的年份。①

气象灾害作为人类生存和发展的重大威胁之一，既有其特殊的孕灾环境，又有重大的社会政治影响。程民生《靖康年间开封的异常天气述略》指出，靖康年间，开封在面临宋代以来最严重的政治、经济、军事危机的同时，也经历着宋代以来最复杂恶劣的气象变异。多大风、大雾以及罕见的冬季冰雹，尤其是冰雪严寒，为金兵攻城提供了帮助，但后来极端的寒冷连生长于东北的金兵也难以忍受。作者认为，靖康年间的社会历史巨变，伴随着气象的极端和异常。开封的陷落与北宋的灭亡，当然是政治、军事腐败的结果，但极其恶劣的气象条件起到了助纣为虐的加剧作用。"靖康之难"不仅是政治灾难，也是气象灾难。② 氏著《北宋开封气象对社会历史的影响》提出，天人合一的传统观念使宋人对开封气象极为敏感，开封气象已然从关乎本地的自然问题，上升为事关国家大计方针的大问题。突出表现在迫使皇帝广开言路、自省悔过，改换年号及改变政局、调整政府人事，改善民生及赦免囚犯等。作者强调，开封气象具有牵一发而动全身的作用，牵动着全国的敏感神经，也牵动着北宋的历史变化。③ 氏著《北宋开封气象灾害的政府应对》揭示了北宋中央政府对开封气象灾害的应对举措。作者认为，北宋政府在开封气象灾害面前，既无临危不惧，也无惊慌失措，

---

① 张全明：《论北宋开封地区的气候变迁及其特点》，《史学月刊》2007年第1期。
② 程民生：《靖康年间开封的异常天气述略》，《河南社会科学》2011年第1期。
③ 程民生：《北宋开封气象对社会历史的影响》，《史学月刊》2011年第1期。

能够积极应对,采取多种措施控制、减轻和消除引起的严重社会危害。气象灾害虽多有突发紧急特点,但政府应对多数都已法典化,也即有着成熟的应急预案,包括政治应对、政策应对、人事应对、经济应对、人道应对、治安应对、司法应对、人力应对、工程应对等方面,多数情况下都是综合应对。这些应对大多积极有效,从而减轻了灾害的损失,维护了人民的生命财产,稳定了首都的社会秩序和统治者的安全。统治集团勇于承担责任,降低姿态接受批评以缓解民怨,所采取的应对措施直接或间接促进了社会生活的和谐等,都是宝贵的历史经验。①

柴国生则探讨了雪灾对北宋开封城市社会的影响。氏著《北宋开封雪灾与社会应对》指出,北宋时期都城开封雪灾频仍,数次致人畜大量冻死。其原因是频发的雪灾,造成城市生活物资需求激增,但供应受阻,供需平衡被打破,雪灾加剧了较低的交通运输水平造成的城市物资巨大需求与供应能力不足间的常态性矛盾,对居民生活、城市发展造成严重影响。作者认为,为应对雪灾、保障开封供应,北宋引洛入汴、优化燃料结构、鼓励贩运贸易,以缓解供需矛盾,提升城市供应能力;完善粮食仓储系统、设立燃料常平仓、广植草木,以增加物资储备,增强抵御雪灾能力;采取弥灾、减灾等针对性措施,减轻雪灾影响。这些应对措施取得了较好成效,但并未能从根本解决开封及古代都城发展中普遍存在的常态性供需矛盾。靖康年间极端大雪严寒天气及其严重影响,成为加剧宋金战争中开封陷落、北宋灭亡的一个重要因素。②

旱灾和水灾是中国古代历史上最严重的自然灾害。王化昆统计了唐代洛阳的水灾情况,并总结了洛阳水灾特点及政府的防治措施。③ 殷淑燕等通过对历史时期关中平原旱灾、水灾发生频率的统计与分析,揭示了水旱灾害与城市发展的联系。作者提出,水旱灾害的发生一方面与关中平原气候

---

① 程民生:《北宋开封气象灾害的政府应对》,《兰州学刊》2015年第3期。
② 柴国生:《北宋开封雪灾与社会应对》,《中州学刊》2015年第9期。
③ 王化昆:《唐代洛阳的水害》,《河南科技大学学报(社会科学版)》2003年第3期。

变化、中心城市的建设发展与衰落有密切联系；另一方面也与人口数量的增长密切相关。其根本原因在于城市建设和人口增加，对自然资源的开发利用和消耗大幅度增长，对城市周边山地和丘陵地区环境的压力剧增，造成环境的迅速恶化，导致平原地区水旱灾害频繁发生。[1] 此外，殷淑燕等通过对唐代长安、洛阳水旱灾害发生频率的统计，进而从气候因素、地理位置及地形水系、都城建设等方面作了对比研究。作者认为，从气候方面来看，唐代长安和洛阳都表现出水灾发生频率中间多、两头少；旱灾发生频率两头多、中间少的特征。说明唐代中期气候更为湿润，唐前期与后期气候则相对偏干。从地理位置与地形、水系的关系方面来看，正是由于地理位置及地形与水系特点，导致了唐代长安地区的水旱灾害以旱灾为主，而洛阳地区以水灾为主。在气候较为湿润的唐代，洛阳比长安更易受到洪水的侵袭，且水灾危害程度远超过长安地区。此外，都城建设也与水旱灾害的发生频率有一定关系。大量的宫殿建设及人口增长，导致生态环境恶化，使水旱灾害发生频率增大。因此，从整个唐代发生的水旱灾害总量来看，长安地区的灾害频率比洛阳地区要高得多。这在一定程度上，反映出唐代都城建设对生态环境的负面影响。[2]

张剑光考察了唐五代江南城市灾害的特点、原因及影响。氏著《唐五代江南的城市灾害与社会应对》指出，唐五代是江南城市一个较快的发展时期，此间曾经遭到过各种各样灾害的侵袭，水灾、火灾和疫病是其中比较重要的灾害。城市灾害不断，为害程度严重，对城市的发展产生了一定的负面影响。作者认为，随着江南地位的日益重要，城市发展的同时也带来了越来越多的灾害。在整个唐五代的历史上，江南灾害的发生在时间上呈越往后越频繁的特点。固然这些有资料记录上的原因，但城市发展的迅速，经济活动的频繁，与自然灾害成正比关系还是比较明显的。江南城市

---

[1] 殷淑燕、黄春长、仇立慧、贾耀锋：《历史时期关中平原水旱灾害与城市发展》，《干旱区研究》2007年第1期。
[2] 殷淑燕、黄春长：《唐代长安与洛阳都城水旱灾害对比研究》，《干旱区资源与环境》2008年第11期。

灾害的多发，除了自然原因外，与江南城市的选址、城市人口数量的增加和人员流动性增大、城市建设上的缺陷等因素也有一定关联。唐五代江南城市灾害的发生并不局限于几个大城市，中小城市也会遭受灾害的侵袭，灾害的出现其实是一种普遍现象。城市灾害发生后，江南城市进行了积极的救助，在城市建设上也有一定的预防意识和措施。[1]

徐吉军分析了南宋都城临安的火灾及其消防与社会影响等问题。氏著《南宋都城临安的火灾及其消防》认为，南宋都城临安庞大的城市人口、高密度的住居以及竹木类建筑，给城市的安全带来了一系列问题，这突出表现在城市的消防上。南宋临安历年火灾状况表明，火灾是临安最为严重的城市灾害，而火灾频发的原因不外乎战争、放火、雷击和用火不慎等四类。作者认为，尽管南宋临安建立了一整套比较完善的防火救火制度，但是频繁的火灾，仍对杭州城市的发展产生了极其重大的负面影响。[2]

"灾害产生于自然生态系统和社会经济系统组成的复合生态经济系统之中，从根本上而言，灾害就是一种生态经济现象，具有生态经济性质。"[3] 因此，关注城市灾害的研究，有助于更加深入地探讨城市社会变革问题。

综上所述，近四十年来唐宋城市史研究在城市建筑、城市景观、城市医疗卫生、城市社会保障、城市生态环境和城市灾害方面取得了可喜的成绩，且这些方面的研究正方兴未艾。尽管有的研究才刚刚起步，在理论方法和观察视角方面仍有不足，在研究的广度和深度方面也有待加强，但是我们坚信通过发扬持之以恒、勇于开拓的精神，今后的研究必然大有可为。

---

[1] 张剑光：《唐五代江南的城市灾害与社会应对》，《陕西师范大学学报（哲学社会科学版）》2015年第1期。
[2] 徐吉军：《南宋都城临安的火灾及其消防》，包伟民主编：《中国城市史研究论文集》，第263—300页。
[3] 邓宏兵、张毅主编：《人口、资源与环境经济学》，科学出版社2005年版，第139页。

唐宋城市史研究的省思与展望

城市不仅是文明的重要标志,而且是文明的重要载体。中国城市延续不断的发展历史也是中华文明源远流长、绵延不绝的生动体现。20世纪初叶以来,中国城市史研究历经几代学人的不懈探求获得了相当成就,尤其自改革开放以来,研究成果蔚为大观[1]。

此前,已有学者从不同角度反思了唐宋城市史研究。[2]本文将在以往研究的基础上,进一步思考唐宋城市史研究中存在的问题,并对未来的发展趋势加以展望,希望为今后开创新的研究格局,推动唐宋城市史研究更上层楼有所裨益。

---

[1] 专论或涉及中国古代城市史的研究综述不少,如有曲英杰:《近年来中国古代城市问题研究综述》,《中国史研究动态》1985年第7期;张东刚:《近年来中国古代城市研究综述》,《历史教学》1990年第5期;曲英杰:《近年来古代城市研究综述》,《中国史研究动态》1990年第9期;朱士光:《八年来中国古都学研究概述》,《中国史研究动态》1991年第5期;曲英杰:《近年来中国古代城市研究的新进展》,《中国史研究动态》1996年第2期;吴铮强:《中国古代市民史研究述评》,《云南社会科学》2003年第1期;〔日〕中村圭尔、辛德勇编:《中日古代城市研究》,中国社会科学出版社2004年版;张萍:《近十年来大陆学者有关中国古代城市史的研究(1997年—2006年)》,《中国史学》第17卷,朋友书店2007年版;成一农:《中国古代城市城墙史研究综述》,《中国史研究动态》2007年第1期;熊月之、张生:《中国城市史研究综述(1986—2006)》,《史林》2008年第1期;成一农:《中国古代地方城市形态研究现状评述》,《中国史研究》2010年第1期;王卫平、董强:《江南城市史研究的回顾与思考(1979—2009)》,《苏州大学学报(哲学社会科学版)》2010年第4期,等等。

[2] 宁欣、陈涛:《唐宋城市社会变革研究的缘起与思考》,《中国史研究》2010年第1期;宁欣、陈涛:《"中世纪城市革命"论说的提出和意义——基于唐宋变革论的考察》,《史学理论研究》2010年第1期;包伟民:《唐宋城市研究学术史批判》,《人文杂志》2013年第1期;包伟民:《城市史的意义——宋代城市研究杂谈》,包伟民、刘后滨主编:《唐宋历史评论》第6辑,社会科学文献出版社2019年版,第16—24页。

一、唐宋城市史研究省思

唐宋时代是中国城市发展史上一个重要的社会转型期，故唐宋城市史研究向来为学者们所关注，是学界的研究热点和焦点。

一个世纪以来，唐宋城市史研究领域可谓是成果丰硕[①]，尤其是近四十年，随着学术研究的蓬勃开展，唐宋城市史研究已经涉及城市类型、城市等级、城市人口、城市阶层、城市经济、城市组织、城市交通、城市建筑、城市景观、城市社会生活、城市医疗卫生、城市社会保障、城市文化、城市生态环境、城市灾害、城市管理等问题[②]，在研究的广度和深度方面，都有了很大突破。

尽管唐宋城市史研究成绩斐然，但同时我们也应该看到，毕竟中国古代城市史的研究时间还不长，城市史作为新兴的史学分支学科虽具雏形，然尚不完备。不论是学科体系、理论方法，还是研究领域、观察视角等方

[①] 关于唐宋城市史的研究综论，如有木田知生著，冯佐哲译：《关于宋代城市研究的诸问题——以国都开封为中心》，《河南师大学报》1980年第2期；冻国栋：《二十世纪唐代商业史研究述评》，见胡戟等主编：《二十世纪唐研究》，中国社会科学出版社2002年版，第471—498页；又见冻国栋：《中国中古经济与社会史论稿》，湖北教育出版社2005年版，第513—572页；何海燕：《近二十余年来中国汉唐城市地理研究概述》，见〔日〕中村圭尔、辛德勇编：《中日古代城市研究》，第58—83页；〔日〕平田茂树：《宋代城市研究的现状与课题——从宋代政治空间研究的角度考察》，见〔日〕中村圭尔、辛德勇编：《中日古代城市研究》，第107—127页；吴松弟：《中国大陆宋代城市史研究回顾》，《大阪市立大学东洋史论丛》第14号，2005年；杨贞莉：《近二十五年来宋代城市史研究回顾（1980—2005）》，《台湾师大历史学报》2006年第35期；吴松弟：《中国大陆宋代城市史研究回顾（1949—2003）》，《宋史研究通讯》2009年第1期；宁欣、陈涛：《唐宋城市社会变革研究的缘起与思考》，《中国史研究》2010年第1期；宁欣、陈涛：《"中世纪城市革命"论说的提出和意义——基于唐宋变革论的考察》，《史学理论研究》2010年第1期；宁欣、陈涛：《唐宋城市社会变革研究的缘起与历程》，李华瑞主编：《"唐宋变革"论的由来与发展》，天津古籍出版社2010年版，第293—357页；包伟民：《唐宋城市研究学术史批判》，《人文杂志》2013年第1期；姚永辉：《城市史视野下的南宋临安研究（1920—2013）》，《史林》2014年第5期；冯兵：《二十世纪以来隋唐五代城市史研究的回顾与思考》，《云梦学刊》2016年第5期；刘未：《南宋临安城研究史》，包伟民主编：《中国城市史研究论文集》，杭州出版社2016年版，第212—217页；徐吉军：《南宋临安文化的成就与研究综述》，包伟民主编：《中国城市史研究论文集》，第394—411页等。

[②] 陈涛：《近四十年来唐宋城市史研究的若干新趋向》，《聊城大学学报（社会科学版）》2020年第6期。

面，仍然存在若干问题与不足。概括而言：

第一，在理论方法方面，国内至今没有系统的原创性理论，借用、套用国外相关理论或学说的情况相当严重。

唐宋时代的中国社会发生了重要变革（包括城市变革），这已是中外史学界比较公认的看法。如何认识这些变化，学界展开了多方面的探讨，其中日本学者内藤湖南提出的"宋代近世说"（后经宫崎市定等人发展总结为"唐宋变革论"）引起了中外学者的重视，并且具有比较广泛的影响。"唐宋变革论"的提出，实际上开阔了学者的研究视域，带动了学者研究的问题意识。在20世纪，海内外学者已分别从政治制度、经济关系、社会结构、商业发展、城市变化和思想转型等诸多方面[①]来考察唐宋社会变迁。

进入21世纪，"唐宋变革论"在中国学界逐渐成为讨论热点，先后有《文史哲》杂志以"唐宋时期社会经济变迁"为题[②]、《河南师范大学学报》

---

① 日本学界的代表性成果有〔日〕宫崎市定：《东洋的近世》，《宫崎市定全集》2，岩波书店1992年版，中译文《东洋的近世》，见刘俊文主编，黄约瑟译：《日本学者研究中国史论著选译》第1卷《通论》，第153—241页；〔日〕加藤繁著，吴杰译：《中国经济史考证》第1卷，商务印书馆1959年版；〔日〕周藤吉之：《唐宋社会经济史研究》，东京大学出版会1965年版；〔日〕日野开三郎：《唐宋时期关于商人组合"行"的再讨论》，《日野开三郎东洋史学论集》第7卷《宋代的货币与金融》（下），三一书房1983年版，第263—504页；〔日〕佐竹靖彦：《唐宋变革与地域的研究》，同朋舍1990年版；〔日〕大泽正昭：《唐宋变革期农业社会史研究》，汲古书院1996年版；〔日〕斯波义信著，庄景辉译：《宋代商业史研究》，稻乡出版社1997年版；〔日〕斯波义信著，方健、何忠礼译：《宋代江南经济史研究》，江苏人民出版社2000年版；〔日〕大泽正昭：《唐宋时代的家族·婚姻·女性：妇（つま）は强く》，明石书店2005年版，等等。欧美学界的代表性成果有Mark Elvin, *The Pattern of the Chinese Past*, Stanford, CA: Stanford University Press, 1973. Peter. K.Bol, *This Culture of Ours: Intellectual Transitions in T'ang and Sung China*, Stanford: Stanford University Press, 1992. 中译本刘宁译《斯文：唐宋思想的转型》，江苏人民出版社2001年版；〔美〕包弼德著，刘宁译：《唐宋转型的反思——以思想的变化为主》，刘东主编：《中国学术》第3辑，商务印书馆2000年版，第63—87页，等等。中国学界的代表性成果有胡如雷：《唐宋之际中国封建社会的巨大变革》，《史学月刊》1960年第7期；傅乐成：《唐型文化与宋型文化》，氏著：《汉唐史论集》，台湾联经出版事业股份有限公司1977年版，第339—382页；邱添生：《唐宋变革期的政经与社会》，文津出版社1999年版；漆侠：《唐宋之际社会经济关系的变革及其对文化思想领域所产生的影响》，《中国经济史研究》2000年第1期，等等。

② 杨际平：《唐宋土地制度的承继与变化》，《文史哲》2005年第1期；林文勋：《商品经济：唐宋社会变革的根本力量》，《文史哲》2005年第1期；黄纯艳：《经济制度变迁与唐宋变革》，《文史哲》2005年第1期；谢元鲁：《唐宋制度变迁：平等与效率的历史转换》，《文史哲》2005年第1期。

以"多元视野下的唐宋社会"为题①、《江汉论坛》以"唐宋变革笔谈"为题②、《中国史研究》以"唐宋变革论"与宋史研究为题③、日本河合文化教育研究所与北京大学历史学系第7回共同学术讨论会以"唐宋变革和东亚世界"为题④组织研讨、发表相关论文。

随着"唐宋变革论"研究热潮的出现,相关研究专著和论文大量涌现。与此同时,我们需要看到"唐宋变革论"在某种程度上已然呈现出"泛化"和"借壳"的现象⑤,在很多人眼中逐渐成为不证自明的"公理",像个什么都可以装的筐,致使学界出现一种倾向,似乎认为套用"唐宋变革论"等学说就能解释一切问题。这已引起国内一些学者的质疑和反思,有学者指出,其实在20世纪80年代中叶以前,从1949年以后成长起来的一代中国学者,他们是很少接触到国外的研究成果和学术信息的,他们中也有一些

---

① 王永平:《从汉学向宋学的转变看隋唐儒学的地位》,《河南师范大学学报(哲学社会科学版)》2006年第2期;宁欣:《唐宋城市经济社会变迁的思考》,《河南师范大学学报(哲学社会科学版)》2006年第2期;刘后滨:《政治制度史视野下的唐宋变革》,《河南师范大学学报(哲学社会科学版)》2006年第2期;李鸿宾:《唐代社会的转型与民族的互动》,《河南师范大学学报(哲学社会科学版)》2006年第2期;王赛时:《海洋探索与唐宋社会》,《河南师范大学学报(哲学社会科学版)》2006年第2期;勾利军:《唐宋分司机构与社会变迁》,《河南师范大学学报(哲学社会科学版)》2006年第2期。

② 张国刚:《论"唐宋变革"的时代特征》,《江汉论坛》2006年第3期;孙继民:《唐宋兵制变化与唐宋社会变化》,《江汉论坛》2006年第3期;李天石:《中古门阀制度的衰落与良贱体系的瓦解》,《江汉论坛》2006年第3期;杜文玉:《唐宋时期社会阶层内部结构的变化》,《江汉论坛》2006年第3期;严耀中:《唐宋变革中的道德至上倾向》,《江汉论坛》2006年第3期。

③ 李华瑞:《"唐宋变革论"对国内宋史研究的影响》,《中国史研究》2010年第1期;张邦炜:《"唐宋变革论"的首倡者及其他》,《中国史研究》2010年第1期;包伟民:《唐宋转折视野之下的赋役制度研究》,《中国史研究》2010年第1期;宁欣、陈涛:《唐宋城市社会变革研究的缘起与思考》,《中国史研究》2010年第1期;王化雨:《唐宋变革与政治制度史研究》,《中国史研究》2010年第1期。

④ 辛德勇著,杉井一臣译:《〈禹迹图〉与宋代的"禹贡"学》,《研究论集》(河合文化教育研究所)8,2010年;杉井一臣:《柳宗元的"士"与"官"》,《研究论集》(河合文化教育研究所)8;李志生著,金瑛二等译:《唐代女性的外出——触及其中的男女差别观念和阶级制序》,《研究论集》(河合文化教育研究所)8;张帆著,河上洋译:《中国古代における本命のタブー》,《研究论集》(河合文化教育研究所)8;王晓秋著,山田伸吾译:《隋唐宋元时代中国人的日本观》,《研究论集》(河合文化教育研究所)8;山田伸吾:《内藤湖南的中国"近世论"》,《研究论集》(河合文化教育研究所)8。

⑤ 宁欣:《谈谈唐五代城市社会阶层研究》,《中国社会科学报》2020年6月29日。

人对唐宋之际所发生的变化，提出自己的观察和研究；[①]更有学者大声疾呼，"唐宋变革论"的混乱状态不仅没有改变，而且愈加严重，"唐宋史研究应当翻过纠缠于宋代近世说（唐宋变革论）这一页"[②]，要走出"唐宋变革论"的误区[③]。

第二，在研究领域和内容方面，尚且存在相当的不足。

目前，有关城市群体的研究，成果相对较少。相比而言，有关城市构造与城市单体的研究，成果较为集中，然而其中又以长安、洛阳、开封、临安、扬州、成都等少数大都市的研究为主，至于其他大量的地方城市显然关注不够，即或有之，仍仅限于初步的描述状态，缺少深入的内在分析。在城市综合研究中，系统的宏观分析研究依然薄弱，尤其有关城市圈、城乡关系等方面的研究相对较弱。在城市社会的研究中，城市经济方面的研究相对较多，可是系统的专门研究却并不多见；城市人口方面，对流动人口、不同阶层群体及不同民族人群等的深入研究仍然缺乏；城市组织方面，有的研究依旧是对前人研究的重复和展开，没有实质性突破；城市交通、城市建筑、城市景观、城市社会生活、城市医疗卫生、城市社会保障、城市文化、城市生态环境、城市灾害、城市管理等方面，研究成果相对较少，并且有深度的分析论证仍显不足。

第三，在观察视角方面，仍有待进一步拓展。

目前，学者们虽然已从城市形态、城市结构、地域空间、政治空间、礼仪空间、社会空间等视角做了考察，但是某些方面的研究——如地域空间、社会空间等——仍然不够系统深入。尤其是城市作为一个复合体，政治、经济、社会、文化、建筑、生态，无所不包。这一特性，决定了城市史研究作为一门学科，涉及地理学、历史学、考古学、社会学、经济学、

---

① 葛金芳：《略说中国本土的唐宋经济变革论》，《史学集刊》2017年第3期。
② 李华瑞：《唐宋史研究应当翻过这一页——从多视角看"宋代近世说（唐宋变革论）"》，《古代文明》2018年第1期。
③ 杨际平：《走出"唐宋变革论"的误区》，《文史哲》2019年第4期。

建筑学、政治学、人口学、生态学、统计学、文化人类学等社会科学和自然科学多门学科，这就更加需要研究者具有相当丰富的学识和极其广阔的视野。然而，现实研究中，历史学与考古学、历史地理学、建筑学、生态学等学科的脱节现象并未能真正克服。

二、唐宋城市史研究中"变革"与"连续"的辩证统一

纵观古今中外的历史，城市变革始终是社会变化的重要组成部分。在中国城市发展史上，唐宋时代的城市变革确实呈现出一些显著特征。从城市发展阶段来看：秦汉时期以宫殿城池为城市主体，隋唐时期以坊市制度为主要标志，宋代以后以坊市合一、临街设店为显著特征；从中国都城史角度来看：中国都城在两宋时期开始由中原型向近海型转移；从城市规模来看：以隋唐两宋时期为界限，中国传统城市规模达到顶峰，城市人口达到一二百万；从城市布局和分布重心来看：唐宋时期城市重心发生了由北向南的转移；从城市观念来看：宋代以后，突破墙的观念界限，城市圈扩大，形成大都市的发展模式，南方市镇、草市的兴起，已经冲破围墙的桎梏；从城市人口构成来看：从唐代后期开始，市民阶层逐渐兴起，城市工商业人口比重加大；从城市文化结构来看：市民文化成为宋代以后城市文化的主流或主导，宋代以后新兴的文学艺术——说话、话本、元曲、杂剧、小说、曲艺、戏剧，更多的是因市民的需要而产生和发展的，包括城居的士大夫阶层，他们与市民阶层的精神文化需求趋同层面也不断扩大。[①]

20世纪70年代，美国学者施坚雅（G. W. Skinner）提出"中世纪城市革命"论说。自21世纪以来，"中世纪城市革命"抑或"唐宋城市革命说"

---

① 宁欣：《唐宋都城社会结构研究：对城市经济与社会的关注》，商务印书馆2009年版，第1—2页；《唐史识浅录》，北京师范大学出版社2016年版，第3—4页。

或"宋代城市革命说"在中国学界的影响日渐广泛，[①]并开始不断出现"泛化"和"借壳"现象。从唐宋城市史的现有研究情况来看，部分学者生搬硬套"中世纪城市革命"论说，片面强调城市变革，却忽视城市发展的连续性。虽然已有一些学者呼吁反思城市变革与连续的关系[②]，但是还未受到学界的普遍重视。

任何事物、任何问题其实都包含着"变"与"不变"两个方面，是变革与连续的统一体，唐宋城市史研究亦是如此。一些前辈学者其实已在研究中关注到了城市变革与发展连续性的问题，如蒙文通从阶段性与长期性、特性与共性来考察宋代的商税和城市[③]，很早就意识到变革与连续两方面的因素；漆侠在总体考察中国封建时代社会生产力的发展时，提出"两个马鞍形"的观点，认为宋代的社会生产力以前所未有的速度迅猛发展，达到了一个更高的高峰[④]，城市经济有了显著的发展[⑤]；宁可不仅强调变革与连续辩证统一，而且更为关注国家对经济的强大的控制与干预[⑥]。

尤其是傅筑夫不仅揭示了由唐到宋城市和商业的变化规律，而且深刻分析了其性质和特点，更为重要的是较早地论证了唐宋城市史研究中变革与连续的辩证统一。氏著《中国古代城市在国民经济中的地位和作用》以贯通性的思考和中西比较的视野对城市的起源、中国城市的特点、中国城市经济的特点、中国城市经济在国民经济中的作用和影响等问题进行研究。

[①] 宁欣、陈涛：《"中世纪城市革命"论说的提出和意义——基于唐宋变革论的考察》，《史学理论研究》2010年第1期。

[②] 例如：包伟民认为，如何解释城市"革命"之后行进步伐的迟滞？过度强调唐宋间历史的断裂，是否会遮盖问题的另一侧面——连续性？（包伟民：《唐宋城市研究学术史批判》，《人文杂志》2013年第1期；《宋代城市研究》，中华书局2014年版，第1—41页）宁欣提出，城市社会变化也关涉革命与渐进性的分歧（宁欣：《谈谈唐五代城市社会阶层研究》，《中国社会科学报》2020年6月29日）。

[③] 蒙文通：《从宋代的商税和城市看中国封建社会的自然经济》，《历史研究》1961年第4期。

[④] 漆侠：《宋代社会生产力的发展及其在中国古代经济发展过程中的地位》，《中国经济史研究》1986年第1期。

[⑤] 漆侠：《宋代经济史》（上册），上海人民出版社1987年版，第28页。

[⑥] 宁可：《关于中国封建经济结构》，《学术月刊》2006年第11期。

作者认为，唐代以后，随着商品经济的发展，这种古代型的城市结构及其相应的管制制度，便不能不有所改变或调整，所以到了北宋年间，就逐渐打破了自古以来相沿的坊市制度，城市的结构和面貌已与近代城市相同，而不再是古代型的城市了。但是，这样的转变实际上只是形式上的转变，而不是性质的转变，因为城市的性质和管制制度的基本原则，本质上还是相同的。中国的城市自始至终是由政府建立的，自始至终是由政府管制的，这是中国城市的一个总的特点。尽管统制政策的精神实质并未改变，但是从宋代起城市商业开始向近代的形式转变。①

此外，包伟民还从学术史视角分析了变革与连续的辩证关系，他不仅承认"多方面的不断发展，的确是唐宋间城市变迁最突出的一个面相，给人的印象最为深刻"，而且指出"事实上，如果能够从更为周全的视角去观察，就可以发现行政层级主导城市地位的原则，直至当今的中国社会，仍规定着城市的基本格局，未见大改观"，"尤其在城市生活层面，可以说宋代奠定了元明清而下八百年的基本格局"。②

由上观之，研究唐宋城市史不仅需要关注城市变革，而且应该把握城市发展连续性，最终做到变革与连续的辩证统一，并在变革与连续的整体性中去思考、探讨问题，这也应是当前研究中急需倡导的。

三、唐宋城市史研究展望

尽管当前研究中还有不尽如人意之处，但是我们却欣慰地看到，有关中国古代城市史的研究正方兴未艾，而唐宋城市史的研究也在不断扩展和深化。我们相信，今后的研究必然大有可为。这里，笔者仅就未来的研究

---

① 傅筑夫：《中国经济史论丛》（上），生活·读书·新知三联书店1980年版，第321—386页。
② 包伟民：《城市史的意义——宋代城市研究杂谈》，包伟民、刘后滨主编：《唐宋历史评论》第6辑，第16—24页。

趋势和方向，略陈管见：

第一，理论方法的创新。

理论并非先验之物，理论是观察问题的角度，是解释历史的依据，是叙述历史的架构。国外学界在城市史的理论研究方面，积累较多，这些理论对我们不无启迪。因此，我们应该有选择地借鉴和利用。然而，需要指出的是，对于西方学界的理论，我们不宜生搬硬套，消化吸收至关重要。在借鉴和吸收的基础上，我们应该逐步建立起自己的理论体系、学科体系、学术体系和话语体系。在研究方法的运用上，要综合多学科的方法，力求传统与现代、社会科学与相关自然科学的结合。

可喜的是，近些年，我国学者已尝试运用跨断代的长时段眼光，对我国传统社会的演进轨迹及其文明特征进行总体性描述，力求以多维度来诠释中国古代史，出现了"农商社会""富民社会""南北整合"等学术概念。① 其中，葛金芳认为，宋以降长江三角洲等狭义的江南地区，属于典型的"农商社会"，具有五大历史特征：一是商品性农业的成长导致农村传统经济结构发生显著变化；二是江南市镇兴起、市镇网络形成，城市化进程以市镇为据点不断加速；三是早期工业化进程开始启动，经济成长方式从传统的"广泛型成长"向"斯密型成长"转变；四是区域贸易、区间贸易和国际贸易扩展，市场容量增大，经济开放度提高，一些发达地区由封闭向开放转变；五是纸币、商业信用、包买商和雇佣劳动等带有近代色彩的经济因素已然出现并有所成长。② 可以说，葛金芳所列"农商社会"的五个特征大都与唐宋城市关系密切。

---

① 李治安：《多维度诠释中国古代史——以富民、农商与南北整合为重点》，《中国社会科学评价》2016年第4期。
② 葛金芳：《从"农商社会"看南宋经济的时代特征》，《国际社会科学杂志（中文版）》2009年第3期；《"农商社会"的过去、现在和未来——宋以降（11—20世纪）江南区域社会经济变迁》，《安徽师范大学学报（人文社会科学版）》2009年第5期；《农商社会视野下的南宋经济再评价》，《国际社会科学杂志（中文版）》2016年第3期；柳平生、葛金芳：《"农商社会"的经济分析及历史论证》，《求是学刊》2015年第2期；《"农商社会"视野下南宋商品性农业述论》，《云南社会科学》2017年第6期。

第二，思维视域的突破。

唐宋城市史研究是一项综合性很强的课题，需要由多个侧面、不同角度去探讨。其一，需要适当的长时段研究。通常来说，历史研究主要是按断代进行的，城市史研究亦大体如此。按断代收集材料进行研究有其方便之处，但也有其局限性。城市史若只局限于一个断代，往往看不清城市发展的来龙去脉和长期趋势。因此，学者们需要打破断代的局限，缩小范围，拉长时段，作前后贯通的专题研究。其二，需要多视角的考察。由于城市有其自身的特质，它是历史的，是人类文明发展到一定阶段的产物；是社会的、经济的、文化的、政治的各种因素的集中区；作为一个系统，城市功能有多重性和复杂性，并且城市本身具有吸收性、传播性和辐射性，所以，城市史的研究既要从城市规划、城市形态、城市结构、城市性质、城市功能、地域空间、政治空间、社会空间等视角进行观察，又要对城市本身、城市之间、区域城市体系、中外城市进行横向或纵向的比较分析。其三，需要人文主义的关怀。城市作为人类聚落，有着鲜明的人为印记，并且与周围的自然环境有着密切联系，因此，在城市史的研究中，特别需要从人文主义的角度关注城市社会及其与城市环境、自然环境演变的相互关系。

第三，研究重点的深化。

城市社会，是唐宋城市史研究的重点和核心，而这其中最重要的就是加强对城市人口、城市阶层、城市经济、城市组织、城市交通、城市建筑、城市景观、城市社会生活、城市医疗卫生、城市社会保障、城市文化、城市生态环境、城市灾害、城市管理等方面的研究。今后，需要对城市经济进行系统深入的专门研究；对城市人口结构、职业结构、民族结构的变化及其原因进行深入剖析；对城市社会阶层在分类考察的基础上进行深入揭示；对城市组织出现的原因及其性质、特点从更广的视野进行深入考察；对城市交通在城市经济、文化、人口流动、信息传播等方面的作用进行深入分析；对城市社会生活、城市医疗卫生、城市社会保障与城市文化的变化及其影响进行纵贯式的深入思考；对城市建筑、城市景观、城市生态环境、城市灾害与城市发展的互动关系加以重视并进行深入探究；对城市功能的区分进行深入解析；对城市管理的内容、制度变化及其意义进行系统的深入探讨。

第四，薄弱环节的加强。

在唐宋城市史研究中，有关城市的综合研究、城市群体的研究、大量地方城市的研究以及城乡关系等方面的研究相对薄弱，亟待加强。通过加大对城市发展的整体性宏观研究（包括对区域城市群、城市体系、城市系统的整体性宏观研究）和微观研究（包括对城市单体、内部构造的研究），有助于全面认识和了解城市发展演变的过程、规律，把握唐宋城市的特点。

此外，我们还应看到，唐宋城市的变迁是个过程，"源"在唐，"流"在宋，溯源才能清流。可是，目前的研究往往将重点放在宋代或者唐宋之际的变化上，当然这是因为这一时期的变化看得已经很明显了，而对唐代城市变化的研究仍不够充分。因此，有关唐代城市社会变化的全面深入研究，今后尚需加强。

第五，研究资料的发掘。

资料是学术研究的基础，资料的发掘对于城市史研究至关重要。目前，学界对现有文献材料的发掘利用仍然有限，而且对绘画、壁画、地图、古建筑等的作用重视不够。今后，我们既要加大对古文献资料的发掘力度和利用程度，又要重视绘画、壁画、地图、古建筑等资料或实物在研究中的有效使用。

第六，现代科技手段的运用。

借助和运用现代科学技术手段推进学术研究，现今已成学人共识。在唐宋城市史的研究中，我们运用现代科学技术手段可以进行古代城市的复原或部分复原工作，还可以编辑出实用性强的工具书，并将更多的史籍电子化，逐步建立起以利长期研究的数据库，这对我们今后的研究工作必会助益良多。

第七，长时段、大视野下对"变革"与"连续"的关注。

唐宋城市史是中国城市史和中国经济史乃至全球城市史和全球经济史的重要研究内容之一，我们需要将唐宋城市史置于人类历史发展的长河之中去审视，同时应该关注到唐宋城市史研究中的变革与连续。以往的研究过多地强调了唐宋城市变革，淡化甚至无视其连续性，从而导致研究中存在误区和盲区。更有甚者为了强调或凸显唐宋城市的变化而生搬硬套相关概念、理论或学说，完全脱离了问题本身，致使思考单一化、研究范式化、结论同质化，使得本应丰富多彩的研究变得毫无生机。

今后，我们尤其需要提倡回到原点，回归问题本身，在长时段和大视野下去关注唐宋城市史研究，通过具体的不同研究对象或研究问题来深入思考和探寻人类历史发展进程中唐宋城市的变革与连续，以期全面认识和了解唐宋城市发展的真实面貌。

唐代后期江南的乡村经济及其商品化

唐宋时期是中国古代经济重心加速南移并最终完成的重要阶段，前辈学者在人口分布、农田水利、蚕丝纺织、自然生产力和城市分布等诸多方面取得的研究成果[1]表明，自唐代中期以后，南方经济尤其是江南经济取得了很大发展。

苏州，作为唐代江南地区的重要城市，其商品经济自中唐以后得到很大发展。前辈学者如郑学檬[2]、李伯重[3]、冻国栋[4]、张剑光[5]、刘玉峰[6]等人已从不同角度对苏州经济的商品化倾向有所论及。然而，有关苏州乡村的商品经济，甚至是唐代乡村经济的商品化问题，学界至今仍无专文系统探讨。有鉴于此，本文拟以唐代后期苏州甫里为例，考察当时乡村经济的商品化及其特点，希冀有助于全面认识太湖地区乃至江南地区经济发展的程度，深化对唐宋时期经济重心南移的理解。

---

[1] 参见葛金芳、曾育荣：《20世纪以来唐宋之际经济格局变迁研究综述》，《湖北大学学报（哲学社会科学版）》2003年第6期。
[2] 郑学檬：《唐五代太湖地区经济试探》，《学术月刊》1983年第2期。
[3] 李伯重：《唐代长江流域地区农民副业生产的发展》，《厦门大学学报（哲学社会科学版）》1982年第4期；《唐代长江下游地区农业生产集约程度的提高》，《中国农史》1986年第2期。
[4] 冻国栋：《唐代苏州商品经济的发展初探》，《苏州大学学报（哲学社会科学版）》1988年第3期。
[5] 张剑光：《唐代渔业生产的发展及其商品化问题》，《农业考古》1996年第3期；《略论唐代环太湖地区经济的发展》，《苏州大学学报（哲学社会科学版）》1999年第3期。
[6] 刘玉峰：《唐代商品性农业的发展和农产品的商品化》，《思想战线》2004年第2期。

一、甫里的地理位置与自然资源

（一）甫里的地理位置

甫里（今江苏省苏州市吴中区甪直镇），因唐代后期陆龟蒙隐居于此而闻名。据《新唐书》记载："陆龟蒙字鲁望，元方七世孙也。父宾虞，以文历侍御史。龟蒙少高放，通六经大义，尤明《春秋》。举进士，一不中，往从湖州刺史张抟游，抟历湖、苏二州，辟以自佐。尝至饶州，三日无所诣。刺史蔡京率官属就见之，龟蒙不乐，拂衣去。居松江甫里，多所论撰，虽幽忧疾痛，赍无十日计，不少辍也。……时谓江湖散人，或号天随子、甫里先生。"①

为何称为"甫里先生"？陆龟蒙所著《甫里先生传》中已经言明此事，"甫里先生者，不知何许人也。人见其耕于甫里，故云"。至于甫里是何地名，注曰："甫里，松江上村墟名。"②另据释赞宁所撰《笋谱》记载："唐僖宗朝，陆龟蒙处士隐苏台甫里村，亦号甫里先生。"③此处的苏台即指姑苏台，又名胥台，在苏州西南姑苏山上，正因"苏有姑苏台，故苏州谓之苏台"。④由于释赞宁生活于五代至宋初，故而我们可以确定甫里当时是苏州的一个村。

据《通典》和《元和郡县图志》记载，唐代苏州（吴郡）管辖七县：吴、长洲、嘉兴、海盐、常熟、昆山、华亭。⑤那么，甫里村究竟属于何县何乡

---

① （宋）欧阳修、宋祁：《新唐书》卷196《隐逸传》，中华书局1975年版，第5612—5613页。
② （唐）陆龟蒙：《笠泽丛书》卷1《甫里先生传》，《景印文渊阁四库全书》本，第1083册，台湾商务印书馆1985年版，第233页。
③ （宋）释赞宁：《笋谱·四之事》，《景印文渊阁四库全书》本，第845册，台湾商务印书馆1985年版，第202页。
④ （宋）吴处厚撰，李裕民点校：《青箱杂记》卷8，中华书局1985年版，第86页。
⑤ 参见（唐）杜佑撰，王文锦等点校：《通典》卷182《州郡一二·古扬州下》，中华书局1988年版，第4827—4828页；（唐）李吉甫撰，贺次君点校：《元和郡县图志》卷25《江南道一》，中华书局1983年版，第601页。

呢？陆龟蒙《问吴宫辞并序》曾云："甫里之乡曰吴宫，在长洲苑东南五十里。"① 唐代，长洲苑属长洲县，"长洲县，望。郭下。本万岁通天元年（696）析吴县置，取长洲苑为名。苑在县西南七十里"②。由此可知，甫里村所在实为苏州长洲县吴宫乡。宋代，吴宫乡已有甫里庙，当地人还祭祀陆龟蒙，《吴郡志》云："甫里在长洲县东南五十里。乡人祠陆龟蒙于此，至今不废。"③

（二）甫里及其周边的自然资源

甫里地处太湖地区松江之畔，水资源极其丰富。据《元和郡县图志》记载，太湖在吴县西南五十里，松江在吴县南五十里，经昆山入海。④

太湖，"《禹贡》谓之震泽，《周官》、《尔雅》谓之具区，《史记》、《国语》谓之五湖"，"吐吸江海，包络丹阳、义兴、吴郡、吴兴之境，其所容者大，故以'太'称焉"⑤。《吴地记》记载："按《越绝书》曰：'太湖周回三万六千顷，亦曰五湖。'虞翻云：'太湖有五道之别，故谓之五湖。'……张勃《吴录》云：'五湖者，太湖之别名。以其周行五百里，以五湖为名。'"⑥ 陆龟蒙则认为："太湖上禀咸池、五车之气，故一水五名也。"⑦ 在诗文中，陆氏多以五湖指称太湖，如《眠》诗云："魂清雨急梦难到，身在五湖波上头。"⑧ 皮日休诗云："三万六千顷，千顷颇黎色。"⑨ 陆诗云："东南具

---

① （唐）陆龟蒙撰，宋景昌、王立群点校：《甫里先生文集》卷16《问吴宫辞并序》，河南大学出版社1996年版，第242页。
② （唐）李吉甫撰，贺次君点校：《元和郡县图志》卷25《江南道一》，第601页。
③ （宋）范成大撰，陆振岳校点：《吴郡志》卷13《祠庙下》，江苏古籍出版社1999年版，第182页。
④ （唐）李吉甫撰，贺次君点校：《元和郡县图志》卷25《江南道一》，第601页。
⑤ （宋）朱长文撰，金菊林校点：《吴郡图经续记》卷中《水》，江苏古籍出版社1999年版，第46页。
⑥ （唐）陆广微撰，曹林娣校注：《吴地记》，江苏古籍出版社1999年版，第78页。
⑦ （唐）皮日休、陆龟蒙等：《松陵集》卷3《奉和太湖诗二十首·初入太湖》，《景印文渊阁四库全书》本，第1332册，台湾商务印书馆1985年版，第193页。
⑧ （唐）陆龟蒙撰，宋景昌、王立群点校：《甫里先生文集》卷12《眠》，第174页。
⑨ （唐）皮日休、陆龟蒙等：《松陵集》卷3《太湖诗·初入太湖》，《景印文渊阁四库全书》本，第1332册，第187页。

区雄，天水合为一。"①虽然诗句借用典故抑或有溢美成分，但是却反映出唐代太湖湖面仍然较大的实况。

松江，"一名松陵，又名笠泽"，"其江之源，连接太湖"。②陆龟蒙与皮日休的唱和诗集即名为《松陵集》。陆氏隐居甫里，称所著为《笠泽丛书》，其在《丛书序》中云："自乾符六年（879）春，卧病于笠泽之滨，败屋数间，盖蠹书十余箧。……体中不堪羸耗，时亦隐几强坐。内壹郁则外扬为声音，歌诗颂赋，铭记传序，往往杂发。不类不次，混而载之，得称为丛书。"③据北宋朱长文《吴郡图经续记》记载："松江正流下吴江县，过甫里，径华亭，入青龙镇"，"《图经》云：'松江东写（泄）海曰沪渎，亦曰沪海。'"④

因为甫里一带水源充足，所以周边动植物资源非常丰富，草、木、竹、虫、鱼、鸟、兽皆有。据《松陵集》、《笠泽丛书》、《甫里先生文集》、《皮子文薮》等资料可知，甫里及其周边地区的花草有蔷薇、白菊、芍药、丁香、石竹、浮萍、白芷、药菊、灵芜、芡、菱、莲、莼、蒲、芦、茈、荇、菰、蕨、薇、蕹、藜、萱、蕙、笱、牛唇（即泽泻）、鼠耳（即鼠曲草）、书带草等；竹木有竹、藤、薜、桑、松、柏、桂、杨、柳、杉、梧、槿、桧、柘等；虫鱼有蝉、萤、蜂、蝶、豸、蜓、蚕、鱼、虾、蚬、蚌、蟹等；鸟兽有燕、鸥、鹤、雀、莺、雁、鹄、鸦、凫、鸢、鸥、鸳鸯、鸬鹚、鹧鸪、白鹭、朱鹭（即朱鹮）、鸡鵁（即池鹭）、鹈鸠、鹿、狐、貉等。正是这些多样的生物、充足的资源为甫里乡村经济的发展提供了便利。

陆龟蒙"始居（吴）郡中临顿里，晚益远引深遁，居震泽旁"⑤，其所以"归长洲茂苑之下"，正是"乐松江甫里之胜"⑥，能够"薙草开径，为临江

---

① （唐）皮日休、陆龟蒙等：《松陵集》卷3《奉和太湖诗二十首·初入太湖》，《景印文渊阁四库全书》本，第1332册，第193页。
② （唐）陆广微撰，曹林娣校注：《吴地记》，第82页。
③ （唐）陆龟蒙撰，宋景昌、王立群点校：《甫里先生文集》卷16《丛书序》，第228页。
④ （宋）朱长文撰，金菊林校点：《吴郡图经续记》卷中《水》，第47—48页。
⑤ （宋）朱长文撰，金菊林校点：《吴郡图经续记》卷下《园第》，第62页。
⑥ （宋）胡宿：《甫里先生碑铭》，曾枣庄、刘琳主编：《全宋文》卷470，第22册，上海辞书出版社、安徽教育出版社2006年版，第258页。

之居；剪地作堂，傲在邹之宅。南直弁峰之色，西带重湖之光。孤云无心，白鸟可狎；道素自处，物累不婴。好事之流，或载酒而相访；雅游之子，时款关而请见。户外之屦常满，席间之丈屡启。稻田一廛，岁供薪水之费；鱼陂数顷，日充庖脍之事。至若金枢之月静夜，赤城之霞启旦，花濑不远，苹风甚快，先生则必饬鞠牛之乘，戒白鹢之舫，招来僧社之旧，申命朋簪之盍，泛览节物，从容谈燕。笔床砚格，静置于左右；琴歌酒赋，相继以昼夜。击铜钵以赋诗，指石鼎以联句"[1]。

二、唐代后期甫里经济的多元化格局

有关甫里的文献记载比较有限，只因陆龟蒙与皮日休为益友，故二人的诗文中保留有甫里社会经济的一些记述。从《松陵集》、《笠泽丛书》等资料可知，唐代后期太湖地区甫里一带的社会经济已经呈现多元化格局，其经济活动主要包括以下五类。

（一）粮食生产

唐宋时期，以水稻种植为主的农业在江南有了很大发展，可是重要农书如唐代韩鄂《四时纂要》、南宋陈旉《农书》的记载反而少见，幸好在诗文中可以得见水稻品种资源。[2]

唐代后期，太湖地区广泛种植水稻，皮日休《崦里》诗描述太湖龟山脚下的崦里有良田二十顷，"风吹稻花香，直过龟山顶"[3]。当时，甫里一带

---

[1] （宋）胡宿：《甫里先生碑铭》，曾枣庄、刘琳主编：《全宋文》卷470，第22册，第258—259页。
[2] 参见游修龄：《中国稻作史》，中国农业出版社1995年版，第83页。
[3] （唐）皮日休、陆龟蒙等撰：《松陵集》卷3《太湖诗·崦里》，《景印文渊阁四库全书》本，第1332册，第193页。

的粮食种类（表1）较为丰富，包括稻米、菰米、胡麻、麦等类，不过仍以稻米为主。

甫里一带的稻米种类有香稻、红莲稻米、青龙米和桃花米。香稻的种植遍及长江流域，而红莲稻米也是一种香稻[①]，"五月种，九月收，芒红、粒大，有早晚二种"[②]，陆龟蒙有诗云："近炊香稻识红莲。"[③] 南宋龚明之《中吴纪闻》中称，"至今以此为佳种"[④]，足见红莲稻在吴地具有品种优势。青龙米是制作青精饭的原料，为道家所崇。皮日休、陆龟蒙二人与曾在茅山隐居的广文博士张贲在吴中交游甚密，张以青䭀饭分送皮、陆二人，皮作诗曰："分泉过屋春青稻"，注云："此饭以青龙稻为之"，陆作诗赞为"青精玉斧餐"[⑤]。据《通雅》可知，"青䭀饭，乌饭也"，"一曰青精饭"[⑥]。陆龟蒙《四月十五日道室书事寄袭美》诗云："乌饭新炊臗臛香，道家斋日以为常"[⑦]，此乌饭可能也是青龙米所制。桃花米，皮日休《苦雨杂言寄鲁望》诗中言及"吴中十日潦潦雨"后"桃花米斗半百钱"[⑧]。至五代宋初时，桃花米在"休宁县尤多，为饭香软"[⑨]，可见该米在江南其他地区也有食用。

除稻米以外，菰（即苽，其寄生黑穗菌的部分即茭白[⑩]）作为一种辅助

---

① 参见游修龄：《中国稻作史》，第83—84页。
② （明）王鏊：《姑苏志》卷14《土产·生植》，《景印文渊阁四库全书》本，第493册，台湾商务印书馆1984年版，第293页。
③ （唐）陆龟蒙：《笠泽丛书》卷4《别墅怀归二首其一》，《景印文渊阁四库全书》本，第1083册，第263页。
④ （宋）龚明之撰，孙菊园校点：《中吴纪闻》卷1《红莲稻》，上海古籍出版社1986年版，第10页。
⑤ （唐）皮日休、陆龟蒙等：《松陵集》卷9《润卿遗青䭀饭兼之一绝聊用答谢》，《景印文渊阁四库全书》本，第1332册，第266页。
⑥ （明）方以智：《通雅》卷39《饮食》，《景印文渊阁四库全书》本，第857册，第750页。
⑦ （唐）皮日休、陆龟蒙等：《松陵集》卷7《四月十五日道室书事寄袭美》，《景印文渊阁四库全书》本，第1332册，第236页。
⑧ （唐）皮日休、陆龟蒙等：《松陵集》卷10《苦雨杂言寄鲁望》，《景印文渊阁四库全书》本，第1332册，第270页。
⑨ （宋）乐史撰，王文楚等点校：《太平寰宇记》卷104《江南西道二·歙州》，中华书局2007年版，第2062页。
⑩ 参见夏纬瑛：《〈周礼〉书中有关农业条文的解释》，农业出版社1979年版，第133页。

性的主食，也占有重要地位。菰即雕胡米，古人以其为六谷（即黍、稷、稻、粱、菰、麦）之一，是南方水泽地区的重要主食。陆龟蒙曾亲自烹饪雕胡饭款待皮日休，皮作诗酬谢："雕胡饭熟馄糊软，不是高人不合尝。"①又据范成大"红莲胜雕胡"②诗句来看，菰米直到南宋时期还可与红莲稻相较，是江南乡村的主食之一。

胡麻饭在唐代较多见，如王绩诗曰："田家无所有，晚食遂为常。菜剪三秋绿，飧炊百日黄。胡麻山岕样，楚豆野麋方"③，又如王维诗云："御羹和石髓，香饭进胡麻。"④唐代后期，甫里一带也食用胡麻，皮日休造访陆龟蒙宅时就曾食胡麻饭，皮作诗云："半里芳阴到陆家，藜床相劝饭胡麻。"⑤历代有方士服胡麻而得道的记载，遂使胡麻这种作物也蒙上道教文化色彩，张贲在赠予皮、陆青精饭时，即言"应宜仙子胡麻拌"⑥。

麦在甫里一带也有种植，陆龟蒙的诗句中有所描述，如"竹外麦烟愁漠漠"⑦、"麦垄唯凭欠雉眠"⑧。当时还用麦来制作麦饘、麦麨等食物，麦饘即麦粥，麦麨是将麦子炒熟后磨粉制成的干粮。

---

① （唐）皮日休、陆龟蒙等：《松陵集》卷6《鲁望以躬掇野蔬兼示雅什用以酬谢》，《景印文渊阁四库全书》本，第1332册，第230页。
② （宋）范成大：《范石湖集》卷16《劳畬耕并序》，上海古籍出版社1981年版，第217页。
③ （唐）王绩著，韩理洲校点：《王无功文集》卷3《食后》，上海古籍出版社1987年版，第101页。
④ （唐）王维撰，陈铁民校注：《王维集校注》卷3《奉和圣制幸玉真公主山庄因题石壁十韵之作应制》，中华书局1997年版，第240页。
⑤ （唐）皮日休、陆龟蒙等：《松陵集》卷7《夏初访鲁望偶题小斋》，《景印文渊阁四库全书》本，第1332册，第237页。
⑥ （唐）皮日休、陆龟蒙等：《松陵集》卷9《以青䱜饭分送袭美鲁望因成一绝》，《景印文渊阁四库全书》本，第1332册，第266页。
⑦ （唐）陆龟蒙撰，宋景昌、王立群点校：《甫里先生文集》卷12《春思二首其一》，第181页。
⑧ （唐）陆龟蒙：《笠泽丛书》卷4《小雪后书事》，《景印文渊阁四库全书》本，第1083册，第267页。

表1 太湖地区甫里一带的粮食种类

粮食种类		史料依据	资料来源	备注
稻米	香稻	"近炊香稻识红莲"	《笠泽丛书》卷4《别墅怀归二首其一》	
	红莲稻米	"呼儿径取红莲米"	《笠泽丛书》卷3《食鱼歌》	
		"近炊香稻识红莲"	《笠泽丛书》卷4《别墅怀归二首其一》	
	青龙米	"半日始斋青䭀饭"	皮日休《江南道中怀茅山广文南阳博士三首其一》，《松陵集》卷6	
		"青精饭熟云侵灶"	皮日休《南阳广文欲于荆襄卜居因而有赠》，《松陵集》卷8	
		"谁屑琼瑶事青䭀"	张贲《以青䭀饭分送袭美鲁望因成一绝》，《松陵集》卷9	
		"传得三元䭀饭名""分泉过屋春青稻"	皮日休《润卿遗青䭀饭兼之一绝聊用答谢》，《松陵集》卷9	注云：此饭以青龙稻为之
		"今见青精玉斧餐"	陆龟蒙《润卿遗青䭀饭兼之一绝聊用答谢》，《松陵集》卷9	
	桃花米	"桃花饭熟醉醒前"	皮日休《醉中即席赠润卿博士》，《松陵集》卷9	
		"桃花米斗半百钱"	皮日休《苦雨杂言寄鲁望》，《松陵集》卷10	
菰米		"几升菰米钓前炊"	皮日休《鲁望春日多寻野景日休抱疾杜门因有是寄》，《松陵集》卷6	
		"雕胡饭熟餦糊软"	皮日休《鲁望以躬掇野蔬兼示雅什用以酬谢》，《松陵集》卷6	
		"菰米正残三日料"	皮日休《悉寄之请垂见和》，《松陵集》卷9	
		"野馈夸菰饭"	《甫里先生文集》卷4《江南秋怀寄华阳山人》	
		"容妾荐雕胡"	《甫里先生文集》卷7《大堤》	
胡麻		"饥悒胡麻饭"	皮日休《吴中苦雨因书一百韵寄鲁望》，《松陵集》卷1	
		"或蒸一升麻"	皮日休《雨中游包山精舍》，《松陵集》卷3	
		"胡麻如重寄"	陆龟蒙《秋日遣怀十六韵寄道侣》，《松陵集》卷5	
		"白帻刈胡麻"	皮日休《临顿为吴中偏胜之地陆鲁望居之不出郭郭旷若郊墅余每相访款然惜去因成五言十首奉题屋壁》，《松陵集》卷5	
		"厨静空如饭一麻"	皮日休《屣步访鲁望不遇》，《松陵集》卷6	
		"藜床相劝饭胡麻"	皮日休《夏初访鲁望偶题小斋》，《松陵集》卷7	
		"应宜仙子胡麻拌"	张贲《以青䭀饭分送袭美鲁望因成一绝》，《松陵集》卷9	

续表

粮食种类	史料依据	资料来源	备注
麦	"麦垄唯凭欠雉眠"	《笠泽丛书》卷4《小雪后书事》	
	"竟未成麦馈"	皮日休《吴中苦雨因书一百韵寄鲁望》,《松陵集》卷1	
	"麦麨香消大劫知"	皮日休《开元寺佛钵诗》,《松陵集》卷7	
	"金策闲摇麦穗风"	陆龟蒙《奉和》,《松陵集》卷8	
	"一心如瑞麦"	陆龟蒙《风人诗三首其一》,《松陵集》卷10	
	"竹外麦烟愁漠漠"	《甫里先生文集》卷12《春思二首其一》	

（二）水生生物采捕

由于得天独厚的水资源优势，甫里一带的水生生物种类特别丰富，从《笠泽丛书》、《松陵集》等资料中可见鱼、虾、蚬、蚌、螺、鳖、蟹等水生动物和芡、菱、莼、菰、蒲、芦、茈、荇、莲藕等水生植物。

水生动物方面，最主要的就是鱼类，包括鲤、鲈、鳜、鲙、鲭、鲋、鲂、玉鱼、红鱼、鲙残鱼等，陆龟蒙有诗曰："满釜煮鲈鳜。"① 鲈鱼是松江、太湖地区的一项名产。南阳张贲欲于荆襄卜居时，皮日休赠其诗云："鲈鱼自是君家味，莫背松江忆汉江。"② 成熟的鲈鱼特别肥美，但不易获得，皮《五贶诗序》言，"江南秋风时，鲈肥而难钓"③。鲂鱼肉质嫩滑，味道鲜美，三国时吴国陆玑《毛诗草木鸟兽虫鱼疏》云："广而薄肥，恬而少力，细鳞鱼之美者"④，唐代杜甫称赞"鲂鱼肥美知第一"⑤。此外，还有蟹，陆龟蒙作

---

① （唐）皮日休、陆龟蒙等：《松陵集》卷1《奉酬袭美先辈吴中苦雨一百韵见寄》，《景印文渊阁四库全书》本，第1332册，第174页。
② （唐）皮日休、陆龟蒙等：《松陵集》卷8《南阳广文欲于荆襄卜居因而有赠》，《景印文渊阁四库全书》本，第1332册，第250页。
③ （唐）皮日休、陆龟蒙等：《松陵集》卷5《五贶诗并序》，《景印文渊阁四库全书》本，第1332册，第216页。
④ （吴）陆玑：《毛诗草木鸟兽虫鱼疏》卷下《维鲂及鱮》，《景印文渊阁四库全书》本，第70册，台湾商务印书馆1985年版，第16页。
⑤ （唐）杜甫著，（清）仇兆鳌注：《杜诗详注》卷11《观打鱼歌》，中华书局1999年版，第919页。

《蟹志》篇称:"蟹始窟穴于沮洳中,秋冬交,以大出。"①深秋以后天气转寒,还会出现"蟹因霜重金膏溢"②的情况。

水生植物方面,芡、菱、莼、菰(茎即茭白)、莲藕可以食用,《松陵集》中记载了"盈筐盛芡芰"③、"罢钓时煮菱"④、"莲花鲊作肉芝香"⑤;蒲不仅能够食用,而且可以制作用具,如有蒲椅、蒲团、蒲帆等;芦苇和茈都可以编织草席,如皮日休诗云:"选胜铺茈席。"⑥

甫里一带水生生物的利用情况可以反映太湖地区水生动物充盈、水生植物饶美,二者共相繁荣的景象,正如诗中所云,"鱼跳上紫芡"⑦;"采江之鱼兮,朝船有鲈。采江之蔬兮,暮筐有蒲"⑧;"君住松江多少日,为尝鲈鲙与莼羹"⑨。

(三)竹木果蔬栽培利用

甫里一带林木茂盛,主要有竹、藤、薜、桑、松、柏、桂、杨、柳、杉、梧、槿、桧、柘等,这些资源在当地民众的经济生活中起着重要作用。

---

① (唐)陆龟蒙:《笠泽丛书》卷4《蟹志》,《景印文渊阁四库全书》本,第1083册,第264页。
② (唐)皮日休、陆龟蒙等:《松陵集》卷8《寒夜文晏》,《景印文渊阁四库全书》本,第1332册,第252页。
③ (唐)皮日休、陆龟蒙等:《松陵集》卷1《奉酬袭美先辈吴中苦雨一百韵见寄》,《景印文渊阁四库全书》本,第1332册,第174页。
④ (唐)皮日休、陆龟蒙等:《松陵集》卷3《太湖诗·崦里》,《景印文渊阁四库全书》本,第1332册,第193页。
⑤ (唐)皮日休、陆龟蒙等:《松陵集》卷7《奉和》,《景印文渊阁四库全书》本,第1332册,第236页。
⑥ (唐)皮日休、陆龟蒙等:《松陵集》卷10《北禅院避暑联句》,《景印文渊阁四库全书》本,第1332册,第277页。
⑦ (唐)皮日休、陆龟蒙等:《松陵集》卷10《北禅院避暑联句》,《景印文渊阁四库全书》本,第1332册,第277页。
⑧ (唐)陆龟蒙:《笠泽丛书》卷2《紫溪翁并序》,《景印文渊阁四库全书》本,第1083册,第251页。
⑨ (唐)陆龟蒙撰,宋景昌、王立群点校:《甫里先生文集》卷8《润州送人往长洲》,第109页。

"笠泽多异竹"[1]，竹是最能代表当地人开发利用林业资源的植物，就连陆龟蒙也在住宅周边亲自栽种，"绕屋亲栽竹"[2]。在甫里，竹被充分开发利用，渗透进当地人的衣、食、住、用。如衣着方面，有竹襟，还有竹笋皮所制箨冠（又称笋皮冠），陆有诗云："竹襟轻利箨冠斜。"[3] 饮食方面，有竹米（即竹实）、竹笋，陆诗云，"野客病时分竹米"[4]，"盘烧天竺春笋肥"[5]。居住方面，有竹房、竹扉、竹窗、竹床、竹屏等，陆诗云："始把孤灯背竹窗。"[6] 器用方面，除了竹制乐器埙、篪、笛等，还有竹筒、竹伞、筇杖、笋席等其他用具，陆诗云："竹伞遮云径。"[7]

种类丰富的林木也是甫里一带薪材的主要来源，"山高溪且深，苍苍但群木"，"积雪抱松坞，蠹根然草堂"[8]。另外，竹类也可作为燃料利用，"竹根乍烧玉节快"[9]。

甫里一带的经济林木颇多，主要有桑、柘、槿、薜荔、橘、柿、杏、桃、李、梅、梨、樱桃、石榴等。桑柘用以养蚕，薜荔可以入药，槿树的茎可以制作蓑衣，花和种子可入药。橘、杏、桃、李、柿、梅、梨、樱桃、石榴等皆为当地果树，如陆诗云，"橘为风多玉脑鲜"[10]，"柿阴成列药花

---

[1] （唐）皮日休、陆龟蒙等：《松陵集》卷2《公斋四咏·新竹》，《景印文渊阁四库全书》本，第1332册，第183页。

[2] （唐）皮日休、陆龟蒙等：《松陵集》卷5《奉题屋壁》，《景印文渊阁四库全书》本，第1332册，第221页。

[3] （唐）皮日休、陆龟蒙等：《松陵集》卷7《奉和次韵》，《景印文渊阁四库全书》本，第1332册，第241页。

[4] （唐）皮日休、陆龟蒙等：《松陵集》卷7《夏初访鲁望偶题小斋》，《景印文渊阁四库全书》本，第1332册，第237页。

[5] （唐）陆龟蒙：《笠泽丛书》卷4《丁隐君歌并序》，《景印文渊阁四库全书》本，第1083册，第264页。

[6] （唐）陆龟蒙：《笠泽丛书》卷3《闲吟》，《景印文渊阁四库全书》本，第1083册，第259页。

[7] （唐）皮日休、陆龟蒙等：《松陵集》卷5《奉和次韵》，《景印文渊阁四库全书》本，第1332册，第221页。

[8] （唐）皮日休、陆龟蒙等：《松陵集》卷4《樵人十咏》，《景印文渊阁四库全书》本，第1332册，第204页。

[9] （唐）皮日休、陆龟蒙等：《松陵集》卷6《奉和》，《景印文渊阁四库全书》本，第1332册，第224页。

[10] （唐）皮日休、陆龟蒙等：《松陵集》卷8《寒夜文晏》，《景印文渊阁四库全书》本，第1332册，第252页。

空"[1],"岸上红梨叶战初"[2]。

甫里的蔬菜包括园蔬和野蔬,但以园蔬为主。园圃种植的蔬菜有笋、蒲、芹、菱、莲子、藕、芋、匏、葵、菽、豆、瓜等。陆氏在杜若溪边种蒲,在南塘种芹,还种葵、豆、瓜、菱,诗云,"园葵旋折烹"[3],并且作《笋赋》概括竹笋的特点,"洪纤靡定,方圆不均"[4]。皮日休在诗句中描述了芋、匏,诗云:"债田含紫芋,低蔓隐青匏。"[5]除园蔬外,当地还时常采摘野蔬,主要有菰、莼、蕨、薇、蓶、藜、牛唇、鼠耳等。陆龟蒙曾采摘野蔬款待皮日休,皮作诗酬谢云:"深挑乍见牛唇液,细掐徐闻鼠耳香。"[6]皮氏又有诗云:"家风是林岭,世禄为薇蕨。"[7]以此来反映樵叟生活之艰辛。此外,白菌、白芝等菌类也成为当地人的菜肴食料,陆诗曰:"白菌盈枯栐。"[8]

(四)家禽家畜畜养

甫里一带畜养的家禽家畜主要有鸡、鸭、鹅、犬、豕、牛、羊、马、驴等。

陆龟蒙《田舍赋》云:"江上有田,田中有庐","左有牛栖,右有鸡居"[9]。

---

[1] (唐)皮日休、陆龟蒙等:《松陵集》卷7《奉和次韵》,《景印文渊阁四库全书》本,第1332册,第237页。
[2] (唐)陆龟蒙撰,宋景昌、王立群点校:《甫里先生文集》卷12《江南二首其二》,第166页。
[3] (唐)陆龟蒙撰,宋景昌、王立群点校:《甫里先生文集》卷4《江南秋怀寄华阳山人》,第47页。
[4] (宋)李昉等:《太平御览》卷963《竹部二·笋》,中华书局1960年版,第4276页。
[5] (唐)皮日休、陆龟蒙等:《松陵集》卷5《新秋言怀寄鲁望三十韵》,《景印文渊阁四库全书》本,第1332册,第218页。
[6] (唐)皮日休、陆龟蒙等:《松陵集》卷6《鲁望以躬掇野蔬兼示雅什用以酬谢》,《景印文渊阁四库全书》本,第1332册,第230页。
[7] (唐)皮日休、陆龟蒙等:《松陵集》卷4《奉和樵人十咏·樵叟》,《景印文渊阁四库全书》本,第1332册,第205页。
[8] (唐)皮日休、陆龟蒙等:《松陵集》卷5《奉和新秋言怀三十韵次韵》,《景印文渊阁四库全书》本,第1332册,第219页。
[9] (唐)陆龟蒙:《笠泽丛书》卷3《田舍赋》,《景印文渊阁四库全书》本,第1083册,第252页。

皮日休造访陆宅时看到"黄犬病仍吠，白驴饥不鸣"①。陆氏在道贺丰收时，以"鸡豚聊馈饷"②。

耕牛作为乡村最主要的畜力，时常可见放牧场景，"江草秋穷似秋半，十角吴牛放江岸"③。当地在天气转冷之际，还会筑牛宫为牛避寒，陆氏《祝牛宫辞并序》中详细介绍了农夫筑造牛宫的规模及目的，称："冬十月，耕牛为寒，筑宫纳而皁之。建之前日，老农请乞灵于土官，以从乡教，予勉之而为辞：四牸三牯，中一去乳。天霜降寒，纳此室处。老农拘拘，度地不亩。东西几何？七举其武。南北几何？丈二加五。……耕耨何时，饮食得所。或寝或卧，免风免雨。宜尔子孙，实我仓庾。"④

此外，《杨文公谈苑》中载有一则与陆龟蒙养鸭相关的故事，称："陆龟蒙居笠泽，有内养自长安使杭州，舟经舍下，弹绿头鸭，龟蒙遽从舍出大呼云：'此绿鸭有异，善人言，适将献天子，今将此死鸭以诣官。'内养少长宫禁，信然，厚以金帛遗之，因徐问龟蒙曰：'此鸭何言？'龟蒙曰：'常自呼其名。'内养愤且笑，龟蒙还其金，曰：'吾戏耳。'"⑤

（五）花卉药草采植

甫里一带种植的花卉不少，陆龟蒙作有《蔷薇》、《丁香》、《白莲》、《秋荷》、《忆白菊》、《白芙蓉》、《石竹花咏》等以花卉为主题的诗赋，陆宅也是"篱边种菊，堂后生萱"⑥。当地甚至出现以种植贩卖花卉为生的花翁。

---

① （唐）皮日休、陆龟蒙等：《松陵集》卷5《秋晚留题鲁望郊居二首其一》，《景印文渊阁四库全书》本，第1332册，第221页。
② （唐）陆龟蒙：《笠泽丛书》卷4《纪事》，《景印文渊阁四库全书》本，第1083册，第260页。
③ （唐）陆龟蒙：《笠泽丛书》卷3《五歌·放牛歌》，《景印文渊阁四库全书》本，第1083册，第253页。
④ （唐）陆龟蒙：《笠泽丛书》卷3《祝牛宫辞并序》，《景印文渊阁四库全书》本，第1083册，第255—256页。
⑤ （宋）杨亿撰，李裕民辑校：《杨文公谈苑·鸭能人言》，上海古籍出版社1993年版，第170页。
⑥ （唐）陆龟蒙撰，宋景昌、王立群点校：《甫里先生文集》卷15《幽居并序》，第213页。

甫里一带的不少花草灌木及菌类都可入药,有白菊、白苹、豆蔻、石竹、海石榴(即山茶)、白芷、肉芝、芍药、山蕨、牛唇、鼠耳等。陆诗吟咏白菊"还是延年一种材"、"月中若有闲田地,为劝嫦娥作意栽"[1],直接点出了白菊的药用价值,随后张贲、皮日休、郑璧、司马都皆作诗唱和,赞美陆家白菊"远篱看见成瑶圃"[2]。当时花药可以并称共植,陆氏《杞菊赋并序》即是最好的明证,"天随子宅荒,少墙屋,多隙地。著图书所,前后皆树以杞菊。春苗恣肥,日得以采撷之以供左右杯案。……退而作《杞菊赋》以自广,云:惟杞惟菊,偕寒互绿。……尔杞未棘,尔菊未莎。其如予何?其如予何?"[3]

三、甫里经济的商品化及其原因和特点

(一)甫里经济的商品化

有关唐代江南农业经济的发展特点,前辈学者多有论及,李伯重在《唐代江南农业的发展》中对水稻农业集约化的形成、副业生产的普遍化、集约化、专业化和商品化倾向有详细阐述,郑学檬、刘玉峰、张剑光等学者也对江南农业生产的商品化倾向作了重点探讨。可以说,以往学者的概括符合历史事实,这些特点在甫里的乡村经济中有鲜明体现。

其一,普遍化的趋势。唐代后期,甫里一带的桑蚕业、家禽家畜养殖业具有普遍化趋势。

---

[1] (唐)皮日休、陆龟蒙等:《松陵集》卷9《幽居有白菊一丛因而成咏呈一二知己》,《景印文渊阁四库全书》本,第1332册,第260页。
[2] (唐)皮日休、陆龟蒙等:《松陵集》卷9《奉和》,《景印文渊阁四库全书》本,第1332册,第260页。
[3] (唐)陆龟蒙:《笠泽丛书》卷1《杞菊赋并序》,《景印文渊阁四库全书》本,第1083册,第232—233页。

"苏州东部的松江一带在中唐以前开发程度还甚低,未见有桑蚕"①,但是唐代后期这里桑蚕业已经颇为兴盛,陆诗云:"四邻多是老农家,百树鸡桑半顷麻。尽趁晴明修网架,每和烟雨掉缲车"②,"邻娃尽着绣裆襦,独自提筐采蚕叶"③,"村落蚕眠树挂钩"④,从诗中可见,种桑养蚕在甫里已经比较普遍。另外,陆氏《蚕赋并序》曰:"艺麻绩纑,官初喜窥","逮蚕之生,茧厚丝美。机杼经纬,龙鸾葩卉。官涎益馋,尽取后已"⑤,据此可知,唐代后期,当地出现丝织业,而在此之前已有麻织业。

甫里一带鸡、鸭、牛的养殖也较为普遍,"绿头鸭,水禽,村人皆养之"⑥;陆龟蒙"有牛不减四十蹄,有耕夫百余指"⑦,而普通农夫大家也有耕牛和水田,当遇到灾年时,农夫还"欲卖耕牛弃水田,移家直傍三茅宅"⑧。

其二,专业化与商品化的倾向。甫里一带的渔业、樵薪采伐、园蔬花卉草药种植都出现专业化与商品化的倾向。

当地渔夫已经通过种鱼、售鱼来获利,"一月便翠鳞,终年必赪尾。借问两绶人,谁知种鱼利"⑨。陆龟蒙诗云:"江南春旱鱼无泽,岁晏未曾腥鼎鬲。今朝有客卖鲈鲂,手提见我长于尺",陆氏在家中缺鱼的情况下急于购买,用的恰是红莲稻米,"呼儿径取红莲米,轻重相当加十倍"⑩,反映了当

---

① 李伯重:《唐代江南农业的发展》,农业出版社1990年版,第162页。
② (唐)皮日休、陆龟蒙等:《松陵集》卷7《奉和次韵》,《景印文渊阁四库全书》本,第1332册,第237页。
③ (唐)陆龟蒙:《陌上桑》,(清)彭定求等编:《全唐诗》卷628,中华书局1979年版,第7207页。
④ (唐)皮日休、陆龟蒙等:《松陵集》卷7《新夏东郊闲泛有怀袭美》,《景印文渊阁四库全书》本,第1332册,第236页。
⑤ (唐)陆龟蒙:《笠泽丛书》卷1《蚕赋并序》,《景印文渊阁四库全书》本,第1083册,第238页。
⑥ (宋)范成大撰,陆振岳校点:《吴郡志》卷13《祠庙下》,江苏古籍出版社1999年版,第429页。
⑦ (唐)陆龟蒙:《笠泽丛书》卷1《甫里先生传》,《景印文渊阁四库全书》本,第1083册,第233页。
⑧ (唐)陆龟蒙:《笠泽丛书》卷3《五歌·刈获歌》,《景印文渊阁四库全书》本,第1083册,第254页。
⑨ (唐)皮日休、陆龟蒙等:《松陵集》卷4《奉和渔具十五咏·种鱼》,《景印文渊阁四库全书》本,第1332册,第202页。
⑩ (唐)陆龟蒙:《笠泽丛书》卷3《五歌·食鱼歌》,《景印文渊阁四库全书》本,第1083册,第254页。

地稻鱼交易的情况。

樵薪成为商品，其采伐也已专业化，陆龟蒙《樵人十咏》中对此有全面反映，其中《樵家》云："门当清涧尽，屋在寒云里"；《樵子》云："生在苍崖边，能谙白云养"，注曰："山家谓养柴地为养。"[1] 而陆家所用柴薪也由小鸡山樵人顾及专门供给，"其掌而供事以顾及"[2]。

园蔬方面，陆诗云："欲问新秋计，菱丝一亩疆"[3]，"谁怜故国无生计，唯种南塘二亩芹"[4]，"无因得似灌园翁，十亩春蔬一藜杖"[5]，这都反映了园蔬种植的专业化，而菜农（灌园翁）的"十亩春蔬"显然是作为商品来生产的。

花卉、草药方面，当地甚至出现以种植贩卖为生的花翁。陆氏诗曰："故城边有卖花翁，水曲舟轻去尽通。十亩芳菲为旧业，一家烟雨是元功。间添药品年年别，笑指生涯树树红"[6]；皮氏则唱和道"剧烟栽药为身计，负水浇花是世功"[7]，皮陆二人的诗句反映出当时花卉草药的种植已经专业化，成为新的职业。

另外，我们通过考察唐代不同时期苏州土贡内容的变化（见表2），也有助于分析苏州乡村经济的商品化。

---

[1] （唐）皮日休、陆龟蒙等：《松陵集》卷4《樵人十咏并序》，《景印文渊阁四库全书》本，第1332册，第204页。

[2] （唐）陆龟蒙：《笠泽丛书》卷2《送小鸡山樵人序》，《景印文渊阁四库全书》本，第1083册，第249页。

[3] （唐）皮日休、陆龟蒙等：《松陵集》卷5《袭美见题郊居十首因次韵酬之以申荣谢其三》，《景印文渊阁四库全书》本，第1332册，第222页。

[4] （唐）皮日休、陆龟蒙等：《松陵集》卷8《奉和》，《景印文渊阁四库全书》本，第1332册，第255页。

[5] （唐）陆龟蒙撰，宋景昌、王立群点校：《甫里先生文集》卷12《江边》，第183页。

[6] （唐）皮日休、陆龟蒙等：《松陵集》卷6《阊闾城北有卖花翁讨春之士往往造焉因招袭美》，《景印文渊阁四库全书》本，第1332册，第227页。

[7] （唐）皮日休、陆龟蒙等：《松陵集》卷6《鲁望以花翁之什见招因次韵酬之》，《景印文渊阁四库全书》本，第1332册，第227页。

表2 唐代苏州土贡统计表[①]

资料来源	土贡内容	备注
唐六典	厥赋：纻，布。 厥贡：红纶巾，吴石脂，吴蛇床子。	石脂、蛇床子，皆为药材。
通典	贡丝葛十疋，白石脂三十斤，蛇床子仁三升，鲻鱼皮三十头，鲅鱼鲊五十头，鸭胞七升，肚鱼五十头，春子五升，嫩藕三百段。	春子为药材。
元和郡县图志	开元贡：白石脂、蛇床子。赋：纻，布。 元和贡：丝葛十匹，白石脂三十斤，蛇床子三升。	
新唐书	土贡丝葛，丝绵，八蚕丝，绯绫，布，白角簟、草席、鞾、大小香秔、柑、橘、藕、鲻皮、鲅、鲊、鸭胞、肚鱼、鱼子、白石脂、蛇粟。	白角簟为竹席；香秔为香稻；鞾即鞋。

从表中可知，《唐六典》、《通典》反映的是唐代前期苏州的土贡情况，《元和郡县图志》中不仅明确提到开元土贡，而且有反映唐代中期的元和土贡，《新唐书》则反映的是唐代后期苏州的土贡情况。

通过对比，我们发现尤其是到了唐代后期，苏州土贡增加了丝绵、八蚕丝、绯绫、白角簟、草席、鞾、大小香秔、柑、橘、鱼子等项内容。其中，丝绵、八蚕丝、绯绫的增加，反映出苏州丝织业发展水平已经达到很高程度；白角簟、草席、鞾的增加，反映出苏州竹木利用水平的增强；大小香秔的增加，反映出苏州农业生产水平的进步；柑、橘的增加，反映出苏州经济作物栽培水平的飞跃；鱼子的增加，反映出苏州渔业水平的提高。上述这些内容中，丝绵、八蚕丝、绯绫有可能来自像甫里一样的苏州乡村，而白角簟、草席、鞾、大小香秔、柑、橘、鱼子则一定是来自像甫里一样的苏州乡村。土贡物品往往都是当地质量优良的产品，这些产品也容易成为倍受青睐的商品。这也就表明，唐代后期像甫里一样的苏州乡村经济的商品化更加突出。

---

① 表中内容详见《唐六典》卷3《尚书户部》、《通典》卷6《食货六·赋税下》、《元和郡县图志》卷25《江南道一》、《新唐书》卷41《地理志五》。

（二）甫里经济商品化的原因

唐代后期，甫里经济商品化有以下几点原因：

其一，苏州市场扩大，人口增多。关于此点，学界已有论及，兹不赘述。

其二，资源丰富，交通便利。

其三，技术进步，质量提高。随着生产技术的日益进步，甫里经济的质和量不断提高，尤其是在农渔业中出现集约化发展趋势，它主要表现为技术集约（见表3）。

表3　甫里农渔业中的技术要素

技术要素	种类		资料来源
田器	耕地	犁	《笠泽丛书》卷3《耒耜经》
	碎土中耕	耙	
	整地	礰礋	
		碌碡	
渔法	捕捞	网罟（罛、罾、翼）、罩、罠、筍、箪	陆龟蒙《渔具诗并序》，《松陵集》卷4
	拦截	梁、沪（簖）	
	垂钓	筒、车	
	驱赶	桹	
	诱捕	毹	
	射杀	猎、叉、射	
	药杀	药	
	种鱼		

陆龟蒙《耒耜经序》曰："余在田野间，一日呼耕甿，就而数其目，恍若登农皇之庭，受播种之法"[①]，而《甫里先生传》又云："躬负畚锸，率耕

[①] （唐）陆龟蒙：《笠泽丛书》卷3《耒耜经并序》，《景印文渊阁四库全书》本，第1083册，第258页。

夫以为具"①，从中可知，关于江东曲辕犁这一农业史上标志性农具的详尽记载，确为陆氏在甫里亲事耕稼中自身观察与实践的成果。《耒耜经》中记载的江东犁改铧为镵，同时改变了长直辕犁转弯半径大、转弯困难的缺点，比较适合江南水田泥土湿润、黏性大、区块面积小的特点。同时，《耒耜经》中所载的耙、礰礋、碌碡几种田器，可以完成水田的除草、整地等工作。耙的出现，标志着当地水田耕作的碎土中耕环节已趋成熟。而耕作中，耕者"行端而徐，起垡欲深"②，耕牛"耕耨何时，饮食得所"③，则表明重视深耕的经验原则和耕畜管理意识也有明显进步。

甫里一带的渔具趋于系统化、精细化，捕鱼方法多样，包括捕捞、垂钓、射杀、药杀等。当地除了野生鱼外，也有人工养鱼，如诗云："凿池收赪鳞"④，"移土湖岸边，一半和鱼子。池中得春雨，点点活如蚁"⑤。

（三）甫里经济商品化的特点

通过前文所述可以看出，甫里经济商品化的最大特点就是以日常生活用品为主。当然，也有部分生产用品，如陆氏《禽暴》篇记载：

> 冬十月，予视获于甫里。旱苗离离，年无以揸。忧伤盈怀，夜不能寐，往往声类暴雨而疾至者，一夕凡数四。明日讯其旷，曰："凫鹥也。其曹蔽天而下盖田，所当之禾必竭穗而后去。"曰："得无弋罗者

---

① （唐）陆龟蒙：《笠泽丛书》卷1《甫里先生传》，《景印文渊阁四库全书》本，第1083册，第233页。
② （唐）陆龟蒙：《笠泽丛书》卷3《象耕鸟耘辩》，《景印文渊阁四库全书》本，第1083册，第254页。
③ （唐）陆龟蒙：《笠泽丛书》卷3《祝牛宫辞并序》，《景印文渊阁四库全书》本，第1083册，第255—256页。
④ （唐）皮日休、陆龟蒙等：《松陵集》卷4《渔具诗·种鱼》，《景印文渊阁四库全书》本，第1332册，第200页。
⑤ （唐）皮日休、陆龟蒙等：《松陵集》卷4《奉和渔具十五咏·种鱼》，《景印文渊阁四库全书》本，第1332册，第202页。

捕而耗之耶？"对曰："江之南不能弋罗，常药而得之。……是药也，出于长沙、豫章之涯，行贾货错，岁售于射鸟儿。盗兴已来，蒙冲塞江，其谁敢商？是药既绝，群凫恣翔。幸不充乎口腹，反侵人之稻粱。"予曰："嘻！失驭之民，化而为盗。关梁急征，商不得行。使江湖小禽，亦肆其暴，以害民食。"①

从中可知，甫里也用农药来对付危害庄稼水鸟。

此外，甫里经济的商品化，不仅密切了甫里与州城苏州之间的城乡经济联系，而且促进了不同区域间的经济交流，如上文提到甫里所用的"长沙、豫章之药"。又如《全唐诗》中有"云帆转辽海，粳稻来东吴"②，"吴门转粟帛，泛海陵蓬莱"③，"楚仓倾向西，吴米发自东"④等诗句，都反映出像甫里一样的苏州乡村所产的粮食已经流通到其他区域，这就加强了不同区域间的经济交流。

四、甫里的经济困境

其一，抗灾能力不足。甫里一带经常会遇到各种灾害，"今年川泽旱，前岁山源潦"⑤，陆龟蒙在诗赋中对亲历的水、旱、鼠、鸟、虫灾等均有记载。

面对各类灾害，当地的抗灾能力显得不足。在防洪排涝方面，虽然修筑沟渠能够起到一定程度的效果，如陆氏《迎潮送潮辞序》中提到"旁田

---

① （唐）陆龟蒙：《笠泽丛书》卷3《禽暴》，《景印文渊阁四库全书》本，第1083册，第254—255页。
② （唐）杜甫：《后出塞五首之一》，（清）彭定求等编：《全唐诗》卷18，中华书局1960年版，第186页。
③ （唐）杜甫：《昔游》，（清）彭定求等编：《全唐诗》卷222，第2358页。
④ （唐）孟郊：《赠转运陆中丞》，（清）彭定求等编：《全唐诗》卷377，第4232页。
⑤ （唐）陆龟蒙：《笠泽丛书》卷4《南泾渔父》，《景印文渊阁四库全书》本，第1083册，第261—262页。

庐门外有沟,通浦溆,而朝夕之潮至焉。天弗雨,则轧而留之,用以涤濯灌溉。及物之功甚巨"①。然而"田污下,暑雨一昼夜,则与江通色,无别己田他田也"②,说明当时对水资源的调蓄程度还不够,雨潦时节,"积雨晦皋圃,门前烟水平"③,干旱之际,"自春徂秋天弗雨,廉廉早稻才遮亩。芒粒稀疏熟更轻,地与禾头不相拄"。旱灾往往又易引发鸟灾和鼠灾,"凶年是物即为灾,百阵野凫千穴鼠",这就使得农作物受损更加严重,"十穗萧然九穗空"④。鼠灾肆虐时,"群鼠夜出啮而僵之,信宿食殆尽",当地民众"虽庐守版击,驱而骇之,不能胜"⑤。

抗灾能力不足与当地水利设施不完备有关。从陆龟蒙诗中对"荒陂断堑"⑥的描写,可知类似陆家周边的水利设施,在当地未必普遍。正因如此,旱灾发生时即便临时救急,"转远流,渐稻本,昼夜如乳赤子,欠欠然救渴不暇",最终也"仅得葩拆穗结,十无一二焉"⑦。

其二,官府征敛苛重。唐代后期,官府对江南地区的征敛非常苛重,陆氏《送小鸡山樵人序》中借樵人顾及之口来诉说,"吾年余八十矣。元和中,尝从吏部游京师,人言国家用兵,帑金窖粟不足用。当时江南之赋已重矣。迨今盈六十年,赋数倍于前,不足之声闻于天下"⑧。重赋之下,甫里百姓生活困苦,陆诗云:"所悲劳者苦,敢用辞为诧","万户膏血穷,一筵

---

① (唐)陆龟蒙:《笠泽丛书》卷3《迎潮送潮辞序》,《景印文渊阁四库全书》本,第1083册,第259页。
② (唐)陆龟蒙:《笠泽丛书》卷1《甫里先生传》,《景印文渊阁四库全书》本,第1083册,第233页。
③ (唐)皮日休、陆龟蒙等:《松陵集》卷1《奉酬袭美先辈初夏见寄次韵》,《景印文渊阁四库全书》本,第1332册,第175页。
④ (唐)陆龟蒙:《笠泽丛书》卷3《五歌·刈获歌》,《景印文渊阁四库全书》本,第1083册,第253页。
⑤ (唐)陆龟蒙:《笠泽丛书》卷2《记稻鼠》,《景印文渊阁四库全书》本,第1083册,第247页。
⑥ (唐)陆龟蒙:《笠泽丛书》卷3《五歌·放牛歌》,《景印文渊阁四库全书》本,第1083册,第253页。
⑦ (唐)陆龟蒙:《笠泽丛书》卷2《记稻鼠》,《景印文渊阁四库全书》本,第1083册,第247页。
⑧ (唐)陆龟蒙:《笠泽丛书》卷2《送小鸡山樵人序》,《景印文渊阁四库全书》本,第1083册,第249页。

歌舞价。安知勤播植，卒岁无闲暇""专专望穜稑，捐捐条桑柘。日晏腹未充，霜繁体犹裸"①。

当黄巢起义爆发后，官府对甫里的征敛更甚从前，"去岁王师东下急，输兵粟尽民相泣。伊余不战不耕人，敢怨烝黎无糁粒"②。而官方对其他地区的征敛也间接影响到甫里，陆氏《禽暴》篇对此有反映，"冬十月，予视获于甫里。旱苗离离，年无以揸。忧伤盈怀，夜不能寐，往往声类暴雨而疾至者，一夕凡数四。明日讯其佃，曰：'凫鹥也。其曹蔽天而下盖田，所当之禾必竭穗而后去。'曰：'得无弋罗者捕而耗之耶？'对曰：'江之南不能弋罗，常药而得之。……是药也，出于长沙、豫章之涯，行贾货错，岁售于射鸟儿。盗兴已来，蒙冲塞江，其谁敢商？是药既绝，群凫恣翔。幸不充乎口腹，反侵人之稻粱。'予曰：'嘻！失驭之民，化而为盗。关梁急征，商不得行。使江湖小禽，亦肆其暴，以害民食。'"③

即使遇到自然灾害，官府也并未减轻对甫里百姓的剥削，"今夏南亩，旱气赤地。遭其丰凶，概敛无二。退输弗供，进诉弗视"，百姓只能"号于旻天，以血为泪"④。故而陆氏感慨："今之为政异当时，一任流离但征索。"⑤

总之，甫里作为苏州的一个村落，其乡村经济发展的特点与困境实际上也是太湖地区乃至江南地区的一个缩影。因此，我们探讨唐宋时期经济重心南移问题时，需要将江南地区的经济发展与赋役比重综合考量。有关此点，笔者拟另文撰述。

---

① （唐）陆龟蒙：《笠泽丛书》卷4《村夜二篇其二》，《景印文渊阁四库全书》本，第1083册，第260页。
② （唐）皮日休、陆龟蒙等：《松陵集》卷10《奉酬苦雨见寄》，《景印文渊阁四库全书》本，第1332册，第270页。
③ （唐）陆龟蒙：《笠泽丛书》卷3《禽暴》，《景印文渊阁四库全书》本，第1083册，第254—255页。
④ （唐）陆龟蒙：《笠泽丛书》卷4《彼农诗其二》，《景印文渊阁四库全书》本，第1083册，第267页。
⑤ （唐）陆龟蒙：《笠泽丛书》卷3《五歌·刈获歌》，《景印文渊阁四库全书》本，第1083册，第254页。

中国古代人口史近来研究综述

第二次世界大战以来，历史人口学作为一门独立的新兴学科在西方兴起。[①] 20世纪80年代开始，我国的人口史研究逐渐发展起来，学术界不仅发出要重视中国人口史研究的呼声，而且涌现出一些理论思考。[②] 自此以后，中国古代人口史研究一直呈现着方兴未艾的发展趋势。

新中国70多年来，中国古代人口史研究历经几代学人的不懈探求获得了相当成就，尤其自改革开放以来，研究成果颇为丰硕[③]。我们在宏观把握

---

① 参见行龙：《二战以来国外人口史研究及其现状》，《人口研究》1988年第1期；焦培民、李莎：《什么是历史人口学》，《人口研究》2005年第6期。

② 参见刘含若：《重视我国人口史的研究》，《西北人口》1983年第2期；李世平：《中国人口史的分段研究刍议》，《四川大学学报》1981年第3期；行龙：《中国人口史研究刍议》，《人口研究》1988年第6期。

③ 据不完全统计，专论或涉及中国古代人口史（含移民史）的研究综述有：李中清、吴宏元：《一二五〇年——一八五〇年西南移民史》，《社会科学战线》1983年第1期；高王凌：《清代人口研究述评》，《清史研究通讯》1983年第2期；朱政惠：《方兴未艾的中国人口史研究——当代中国史学趋势研究之一》，《历史教学问题》1995年第2期；千里：《李中清论西方新中国人口史研究》，《中国经济史研究》1995年第4期；侯春燕：《1993年以来中国人口史研究概述》，《中国史研究动态》1995年第10期；袁祖亮、延胜：《中国古代人口史研究回顾与展望》，《历史研究》1996年第5期；赵英霞：《1995年以来中国人口史研究综述》，《中国史研究动态》1999年第9期；葛剑雄：《对中国人口史若干规律的新认识》，《学术月刊》2002年第4期；李德元：《回眸与前瞻：中国海内移民史研究述评》，《厦门大学学报（哲学社会科学版）》2004年第4期；刘宗萍：《近二十年来明清西南人口迁移史研究概述》，《重庆三峡学院学报》2004年第5期；周书灿：《先秦人口史研究中若干理论和方法问题的思考》，《湘潭大学学报（哲学社会科学版）》2004年第5期；任世芳、赵淑贞、任伯平：《南北朝人口史若干问题探讨》，《中国历史地理论丛》2005年第3辑；王孝俊：《辽代人口问题研究综述》，《沈阳师范大学学报（社会科学版）》2006年第6期；李莎：《近三十年来元代人口研究综述》，《殷都学刊》2007年第3期；郭玉峰：《历史人口学：近年来中国微观人口史研究述评》，《历史教学（高校版）》2007年第10期；梁勇：《清代四川移民史研究的回顾与前瞻》，《西华师范大学学报（哲学社会科学版）》2011年第4期；李登辉：《20世纪移民史研究的几个阶段》，《湖北第二师范学院学报》2013年第3期；范立君、谭玉秀：《百年来国内清代东北移民史研究述评》，

与微观分析的基础上,综理和思考学术发展史,希望为今后进一步推动中国古代人口史的研究有所裨益。

一、通论性研究

单卷本通论性人口史著作已有不少,如有陈彩章《中国历代人口变迁之研究》,江溯《中国人口发展简史》,赵文林、谢淑君《中国人口史》,张敏如《简明中国人口史》,葛剑雄《中国人口发展史》,杨子慧、张庆五《中国历代的人口与户籍》,胡伟略《中国人口》,任怀国、王炳贞《中国人口发展史》,袁祖亮《中国古代人口史专题研究》,王育民《中国人口史》,阎守诚《中国人口史》,张呈琮《中国人口发展史》,路遇、滕泽之《中国人口通史》。① 多卷本人口史著作,重要的有两部,即葛剑雄主编六卷本《中国人口史》②、袁祖亮主编多卷本《中国人口通史》③(已出版先秦卷、秦西汉卷、东汉卷、辽金卷和元代卷,仍在陆续出版)。

陈彩章《中国历代人口变迁之研究》采用统计学的方法,探讨了中国

(接上页)《中国史研究动态》2013年第5期;侯杨方:《中国人口史研究的几个关键性问题与前瞻——兼评何炳棣的中国人口研究》,《历史地理》第27辑,上海人民出版社2013年版;李中清:《国家·社会·人口——大数据时代的中国人口史研究》,《量化历史研究》第1辑,浙江大学出版社2014年版;贾灿灿:《20世纪以来两宋移民史研究回顾与展望》,《三峡大学学报(人文社会科学版)》2015年第3期。

① 陈彩章:《中国历代人口变迁之研究》,商务印书馆1946年版;江溯:《中国人口发展简史》,河北人民出版社1986年版;赵文林、谢淑君:《中国人口史》,人民出版社1988年版;张敏如:《简明中国人口史》,中国广播电视出版社1989年版;葛剑雄:《中国人口发展史》,福建人民出版社1991年版;杨子慧、张庆五:《中国历代的人口与户籍》,天津教育出版社1991年版;胡伟略:《中国人口》,人民教育出版社1993年版;任怀国、王炳贞:《中国人口发展史》,知识出版社1994年版;袁祖亮:《中国古代人口史专题研究》,中州古籍出版社1994年版;王育民:《中国人口史》,江苏人民出版社1995年版;阎守诚:《中国人口史》,文津出版社1997年版;张呈琮:《中国人口发展史》,中国人口出版社1998年版;路遇、滕泽之:《中国人口通史》,山东人民出版社2000年版。

② 葛剑雄主编:《中国人口史(六卷本)》,复旦大学出版社2000—2002年版。

③ 袁祖亮主编:《中国人口通史(多卷本)》,人民出版社2007—2012年版。

历代的户口比率、人口增减、人口分布、各省间移民、边疆移民和国外移民，研究中非常关注人口数量的分析，尤其是人口增减的分析。

赵文林、谢淑君《中国人口史》通过考察我国历史上各个时期人口总数的增减变化、人口的地理分布及流动，提出了人口波动规律，即人口增长是一种必然的总的趋势，同时灾害性的下降不是完全可以避免的，工业性下降又迟早是必然的，计划性的下降在我们社会主义国家又是有强大国家力量作保证的，中国以后的人口发展特征仍然是波浪式的上升。该书在历史学方面的贡献是运用现代的概率统计等科学方法，对已有的人口史料进行审订和推算，使各项核实修正后的数据更接近历史的实际情况。特别是对古代户口数中由于谎报、隐瞒、浮夸而产生的误差进行了必要的修正。

张敏如《简明中国人口史》在思考我国人口基数为什么这样大的原因的前提下，主要介绍了中华人民共和国成立以前人口的发展过程、有关朝代的主要人口政策、不同历史时期人口发展与社会经济发展的相互关系、人口构成与分布的状况及其变迁。

葛剑雄《中国人口发展史》着重介绍了中国人口调查制度的起源、演变和发展过程，评述了现有历史人口资料的特点，并分析了1953年以前各历史时期的人口数量、人口构成、人口再生产、人口分布和人口迁移等变化的原因和特点。

杨子慧、张庆五《中国历代的人口与户籍》主要描述了从先秦时期到20世纪80年代的人口变迁轨迹，并介绍了不同历史时期的户籍制度。

袁祖亮《中国古代人口史专题研究》揭示了中国古代人口数量规模的发展变化及其规律，分析了中国古代家庭的人口数量规模、古代人口的自然增长率和平均死亡率，考证了历史上一些有争议的人口数字，并重点探讨了中国古代人口的地区分布和重心南移变迁轨迹。

王育民《中国人口史》以考证历代户口统计资料为基础，提出了封建社会人口发展的五个阶段：战国、秦、汉时期出现人口增长的第一个高峰；魏、晋、南北朝人口急剧下降到缓慢回升；两宋时期出现人口增长的第二个高峰；元、明至清初人口发展迟滞；清朝乾、嘉、道时期出现了人口增长的第三个高峰。

阎守诚《中国人口史》在关注人口自身的发展过程以及人口发展与社会发展相互联系、相互影响的历史进程的基础上，主要介绍了辛亥革命前中国不同历史时期的人口概况、关于人口的统计与管理、人口思想和人口政策、人口发展和社会经济的相互关系，进而揭示了中国古代人口发展的各种规律。

张呈琮《中国人口发展史》从社会概况、人口状况、人口政策、人口迁移和人口城镇化五个方面，介绍了从原始社会到20世纪90年代的中国人口发展历程，并对我国未来人口的发展趋势和人口城镇化进程作了预测。

路遇、滕泽之《中国人口通史》注重对人口数据的考证，指出古代户口统计是以赋税征收为目的，因而有很多无赋役负担的户口不在统计之列，还有大量为逃避赋役而亡逸的户口，豪强地主还占有一部分户口为私属。所以，古代户口统计多不能全面地反映当时人口的实际情况，甚至还有很多缺记、漏记的情况。该书在详尽占有史料的基础上，运用多种方法对各朝代建立初期的人口基数和人口峰值作了考证，为我们提供了一个中国历史人口数量的完整数据链条。

葛剑雄主编《中国人口史》是人口史研究领域的力作，全书400万字，分为6卷，分别由葛剑雄、冻国栋、吴松弟、曹树基、侯杨方教授撰写，系统地展现了从先秦到1953年中国人口发展的各个侧面。该书还从人口史理论的高度，论述了人口与人口史、中国人口史的具体内容，并通过大量的实证研究，纠正了前人的疏失，尤其指出中国人口数量变化的六个阶段性特征：第一阶段，自商、周、秦至公元初的西汉末年，人口增加到约6000万；第二阶段，自东汉至8世纪中叶的隋唐，人口增加到8000余万；第三阶段，从中唐经五代，至北宋期间的12世纪初人口突破1亿，在13世纪初达到近1.2亿；第四阶段，经过宋末元初和元明之际的动乱，明初人口仅约7000万，但至17世纪初又增加到接近2亿；第五阶段，明末清初的人口下降在17世纪初得到恢复,至19世纪中叶达到4.3亿的高峰;第六阶段,从20世纪50年代开始,中国人口从5亿多增加到11亿以上,达到有史以来的最高峰。

此外,石方《中国人口迁移史稿》、葛剑雄等《简明中国移民史》、葛剑雄主编《中国移民史(六卷本)》[①]等著作也重点考察了中国古代的人口迁移。

二、区域性研究

区域性人口史著作不断增多,如有高树林《河北人口史》,李世平《四川人口史》,孙敬之总主编《中国人口》,李竞能《天津人口史》,陈景盛《福建历代人口论考》,滕泽之《山东人口史》,张正明、赵云旗《山西历代人口统计》,前田正名《河西历史地理学研究》,韩光辉《北京历史人口地理》,安介生《山西移民史》,薛平拴《陕西历史人口地理》,林国平、邱季端主编《福建移民史》,谭红主编《巴蜀移民史》,路遇、滕泽之《中国分省区历史人口考》,张国雄《长江人口发展史论》,方荣、张蕊兰《甘肃人口史》,姜清基《河西历代人口研究》,薛政超《湖南移民表:氏族资料所载湖南移民史料考辑》,宋传银《湖北历史人口研究》,王勇《湖南人口变迁史》,王建华《黄河中下游地区史前人口研究》,孙占鳌《酒泉人口史》、高寿仙《北京人口史》,孟广耀、孟昭慧《东北汉族人口史研究》,薛政超《唐宋湖南移民史研究》,乐承耀《宁波人口史》等。[②]

[①] 石方:《中国人口迁移史稿》,黑龙江人民出版社1990年版;葛剑雄等:《简明中国移民史》,福建人民出版社1993年版;葛剑雄主编:《中国移民史(六卷本)》,福建人民出版社1997年版。

[②] 高树林:《河北人口史》,河北人民出版社1986年版;李世平:《四川人口史》,四川大学出版社1987年版;孙敬之总主编:《中国人口》,中国财政经济出版社1987—1993年版;李竞能:《天津人口史》,南开大学出版社1990年版;陈景盛:《福建历代人口论考》,福建人民出版社1991年版;滕泽之:《山东人口史》,山东省新闻出版局1991年版;张正明、赵云旗:

李世平《四川人口史》论述了自公元前至 1949 年期间四川人口的变化，并载有历史上四川境内各地区的户数、人口数的统计表。

孙敬之总主编《中国人口》共 32 册，即总论 1 册，省（包括台湾省）、直辖市、自治区各 1 册。该书是一部区域性的人口科学著作，各分册体例一致，都是从我国各地区不同的社会、经济和自然条件出发，以反映 20 世纪 80 年代的人口现状为主，对人口的数量、出生、死亡、迁移、分布、性别、年龄、婚姻家庭、民族、素质以及计划生育等各种基本人口现象和人口问题进行了综合阐述与分析，同时述及历史时期各地的人口状况，并预测未来人口的发展趋势。

李竞能《天津人口史》主要考察了 1860—1949 年间天津的人口发展史。

陈景盛《福建历代人口论考》分上下两篇，上篇侧重分析福建历代（1949 年以前）人口的发展特点和福建历代人口统计的问题，下篇列了福建历代人口发展趋势图、福建历代人口占全国比重图和百余张不同历史时期的户口统计表。该书完全采用统计学的方法，绘制的大量表格资料颇有价值。

滕泽之《山东人口史》介绍了山东从远古时代到民国不同历史时期的人口状况。

张正明、赵云旗《山西历代人口统计》主要搜集、整理了自汉至民国近二千年间关于山西户数、人数的统计资料。

（接上页）《山西历代人口统计》，山西人民出版社 1992 年版；〔日〕前田正名著，陈俊谋译：《河西历史地理学研究》，中国藏学出版社 1993 年版；韩光辉：《北京历史人口地理》，北京大学出版社 1996 年版；安介生：《山西移民史》，山西人民出版社 1999 年版；薛平拴：《陕西历史人口地理》，人民出版社 2001 年版；林国平、邱季端主编：《福建移民史》，方志出版社 2005 年版；谭红主编：《巴蜀移民史》，巴蜀书社 2005 年版；路遇、滕泽之：《中国分省区历史人口考》，山东人民出版社 2006 年版；张国雄：《长江人口发展史论》，湖北教育出版社 2006 年版；方荣、张蕊兰：《甘肃人口史》，甘肃人民出版社 2007 年版；姜清基：《河西历代人口研究》，内蒙古人民出版社 2008 年版；薛政超：《湖南移民表：氏族资料所载湖南移民史料考辑》，中国戏剧出版社 2008 年版；宋传银：《湖北历史人口研究》，现代教育出版社 2009 年版；王勇：《湖南人口变迁史》，湖南人民出版社 2009 年版；王建华：《黄河中下游地区史前人口研究》，科学出版社 2011 年版；孙占鳌：《酒泉人口史》，兰州大学出版社 2013 年版；高寿仙：《北京人口史》，中国人民大学出版社 2014 年版；孟广耀、孟昭慧：《东北汉族人口史研究》，内蒙古人民出版社 2014 年版；薛政超：《唐宋湖南移民史研究》，中国社会科学出版社 2015 年版；乐承耀：《宁波人口史》，宁波出版社 2017 年版。

前田正名《河西历史地理学研究》以河西诸民族的活动为线索，以吐蕃与唐朝和其他民族的关系为中心，论述了7世纪至11世纪河西地区的历史地理情况及人文景观，并且运用敦煌文书等资料对河西地区的户口数及汉胡比率作了详细考证。

韩光辉《北京历史人口地理》采用历史人口地理研究方法对辽、金、元、明、清及民国时期的北京城市和北京地区的人口规模、人口增长情况、人口迁移与人口控制、人口分布等问题进行研究，突破了传统研究方法，颇有新意。

安介生《山西移民史》是在其博士论文《山西历史人口迁移研究：先秦至元初》的基础上修改而成。该书将山西移民史分为先秦时期、秦两汉魏晋直至十六国前期、十六国后期至北朝、隋唐至后唐灭亡、后晋建立到北宋结束、金元时期、明清时期等七个阶段，着重从山西地区的人口发展、民族融合及文化变迁等方面分析移民运动产生的深远影响。

薛平拴《陕西历史人口地理》采用历史人口地理研究方法探讨了自秦汉至清代不同历史时期陕西的人口规模、人口变动过程及其地域差异、人口迁移，以及境内人口地区分布等问题。

林国平、邱季端主编《福建移民史》考察了从先秦到现代福建的移民历史，并分析了移民与民系、家族、方言、宗教信仰的关系等。

谭红主编《巴蜀移民史》详细论述了历史时期四川的移民历史，探讨了移民对四川古代社会发展的影响。

路遇、滕泽之《中国分省区历史人口考》是国家社会科学基金的重点项目，全书共100万字，分上、下两卷，对全国32个省、自治区、直辖市自先秦至民国初期不同时代的人口数量作了考证，是一部科学、系统反映我国分省区人口发展进程的重要著作。

方荣、张蕊兰《甘肃人口史》讨论了从公元前20万年到公元1949年甘肃各个历史时期人口的数量及其发展变化的原因和规律。

姜清基《河西历代人口研究》对自先秦至民国时期的河西人口作了详

细考证。

薛政超《湖南移民表：氏族资料所载湖南移民史料考辑》通过广泛搜集湖南县志氏族志、姓氏源流和家谱等氏族资料，分湘北、湘东、湘中、湘西、湘西南、湘南等六大区域，以及域际迁入、域际迁出和域内迁移三大类别，以时间为序，排列出一万余例湖南移民个案，每例个案都包含了移民的始迁祖、迁出地、迁移时间、迁入地、迁移原因、后代繁衍及资料来源等各方面的内容。

宋传银《湖北历史人口研究》主要讨论了历史时期湖北人口数量、人口迁移、人口分布、人口与经济、人口与环境等问题。

王勇《湖南人口变迁史》对湖南自先秦至民国不同时期的人口规模作了考证，并就湖南历代人口数量的变动、人口分布、人口迁移、民族构成与变迁等问题进行探讨。

王建华《黄河中下游地区史前人口研究》通过对黄河流域典型区域人口资料及相关考古遗存进行系统的研究，理清史前时代人口规模的地理分布特征及发展变化过程，阐明人口的性别、年龄、构成等情况。

孙占鳌《酒泉人口史》介绍了酒泉从远古时代到2010年不同历史时期的人口状况。

高寿仙《北京人口史》采用历史学和人口学相结合的研究方法，以现今北京市的市域范围为地理空间，在对相关资料和研究成果进行搜集、整理、分析和考证的基础上，重点论述了人口数量的消长变化，整理出一套更加接近实际的人口数据，并在资料允许的条件下，介绍了人口的迁移流动、自然变动、自然构成、社会构成、家庭与婚姻等方面的情况，阐述了北京地区各个历史时期人口起伏变动的复杂轨迹，总结了造成人口起伏变动的各种因素。

孟广耀、孟昭慧《东北汉族人口史研究》通过史学、人类学、民族学、文化学多学科视角，在详细占有史料基础上，分析论证东北地区汉族人口数量、迁移、分布、结构及融合的历史过程，并详细考证这一历史过程，总结了汉族在东北历史文化进程中的作用。

薛政超《唐宋湖南移民史研究》透过域际移民与域内移民、世俗移民与僧道等非世俗移民、官僚士大夫等上层移民与农商等一般民户移民、汉族移民与少数民族移民等多维视角，对唐宋湖南各类移民迁徙的过程、时空分布、原因作了系统梳理和深入分析，揭示了唐宋湖南移民对本地区人地关系、政治地位、民族融合、区域开发和文化发展等方面的影响。

乐承耀《宁波人口史》通过研究历史时期宁波人口的数量与质量、人口迁移与地理分布的变化，揭示了宁波历代人口发展的规律。

三、断代性研究

（一）原始社会、先秦秦汉时期

1. 人口统计。关于这一时期人口增长和各阶段的发展情况，是学者们热衷讨论的话题。最初关注这一问题的是梁启超，氏著《中国史上人口之统计》认为"当周末时，人口应不下三千万……汉既定天下……当亦无逾五六百万"[1]。之后，学者们相继发表有关论著，或对之进行补充，或表达不同见解。

严文明对横阵墓地的人口进行分析，认为该集团经常性人口数为70—90人。[2] 辛怡华运用现代人口统计学方法，对元君庙墓地遗址的人口进行研究，认为元君庙仰韶居民日常生活中的人口常数为64人。[3] 朱乃诚则认为龙岗寺墓地所代表的社会单位的年平均人口约为55人；元君庙整个墓地所

---

[1] 梁启超：《中国史上人口之统计》，《新民丛报》第46—48号合本，1903年，第295—296页。
[2] 严文明：《横阵墓地试析》，文物出版社编辑部：《文物与考古论集》，文物出版社1986年版，第66—77页。
[3] 辛怡华：《元君庙墓地所反映的人口自然结构之分析》，《考古》1991年第5期。

代表的社会单位的年平均人口不少于 55—62 人；姜寨墓地所代表的社会单位的平均人口在 181—202 人。[1]

沈长云《西周人口蠡测》依据《逸周书》等材料，推测周初总人口约为 736 万人。[2] 王育民《先秦时期人口刍议》就先秦各个时期的人口数量作了估算，认为夏朝初人口有 135 万，商朝初有 196 万，西周初年有 285 万，春秋后期达到 450 万，战国时期因生产力的提高人口急剧提升，增至 2000 万，出现了我国人口史上的第一次飞跃。[3] 宋镇豪《夏商人口初探》利用文献与考古资料，对夏商时期的人口作了全面的探讨，认为夏初为 240 万—270 万人，商初为 400 万—450 万人，至晚商大致增至 780 万人。[4]

范文澜《中国通史简编》中认为战国时期的人口是 2000 万。[5] 管东贵《战国至汉初的人口变迁》指出战国中期各国武装力量之总数不超过 550 万，而后以此为基数，以每户六口，估定此时各国人口总数为 2480 万，并认为这是西汉以前中国人口的最高峰。此后，由于大规模的战争造成了全国人口的锐减，至西汉初年全国人口为 880 万。[6] 宁可《试论中国封建社会的人口问题》则认为战国时期的人口有 3000 万。[7]

焦培民《中国人口通史·先秦卷》采用资源支持力（承载量）的方法作推论，估计中国在原始采集、狩猎时代的人口约有 40 万。新石器时代，以游牧阶段的人口密度计，则中国 1000 万平方公里的人口在 100 万到 1000 万之间；新石器中晚期遗址发现较多，采用考古学方法推算，则全国人口在 1000 万人以上。夏商西周的人口在 1000 多万。春秋初期的人口有 1200

---

[1] 朱乃诚：《人口数量的分析与社会组织结构的复原——以龙岗寺、元君庙和姜寨三处墓地为分析对象》，《华夏考古》1994 年第 4 期。
[2] 沈长云：《西周人口蠡测》，《中国社会经济史研究》1987 年第 1 期。
[3] 王育民：《先秦时期人口刍议》，《上海师范大学学报（哲学社会科学版）》1990 年第 2 期。
[4] 宋镇豪：《夏商人口初探》，《历史研究》1991 年第 4 期。
[5] 范文澜：《中国通史简编》，华东人民出版社 1952 年版。
[6] 管东贵：《战国至汉初的人口变迁》，《"中央研究院"历史语言研究所集刊》第 50 本第 4 分册，1979 年 12 月。
[7] 宁可：《试论中国封建社会的人口问题》，《中国史研究》1980 年第 1 期。

万左右；春秋中期的人口可能有1500多万。战国时期总人口数为3000万左右。①

葛剑雄《西汉人口考》认为，西汉时期全国人口的年平均增长率应低于8‰，人口总增长不超过五倍。以西汉末人口约6000万计，汉初人口应在1200万以上。东汉时期，从公元75年至157年，人口自5860573人增至56486856人，年平均自然增长率为6‰。②

王育民《东汉人口考》对东汉的人口数及其分布作了详尽考证，指出东汉人口高于西汉，其盛时人口当远逾6000万，其分布也呈现出南升北降的趋势，但其分布的重心仍在黄河流域。③ 陶文牛《东汉人口增长和减少的演变——〈续汉书·郡国志〉户口资料研究之一》认为，从东汉建立到永寿年间的人口演变可划分为两个阶段：一是从光武帝至和帝元兴元年（25—105）；二是从和帝元兴元年至桓帝永寿年间（105—158）。前者是人口的恢复和增长期，后者是人口的徘徊和波动期。东汉后期（157—220），是人口锐减的时期。及至三国，人口数已降到东汉初年的水平线以下。东汉人口数的升降，与社会的稳定程度有密切关系。④ 袁延胜《东汉户口总数之谜试析》认为东汉户口总数的记载，大部分还是符合当时的实际情况的、是可信的。以前东汉户口总数之谜的原因，有的是史书传抄中的错误造成的，有的是后世学者的误解造成的，有的是后人不了解当时的实际情况造成的，有的则有可能是当时统计有误造成的。⑤

2. 人口分布。有些学者进一步对这一时期人口在各阶级间的分布、自然分布、人口迁徙等重要问题也进行了研究。

葛剑雄《略论我国封建社会各阶级人口增长的不平衡性》指出，由于

---

① 焦培民：《中国人口通史·先秦卷》，人民出版社2007年版。
② 葛剑雄：《西汉人口考》，《中国史研究》1981年第4期。
③ 王育民：《东汉人口考》，《上海师范大学学报（哲学社会科学版）》1988年第3期。
④ 陶文牛：《东汉人口增长和减少的演变——〈续汉书·郡国志〉户口资料研究之一》，《山西大学学报》1993年第1期。
⑤ 袁延胜：《东汉户口总数之谜试析》，《南都学坛》2003年第2期。

生产力低下造成物质条件的匮乏和医疗卫生条件的落后，再加上统治阶级的经济剥削和政治压迫，一般农民的平均寿命很短，大致不超过 30 岁。而地主阶级则因生活条件优越，不但平均寿命比农民高，而且由于政治、经济特权，还能早婚、早生、多生，婴儿成活率也较高，特别是由于他们普遍多妻，人口增殖更为迅速。[①]

宁可《试论中国封建社会的人口问题》则对西汉时期人口分布地区的不平衡性进行了探讨，指出西汉中期以后，与整个中国人口增长停滞乃至倒退的趋势并行的，是一些地区特别是黄河中下游地区，出现了人口的相对过剩。与西汉相比较，东汉人口布局有了新的变化。由于农民起义主要爆发在长江以北，因而这些地区人口减少甚多，而南方地区因较少受到战乱之苦，再加上南下移民，故而人口有较大的增长，在全国人口中的比重大大上升。至于黄河中下游，仍为全国人口最稠密地区。[②]

王平等《西汉时期我国人口分布空间格局及其成因探讨》在数字化西汉地图的基础上，结合西汉人口数据，运用 GIS 软件完成西汉时期人口密度分布和分级图，得出西汉时期我国人口分布空间格局是人口多集中于黄河中下游地区，南方人口较稀少的结论，并在此基础上对其成因进行探讨，西汉时期人口分布的空间格局是在自然因素、政治因素和历史因素的共同作用下形成的。[③]

（二）魏晋南北朝隋唐五代时期

1. 人口统计。三国西晋时期人口数。何兹全《汉末晋初间的年数和户口数》指出，三国及西晋时期户口数锐减至 700 万或 1600 万，其主要原因

---

① 葛剑雄：《略论我国封建社会各阶级人口增长的不平衡性》，《历史研究》1982 年第 6 期。
② 宁可：《试论中国封建社会的人口问题》，《中国史研究》1980 年第 1 期。
③ 王平等：《西汉时期我国人口分布空间格局及其成因探讨》，《西北人口》2010 年第 5 期。

是人民大量逃亡，不向政府注籍及依附豪族变成豪族的户口。① 李向军《三国人口考》认为，三国时期缺乏系统而准确的人口统计资料，因而对人口升降的计算结果只能是个大略的估计。三国时期是秦汉至明清人口减至最低的历史阶段。据推算，我国封建社会人口发展水平一直保持在 1000 万以上。② 王育民《西晋人口蠡测》对西晋实际人口作了估算，认为西晋盛时，全国人口 4500 万左右，其户与口平均增长率为 3.9‰ 和 4.5‰。这个数字与三国、东晋十六国的人口相衔接。③ 袁祖亮、尚新丽《三国西晋人口初探》提出，汉桓帝到献帝年间是人口急剧下降时期；三国中、前期是人口数量由减少到趋于稳定时期；三国后期到西晋太康年间是人口快速增长时期。三国中、前期的人口数量为 1900 多万，西晋太康三年（282）的人口数量为 2400 多万，西晋时期的最高人口数量有 3700 多万。④ 陶文牛《三国户口考》估算了三国政权实际控制的户口数量，魏、吴所控制的屯田户数量以及当时人口的数量。⑤

东晋十六国时期人口数。王育民提出东晋的实际户数当不会少于 300 万；⑥ 十六国前期，人口虽有损耗，但后期即处于不断上升之中，北朝时已恢复到东汉的水平。⑦ 袁祖亮《十六国北朝人口蠡测——与王育民同志商榷》认为十六国时期的户口变化不是前期耗减，后期回升；而是呈现出马鞍形变化，前期锐减，前秦盛时人口增至高峰，远超过西晋时北方的户口，淝水之战后再次减少。作者提出北魏盛期的户口数尚未恢复到东汉时的水平；东、西魏时期北方户口数在北魏末年的基础上又趋于回升，并非停滞；北周的均田、赋役及兵役政策造成当时每户平均为 2.5 人。⑧ 王育民《十六

---

① 何兹全：《汉末晋初间的年数和户口数》，《光明日报》1951 年 5 月 5 日。
② 李向军：《三国人口考》，《辽宁大学学报（哲学社会科学版）》1988 年第 3 期。
③ 王育民：《西晋人口蠡测》，《中国史研究》1995 年第 2 期。
④ 袁祖亮、尚新丽：《三国西晋人口初探》，《郑州大学学报》1997 年第 4 期。
⑤ 陶文牛：《三国户口考》，《首都师范大学学报（社会科学版）》2005 年第 4 期。
⑥ 王育民：《东晋南朝时期户口试探》，《上海师范大学学报（哲学社会科学版）》1987 年第 1 期。
⑦ 王育民：《十六国北朝人口考索》，《历史研究》1987 年第 2 期。
⑧ 袁祖亮：《十六国北朝人口蠡测——与王育民同志商榷》，《历史研究》1991 年第 2 期。

国北朝人口再探——答袁祖亮同志》对袁祖亮的观点提出异议,并再次重申了自己的观点。① 王晓卫《十六国时期中原夷汉人口比例》对十六国时期中原人口构成成分比例作了分析,认为十六国时期中原汉人总数不会超过 300 万人,进入中原的六夷口数,大约可达 200 余万,加上旧有的,十六国时期中原的六夷口数,可能在 350 万至 400 万之间,这个数字比中原汉人的口数要多出几十万乃至 100 万。十六国时期中原六夷的总人口数应不少于汉人,甚至稍多些。②

南北朝时期的人口数。王育民提出刘宋大明八年(464)的实际户数当在 300 万以上,刘宋后期人口发展趋于停滞;萧齐时户口较刘宋为多;梁武帝大同年间(535—546)户口过于宋、齐,梁末人口陷于停滞;史籍中对于陈朝户口的记载也不符合陈朝户口发展的实际水平。③ 韩铁铮《关于东晋南朝的人口问题》认为,陈朝与孙吴间隔 300 多年,人口数字却没有增加,其原因是东晋南朝时期连年的战乱,沉重的徭役和频繁的天灾,造成大规模的人口死亡,抵消了人口的增长。这一时期虽然存在着一定数量的荫蔽和流散人口,但不能估计过高。因为在各种天灾人祸肆虐横行的时候,不论是"在籍户口",还是"荫蔽户口"同样有被吞噬的危险。④ 郑欣《魏晋南北朝史探索》提到魏晋南北朝时期的户口数,仅是一般民户在国家户籍上登记的户口数,并非实际所有的户口数。由于当时有许多人不向国家登记户口,一些特殊身份的人也不编入一般民户的户籍,所以一般来说国家户籍上的户口数,要远远少于实际所有的户口数。⑤ 朱大渭《魏晋南北朝南北户口的消长及其原因》认为,这个时期户口状况的特点,除私家占有大量各类荫户,国家领民与实际户口数相距甚远,以及封建政权与私家争夺劳动力最为激烈外,有一个奇特现象,即北方虽战乱繁多,国家领民却

---

① 王育民:《十六国北朝人口再探——答袁祖亮同志》,《社会科学战线》1993 年第 5 期。
② 王晓卫:《十六国时期中原夷汉人口比例》,《历史教学》1995 年第 7 期。
③ 王育民:《东晋南朝时期户口试探》,《上海师范大学学报(哲学社会科学版)》1987 年第 1 期。
④ 韩铁铮:《关于东晋南朝的人口问题》,《历史教学》1988 年第 4 期。
⑤ 郑欣:《魏晋南北朝史探索》,山东大学出版社 1989 年版。

显著增长；南方虽相对安定，国家领民却出现递减趋势。①孔毅《魏晋南北朝时期的人口数量问题及伦理对策》分析了魏晋南北朝时期最为突出的人口整体数量和国家所能控制的劳动人口数量不足的问题以及统治集团提出的相关伦理对策。②

隋唐五代时期的人口数。以往讨论隋初户数，大都依据《通典》的记载。由于对材料的解读不同，从而引发了激烈的学术争论。岑仲勉《隋唐史》中率先提出《通典》中实漏记北齐户口，周隋禅代时的户数约690（或660）万。③杨志玖也认为隋初户数约690万。④其后，汪篯对岑仲勉的看法提出质疑。氏著《隋代户数的增长》认为，北周旧境的户数当在140万以上，隋初户数有450万左右（不包括平陈数）。⑤熊铁基又对汪篯的观点提出异议，认为《通典》记载无误，隋初确有359万多户。⑥李德清再对熊铁基的结论提出质疑，认为隋开皇元年（581）在册民户近400万，军户约30万，总计430万左右。⑦王育民提出北周大象中包括灭北齐后，应为462万多户。⑧袁祖亮则认为隋初的总户数为600万—700万。⑨

洪廷彦《对〈隋书·地理志〉所记南北户数的初步分析》认为，《隋书·地理志》所记北方户数比较属实，南方陈旧境户数则可能少了120万—130万户。隋盛世全国户数大致有1030万—1040万户。⑩滕泽之《隋朝人口增长考异》提出隋初人口为2900万，开皇五年（585），得隐漏146万余口，所以其实际人口增长大约只有40%。⑪李燕捷《隋代户数增长情况分析》

---

① 朱大渭：《魏晋南北朝南北户口的消长及其原因》，《中国史研究》1990年第3期。
② 孔毅：《魏晋南北朝时期的人口数量问题及伦理对策》，《重庆师范大学学报（哲学社会科学版）》2008年第3期。
③ 岑仲勉：《隋唐史》卷上，中央人民政府高等教育部教材编审处1954年版。
④ 杨志玖：《隋唐五代史纲要》，上海人民出版社1957年版。
⑤ 汪篯：《隋代户数的增长》，《光明日报》1962年6月6日。
⑥ 熊铁基：《隋代户数是怎样增长的》，《江汉论坛》1962年第10期。
⑦ 李德清：《隋代户口的几个问题》，《学术月刊》1982年第10期。
⑧ 王育民：《十六国北朝人口考索》，《历史研究》1987年第2期。
⑨ 袁祖亮：《十六国北朝人口蠡测——与王育民同志商榷》，《历史研究》1991年第2期。
⑩ 洪廷彦：《对〈隋书·地理志〉所记南北户数的初步分析》，《中国史研究》1987年第3期。
⑪ 滕泽之：《隋朝人口增长考异》，《人口研究》1988年第3期。

认为，隋受周禅时的户数应为359万余户。隋代户数增长的重要地区是平陈前旧境，增长的重要阶段在开皇八年（588）以前，户数的增长有非自然增长因素（如括户、析籍）与自然增长因素两种。① 陶文牛《隋开皇大业年间户口盛衰考实》和《隋代人口的南北分布》认为隋代户口极盛当在文帝末年，当时北方实有户数800万户左右，南方实有户数430万户以上，南北合计1230万户以上，实际人口远远超过6000万，是继两汉之后人口发展的又一高峰。其中北方占65%、南方约为35%。② 王育民《隋代人口新证》提出隋代周时总计有460余万户；隋代前期（581—589），户口增长幅度较大；隋代中期（589—606），人口增长速度大为降低；隋代唐初，人口损耗严重。隋代战时全国人口估计在1200万户，6260万口左右。③ 刘进宝《隋末唐初户口锐减原因试探》指出，户口锐减的原因在于徭役兵役的繁重、突厥掠夺人口、农民军化整为零，很多地区不为唐王朝所有，以及大量隐户、浮客的存在。④

易曼晖《唐代的人口》在列表论述唐代户口盛衰与分布的同时，还着重讨论了唐初的人口政策，唐中期人口流亡与天宝以后人口南移等问题。易氏指出唐初奉行奖励生育的人口政策，规定凡已过结婚年龄的男女，州县官人以礼聘娶，男年20，女年15以上并令其婚配，无力婚嫁者，仰其亲邻家室资济。⑤ 王育民《唐代人口考》提出，唐代人口呈马鞍形发展趋势，大致经历了隋唐之际户口锐减，贞观中期后直线上升，至天宝年间达到最高峰，安史之乱后户口下降，唐后期发展迟滞几个阶段。天宝年间是唐代人口最多的时期，但户不过961万，口不过5291万。⑥ 冻国栋《唐代人口

---

① 李燕捷：《隋代户数增长情况分析》，《河北师范学院学报》1989年第3期。
② 陶文牛：《隋开皇大业年间户口盛衰考实》，《北京师范学院学报（社会科学版）》1992年第4期；《隋代人口的南北分布》，《晋阳学刊》1993年第2期。
③ 王育民：《隋代人口新证》，《中国社会经济史研究》1995年第3期。
④ 刘进宝：《隋末唐初户口锐减原因试探》，《中国经济史研究》1989年第3期。
⑤ 易曼晖：《唐代的人口》，《食货》第3卷第6期，1936年。
⑥ 王育民：《唐代人口考》，《上海师范大学学报（哲学社会科学版）》1989年第3期。

问题研究》是一部全面论述唐代人口问题的专著。该书对唐代人口的升降状况、人口分布、人口迁徙及人口结构等问题进行了较深入的论述。① 李斌城等合著《隋唐五代社会生活史》论述了唐代历届政府为增加户口制定的一系列政策：大力吸引或收赎平民；针对逃户、隐户进行搜括；奖励人口自然增殖；以户口增减考核政绩。通过一系列措施，在相对安定的统一局面下，唐前期编户数逐年上升，由唐初的200万户，增至天宝中960万户。②

杜文玉、高长天《五代人口的数量与分布》根据史籍所载宋初太平兴国四年（979）全国的户数、后周末年户数及各国入宋时的户数，推算出当时户口年增长率为0.4299%，进而推知五代末年全国户口为3189589户。这只是在籍户口的反映，还存在大量不入籍的僧侣、贱民、浮寄户、军队和逃亡户等。③

2.人口分布。魏晋南北朝时期。黎虎《六朝时期荆州地区的人口》指出这一时期北方人口大量流入荆州地区，当地蛮族亦纷纷出山，加上原居住人口，实际人口数当比汉代有所增加。表现在国家户籍上的减少趋势，根本原因是南朝未推行均田制，对个体小农的控制不如北朝；其次是人身依附现象严重，还有南朝的民族压迫政策，促使蛮族大量北徙。④ 刘希为、刘磐修《六朝时期岭南地区的开发》研究了人口迁徙与岭南经济发展的关系，认为六朝时期迁徙到岭南的人口至少有250万人，是促使岭南地区经济迅速发展的重要因素之一。岭南经济的崛起，打破了扬、荆二州主宰南方政局的传统，使南朝后期的经济与政治状况都发生了较大变化。⑤

隋唐时期。黄盛璋《唐代户口的分布与变迁》从历史地理角度对唐代各个时期、各个地区的户口数加以考察，从户口数量的增减变化和地区差异分析了唐代户口的发展特点与变迁情况，并对这些发展、变迁的内在原

---

① 冻国栋：《唐代人口问题研究》，武汉大学出版社1993年版。
② 李斌城等：《隋唐五代社会生活史》，中国社会科学出版社1998年版。
③ 杜文玉、高长天：《五代人口的数量与分布》，《延安大学学报（社会科学版）》1989年第2期。
④ 黎虎：《六朝时期荆州地区的人口》，《北京师范大学学报（社会科学版）》1991年第4期。
⑤ 刘希为、刘磐修：《六朝时期岭南地区的开发》，《中国史研究》1991年第1期。

因和社会条件作了探讨[1]。胡道修《开皇天宝之间人口的分布与变迁》则通过对大业、贞观、开元天宝三个时期的各个地区人口分布的考察与对比，研究了各个时期的人口稠密区及人口重心的变迁，指出隋代北方人口占总人口的 3/4，每平方公里六户以上的人口稠密区东达泰山、渤海，东南至淮水，南邻汉水中游、秦岭，西极陇山，北到五台山麓、巨马河畔，正是当时的主要农业区。贞观、天宝时全国十五道的户口增减率与人口密度有关，当时人口稠密区有三：一为黄河中下游地区，一为成都平原及邻近地区，一为长江下游三角洲及浙江地区。[2] 翁俊雄《唐朝鼎盛时期政区与人口》对天宝十二载（753）户部记账的主要内容加以恢复，整理和考订唐朝鼎盛时期政区人口分布的状况，并附有天宝十载各道政区、人口示意图。[3] 陈勇、刘秀兰《唐后期长江下游户口考》通过对唐后期中央财政所倚重的两浙、宣歙、淮南等道户口的考察，认为元和时官方统计的在籍户数与此前相比有明显下降，并不意味着本区实际人口的真正减少，由于社会环境相对安定，北方人口南迁，经济实力较强，运输道路的转移，良吏的治理等原因，使长江下游诸道人口减少程度远远低于全国平均数。这一地区的实际户数远高于政府所掌握的在籍户数。[4] 崔明德《唐代西北少数民族人口初探》对西北少数民族人口的数量、结构、特点、人口移动的主要走向及特点、降户反叛的原因以及唐与少数民族争夺人口的斗争等若干问题进行了研究，并推断安史之乱后西北少数民族人口应在 150 万户、700 万人左右。[5]

赵冈、陈钟毅《中国历史上的城市人口》对唐代城市人口进行了估算，认为历史上的城市人口，很难按职业来划分，只能按集聚点的人口数作一大略估计。以 2000 人为划分点，估算出唐代天宝年间城市人口为 1099 万

---

[1] 黄盛璋：《唐代户口的分布与变迁》，《历史研究》1980 年第 6 期。
[2] 胡道修：《开皇天宝之间人口的分布与变迁》，《中国史研究》1984 年第 4 期。
[3] 翁俊雄：《唐朝鼎盛时期政区与人口》，首都师范大学出版社 1995 年版。
[4] 陈勇、刘秀兰：《唐后期长江下游户口考》，《中国史研究》1997 年第 4 期。
[5] 崔明德：《唐代西北少数民族人口初探》，《历史研究》1997 年第 5 期。

人，其中长安60万人，洛阳30万人，每州治2万人，每县治5千人。① 严耕望《唐长安人口数量之估测》对唐长安人口作了研究，将长安人口分为8类，进行排比分析，最后得出结论：按保守估计，当时长安人口鼎盛时有170余万，若放宽估计，则近200万。② 宁欣《由唐入宋都市人口结构及外来流动人口数量变化浅论——从〈北里志〉和〈东京梦华录〉谈起》和《由唐入宋都城立体空间的扩展——由周景起楼引起的话题并兼论都市流动人口》重点探讨了流动人口与城市面貌变化的关系。③ 冻国栋《略述唐代人口的城乡结构与职业结构》指出这一时期人口的城乡结构出现了城市人口增多和传统城市经济意义日渐明显的倾向，工商业者人数的增长是一个基本的现实，所谓"四民"分业已无法概括行业间或部门间分工的实况。④ 李孝聪主编《唐代地域结构与运作空间》收入的10篇论文以地理学独特而综合的视角来观察唐代的政治、经济、文化与社会，考察了唐代地域结构、区域开发、人口、经济、城市、文化和文献等方面的特征。⑤ 艾冲《论唐代前期"河曲"地域各民族人口的数量与分布》分析了当地七个民族的人口数量与分布。⑥

（三）辽宋夏金元明清时期

1. 人口统计

辽代。孟古托力《辽朝人口蠡测》提出天庆四年（1114）辽朝总体人

---

① 赵冈、陈钟毅：《中国历史上的城市人口》，《食货月刊》第13卷第3、4期，1983年。
② 严耕望：《唐长安人口数量之估测》，《第二届唐代文化研究会论文集》，台湾学生书局1995年版。
③ 宁欣：《由唐入宋都市人口结构及外来流动人口数量变化浅论——从〈北里志〉和〈东京梦华录〉谈起》，《中国文化研究》2002年第2期；《由唐入宋都城立体空间的扩展——由周景起楼引起的话题并兼论都市流动人口》，《中国史研究》2002年第3期。
④ 冻国栋：《略述唐代人口的城乡结构与职业结构》，《魏晋南北朝隋唐史资料》第19辑，武汉大学文科学报编辑部，2002年。
⑤ 李孝聪主编：《唐代地域结构与运作空间》，上海辞书出版社2003年版。
⑥ 艾冲：《论唐代前期"河曲"地域各民族人口的数量与分布》，《民族研究》2003年第2期。

口840万人的结论。①韩光辉《论〈辽史〉户、丁系年问题》指出，辽代200余年并未形成定期检括户丁的制度，每次检括户丁均是临时诏令，与经济需求及军事形势紧密关联。《辽史》所记户丁统计数分属辽末的天庆三年和六年。②韩光辉、张清华《关于辽朝户口类型考察》指出辽朝户口分属州县、宫卫、头下州县、部族、属国、僧寺等不同的户籍类型，各自独立，没有统一的统计和制度，故而《辽史》记录的州县、头下和宫卫户丁均只是辽朝户口的一部分，都不能代表辽朝户口规模。③武玉环《辽代人口考述》分别对《辽史》之《地理志》、《兵卫志》以及辽代石刻资料记载的人口数进行了统计，发现三者记载的人口数大体相当，从而推断辽代人口应当在750万左右。④杨军《辽朝人口总量考》侧重考证部族人口和属部人口，认为辽朝控制下总人口应在1200万—1400万之间。⑤

宋代。宋代的人口问题，很早就引起学者的探索。陈乐素《主客户对称与北宋户部的户口统计》、袁震《宋代户口》是我国宋代户口研究的奠基之作⑥。陈一萍《北宋的户口》论述了北宋的户籍制度、户口统计、户口分析、户口数的推测等问题，重点是对人口数不计女子数、口数即丁数、漏丁数、漏口数、妄增户数、地方官吏、民生疾苦等问题进行考察，以探讨北宋"户多口少"的原因。作者认为宋徽宗时，北宋有一亿以上的人口。⑦李宝柱认为，宋代户口之所以每户平均只有两口左右，其主要原因并不在于人口的隐漏，而在于宋代在一般情况下只统计男子，甚或只统计成年男子。⑧苏基朗认为，宋代人口大部分指丁，有时也指全部男性。⑨李德清

---

① 孟古托力：《辽朝人口蠡测》，《学习与探索》1997年第5期。
② 韩光辉：《论〈辽史〉户、丁系年问题》，《北方文物》1999年第1期。
③ 韩光辉、张清华：《关于辽朝户口类型考察》，《北方文物》2003年第3期。
④ 武玉环：《辽代人口考述》，《学习与探索》2009年第6期。
⑤ 杨军：《辽朝人口总量考》，《史学集刊》2014年第3期。
⑥ 陈乐素：《主客户对称与北宋户部的户口统计》，《浙江学报》第2集第1卷第2期，1947年；袁震：《宋代户口》，《历史研究》1957年第3期。
⑦ 陈一萍：《北宋的户口》，《食货月刊》第6卷第7期，1976年。
⑧ 李宝柱：《宋代人口统计问题研究》，《北京大学学报（哲学社会科学版）》1982年第4期。
⑨ 苏基朗：《宋代户口登记制度分析》，《中国史研究动态》1983年第11期。

《宋代女口考辨》提出，女口不纳税、不服役、不称丁，但仍要登录在户籍上。[1] 王曾瑜《宋代人口浅谈》对官方户口统计和实际人口统计、人口的增殖与减耗、各地人口密度对经济的影响等作了分析。[2] 王育民《〈宋代户口〉稽疑》认为，宋代户籍实为丁籍。[3] 袁祖亮《宋代户口之我见》认为，乾德元年（963）"女口不预"的诏令是划分应役年限的诏令，并非女子不登记户口。[4] 葛剑雄《宋代人口新证》认定宋代在登记承担赋役的丁口的户籍外，还有一种登记全部人口的户籍。作者依据后者并结合宋代的农业生产能力判断，北宋后期人口确已达 1 亿，宋金人口合计已超过 1 亿，是中国人口史上的新高峰。[5] 何忠礼《宋代户部人口统计考察》否定了学术界关于宋代人口研究的"漏口说"、"析户说"、"户数虚增说"、"男口说"四种观点，提出了"丁口说"观点。作者指出，宋代户口统计对象是丁口而不是男口，更不是男女总人口。为减少免役钱和助役钱的摊派和征收，各地方官都争相隐瞒人丁，这是造成宋代男口数和丁口数都严重偏低的原因。[6] 吴松弟《宋代户口的汇总发布系统》则认为，至今能看到的宋代户口数据，其丁数或口数一般指男性全体，而不是成丁数，地方志的记载在某种情况下才是例外。[7] 程民生《宋代人口资料统计问题》将梁方仲《中国历代户口、田地、田赋统计》与《元丰九域志》、《宋史·地理志》的户口资料进行核对，指出《中国历代户口、田地、田赋统计》版本之异、移录之误、排印之错，并经重新计算，对梁方仲统计的错误予以订正。[8]

西夏。李虎《西夏人口问题琐谈》对西夏人口总数作了初步估计，认为西夏全国人口有可能达到 400 万，甚或超过 400 万，并就人口分布、人

---

[1] 李德清：《宋代女口考辨》，《历史研究》1983 年第 5 期。
[2] 王曾瑜：《宋代人口浅谈》，《天津社会科学》1984 年第 6 期。
[3] 王育民：《〈宋代户口〉稽疑》，《上海师范大学学报（哲学社会科学版）》1985 年第 1 期。
[4] 袁祖亮：《宋代户口之我见》，《中国史研究》1987 年第 3 期。
[5] 葛剑雄：《宋代人口新证》，《历史研究》1993 年第 6 期。
[6] 何忠礼：《宋代户部人口统计考察》，《历史研究》1999 年第 4 期。
[7] 吴松弟：《宋代户口的汇总发布系统》，《历史研究》1999 年第 4 期。
[8] 程民生：《宋代人口资料统计问题》，《中州学刊》2001 年第 6 期。

口迁移问题作了论述。[①] 赵斌、张睿丽《西夏开国人口考论》对西夏开国人口作了较为深入细致的考察和论述，认为西夏开国兵力不过 30 余万，人口总数则仅及百万。[②] 杜建录《论西夏的人口》从西夏丁壮数、宋人关于西夏人口的估计及部分州的户口数，推测西夏人口在 30 万帐（户）以上、160 万口左右，人口密度约每平方公里 2.42 人，高于唐代的陇右道。[③]

金代。高树林《金朝户口问题初探》指出金朝户口状况的特点是数量多和中后期增长速度快，并对金代人口状况形成的原因，与金朝社会实际及女真贵族统治的关系进行了论述。[④] 刘浦江《金代猛安谋克人口状况研究》考察了猛安谋克的人口数量、结构地理分布、变化情况；《金代户口研究》揭示了金代户口的消长起伏有两大特点：变化大起大落，负增长和零增长的年份高于正常增长的年份。[⑤] 韩光辉、吴炳乾《关于金代户籍类型的考察》认为《金史·地理志》所载泰和七年（1207）各府、州户数包括了该区域内的全部户计，即州县民户与猛安谋克户；在中都还包括宫监户、官户及宗室将军户和汉军人口；而部族、诸乣、群牧和驱军永屯军户口至章宗时期仍然是独立的户口部分。[⑥]

元代。邱树森、王颋《元代户口问题刍议》认为，蒙古国时期的官方户口统计数字，与实际相差极大；至元三十年（1293）的户 1400 余万，口 6400 余万，是元代官方统计的最高户口数，虽然比较接近实际，但与真实的户口数仍有差距，根据各种材料推算，至正初年的元代实际户口数约达 1900 余万，口近 9000 万；到元末由于天灾兵资，户口急剧下降，大约只有户 1300 余万，口 6000 多万。[⑦] 王育民《元代人口考实》认为，元代见于官

---

① 李虎：《西夏人口问题琐谈》，《首届西夏学国际学术会议论文集》，宁夏人民出版社 1998 年版。
② 赵斌、张睿丽：《西夏开国人口考论》，《民族研究》2002 年第 6 期。
③ 杜建录：《论西夏的人口》，《宁夏大学学报（人文社会科学版）》2003 年第 1 期。
④ 高树林：《金朝户口问题初探》，《中国史研究》1986 年第 2 期。
⑤ 刘浦江：《金代猛安谋克人口状况研究》，《民族研究》1994 年第 2 期；《金代户口研究》，《中国史研究》1994 年第 2 期。
⑥ 韩光辉、吴炳乾：《关于金代户籍类型的考察》，《北方文物》2012 年第 3 期。
⑦ 邱树森、王颋：《元代户口问题刍议》，《元史论丛》第 2 辑，中华书局 1983 年版。

方统计的人口数字与元代人口发展的实际不合，不在户部版籍之内的诸色户计与户部版籍户口合计，元代全国当有 2335 万户，10438 万口。① 王龙耿、沈斌华《蒙古族历史人口初探（11 世纪—17 世纪中叶）》指出，13 世纪蒙古族形成时约有 110 余万人，14 世纪实际人口为 200 万左右，年平均增长率为 8‰，从 14 世纪末至 15 世纪后期曾下降到 150 万，后又有所回升。② 韩光辉等《关于元代户口类型的考察》提出，元代的户口种类繁多，类型复杂，尤以蒙古国时期的户籍最为纷乱，元代户口类型既有分属于内地州县院司赋役、蒙汉军户、站赤、工匠和僧道系统的户口，也有边远地区山泽溪洞之民，宣政院所领户口，岭北、辽阳、中书省北部和西北地的部民。③

明代。范文澜估计明初人口约有 1.1 亿。④ 孙达人《明初户口升降考实》认为，洪武初到十四年（1381）十余年间全国户口以较快速度上升，而洪武十四年到二十六年的十二年间，明朝的户口基本保持不变，有时或户或口还有所下降；北方户口大幅度上升，南方户口大幅度下降。⑤ 缪振鹏、王守稼《也论明初户口的升降——兼与孙达人同志商榷》从四个方面对孙达人的观点提出不同看法。⑥ 王其榘同意范文澜的观点，提出明初全国户口数只是"丁"数，洪武朝实际全国人口当在 1 亿以上。⑦ 王毓铨《明朝人论明朝户口》论述了明朝人对本朝官府户口数字的怀疑和批评。作者认为除明初立法严猛，一些户口数比较准确外，一般来说，《明实录》和明朝史书里的官府户口数字，多有伪增、冒滥、隐蔽和脱漏等种种弊端。⑧ 王育民、葛剑雄都对王其榘的看法提出质疑。王育民认为有明一代的户口统计，均包

---

① 王育民：《元代人口考实》，《历史研究》1992 年第 5 期。
② 王龙耿、沈斌华：《蒙古族历史人口初探（11 世纪—17 世纪中叶）》，《内蒙古大学学报（哲学社会科学版）》1996 年第 5 期。
③ 韩光辉、汤倩、王长松：《关于元代户口类型的考察》，《北方文物》2014 年第 3 期。
④ 范文澜：《论中国封建社会长期延续的原因》，大众书店 1951 年版。
⑤ 孙达人：《明初户口升降考实》，《文史哲》1980 年第 2 期。
⑥ 缪振鹏、王守稼：《也论明初户口的升降——兼与孙达人同志商榷》，《文史哲》1980 年第 6 期。
⑦ 王其榘：《明初全国人口考》，《历史研究》1988 年第 1 期。
⑧ 王毓铨：《明朝人论明朝户口》，《中国历史博物馆馆刊》1989 年第 13—14 期。

括女口在内。① 葛剑雄则认为明初全国户口总数并非"丁"数。② 王育民《明代户口初探》在对明代的户口隐漏作了具体估计后,赞同何炳棣提出的嘉靖、万历年间实际人口在 1.3 亿到 1.5 亿之间,即比明初增长一倍多的观点。③ 葛剑雄、曹树基《对明代人口总数的新估计》提出,明初实际人口至少有 7300 万,至 16 世纪后期明朝人口已突破 2 亿。④ 王兴亚针对明代人口统计中是否包括妇女在内指出,明代初期从户帖制到黄册制都是将家中男女人口全部登入的。其人口统计,是以男丁为主,但分类统计。载入各地户口统计中的数字极为复杂,有的是男、女统计,有的是成丁、不成丁,妇女大、妇女小统计;黄册女小口少登甚至不登,人口总计只记 15 岁以上的男女或男丁是明代后期的事。⑤ 王瑞平《明代人口之谜探析》认为,明代户口统计是只计男口不计女口,按自然生殖法则推算,明代人口数要比正史记载多一倍左右,在 1600 年前后,人口当在 2 亿以上。⑥ 高寿仙《明代人口数额的再认识》认为,万历二十八年(1600)的估计人口数应有 1.9 亿,大致可以视为明朝的人口峰值。⑦ 李广廉《对明代户口的一些看法》认为洪武时人口普查方法与现代接近,数据较为可信,永乐以后基本是失实数据。⑧ 张民服《对明代人口问题的几点再认识》也认为永乐元年的户口数不准确,明代家庭人口趋于小型化。⑨

清代。罗尔纲《太平天国革命前的人口压迫问题》中考察了乾、嘉、道三朝的人口数。⑩ 孙毓棠《清代的丁口记录及其调查制度》认为,清初的

---

① 王育民:《〈明初全国人口考〉质疑》,《历史研究》1990 年第 3 期。
② 葛剑雄:《明初全国户口总数并非"丁"数——与王其榘先生商榷》,《中国历史地理论丛》1990 年第 4 辑。
③ 王育民:《明代户口初探》,《历史地理》第 9 辑,上海人民出版社 1990 年版。
④ 葛剑雄、曹树基:《对明代人口总数的新估计》,《中国史研究》1995 年第 1 期。
⑤ 王兴亚:《明代人口统计中的女口》,《中国社会历史评论》第 2 卷,天津古籍出版社 2000 年版。
⑥ 王瑞平:《明代人口之谜探析》,《郑州大学学报(哲学社会科学版)》2001 年第 3 期。
⑦ 高寿仙:《明代人口数额的再认识》,《明史研究》第 7 辑,黄山书社 2001 年版。
⑧ 李广廉:《对明代户口的一些看法》,《故宫博物院院刊》2002 年第 1 期。
⑨ 张民服:《对明代人口问题的几点再认识》,《中州学刊》2006 年第 1 期。
⑩ 罗尔纲:《太平天国革命前的人口压迫问题》,《中国社会经济史集刊》第 8 卷第 1 期,1949 年。

统计是丁不是口。① 全汉昇、王业键从时空两个维度分析了清代的人口变动，指出在时间方面清代人口变动分为四个时期：从 17 世纪中叶至 17 世纪末叶为恢复时期；整个 18 世纪大致可称为人口迅速增长时期；从 18 世纪末叶到 19 世纪中叶为人口增加缓和时期；从 19 世纪 50 年代开始，到 1911 年清亡为止，为人口停滞时期；在空间方面，清代的人口移动大致有三大趋势：一为移民四川；一为移民东北；一为移民台湾和南洋群岛。② 孙毓棠、张寄谦《清代的垦田与丁口的记录》指出，"从顺治八年（1651）到雍正十二年（1734）数字是人丁数，即十六岁以上至六十岁的成丁男子数"③。此后，马小鹤、周源和等对清初人口是否仅指男丁又有讨论。④ 周源和《清代人口研究》提出，顺、康、雍三朝是人口缓慢、平稳发展时期；乾隆年间是人口大发展时期；嘉、道年间是人口继续增长时期；咸丰以后是人口的百年徘徊时期。作者还对各时期影响人口增长的因素作了分析。⑤ 高王凌《清代人口研究述评》对 1978—1982 年关于清代人口研究中的清代人口思想家和人口思想，清初丁口统计对象问题；顺、康、雍三朝人口数字的估算问题；清代人口问题的发现及其对政府政策的影响；人口问题对清代社会经济的影响等五大问题加以概述。⑥ 潘喆、陈桦《论清代的人丁》指出，清政府编审和统计的人丁不是实际的人头，只是赋税的单位和尺度，不能赖以推求人口。⑦ 吴慧《清代人口的计量问题》指出，由人丁数字来推算人口数字是清代人口计量中的一大难题。作者运用"人丁隐漏率"的方法推算清代的人口，认为清初至康熙二十一年（1682）前还是人口停滞时期；康熙二十一年到康熙五十一年为人口恢复时期，平均年人口增长率为 8.2‰，人

---

① 孙毓棠：《清代的丁口记录及其调查制度》，《清华社会科学》第 6 卷第 2 期，1950 年。
② 全汉昇、王业键：《清代的人口变动》，《"中研院"历史语言研究所集刊》第 32 本，1961 年。
③ 孙毓棠、张寄谦：《清代的垦田与丁口的记录》，《清史论丛》第 1 辑，中华书局 1979 年版。
④ 马小鹤：《清代前期人口数字勘误》，《复旦学报（社会科学版）》1980 年第 1 期；周源和：《清初人口统计析疑》，《复旦学报（社会科学版）》1980 年第 3 期。
⑤ 周源和：《清代人口研究》，《中国社会科学》1982 年第 2 期。
⑥ 高王凌：《清代人口研究述评》，《清史研究通讯》1983 年第 2 期。
⑦ 潘喆、陈桦：《论清代的人丁》，《中国经济史研究》1987 年第 1 期。

口数字成果1亿；康熙五十一年到乾隆前期，人口快速增长，年递增率达到13‰。①李伯重《清代前中期江南人口的低速增长及其原因》指出，低速增长的主要原因在于时人认识到为了保持生活水准不致下降，必须控制人口增长。②王跃生对18世纪初期的人丁数量和人口数量提出新的估算方式；对18世纪中后期的人口数量变动进行了分析，探讨了官方人口统计中存在的漏报现象，对《清实录》中所载人口数字作了必要校正。③陈丹《清代前期的人口问题》认为，清前期的人口增长总规模是空前的；社会环境、政府政策、农业生产耕作技术的改进，尤其是新作物的引进，是导致清前期人口迅速增长的主要因素，这一趋势对社会产生了深远影响。④

2. 人口分布

宋代。漆侠《关于宋代人口的几个问题》论述了宋代人口增长及其分布对经济发展的影响，认为人口分布不均影响到经济发展的不平衡。⑤吴晓亮推测，南宋时江南有200个镇和312个市，约154000户、792000人，占江南人户的2.86%。⑥吴松弟《南宋人口的发展过程》利用宋元文献和明代方志资料，对至今所能见到的部分南宋户口数据进行考证，同时论述了南宋人口的发展过程，并对南宋前、中、后三个时期各区域人口发展的不平衡状态作了研究。⑦程民生《宋代少数民族人口数量探究》指出，宋朝境内少数民族以广西路最多，四川地区次之，以下依次为陕西地区、荆湖地区和河东路，北宋中后期境内约有少数民族人口467万余人；《简论宋代两浙人口数量》中考证了宋代两浙不在户籍的军队及家属人口、僧道人口和官

---

① 吴慧：《清代人口的计量问题》，《中国社会经济史研究》1988年第1期。
② 李伯重：《清代前中期江南人口的低速增长及其原因》，《清史研究》1996年第2期。
③ 王跃生：《十八世纪初期中国的人丁数量与人口数量变动研究》，《中国人口科学》1996年第6期；《18世纪中后期中国人口数量变动研究》，《中国人口科学》1997年第4期。
④ 陈丹：《清代前期的人口问题》，《山东社会科学》2001年第1期。
⑤ 漆侠：《关于宋代人口的几个问题》，《求实集》，天津人民出版社1982年版。
⑥ 吴晓亮：《南宋江南市镇人口蠡测》，《云南教育学院学报》1993年第2期。
⑦ 吴松弟：《南宋人口的发展过程》，《中国史研究》2001年第4期。

僚贵族及家属人口，估测两浙地区在北宋中后期约有 1204 万余人，南宋中后期有 1847 万余人。[1] 章深《宋代广东人口的数量及其分布》指出，宋代是古代广东人口的一个高增长期，北宋是古代广东人口分布的转折点。[2] 李清凌对北宋西北五路的汉族人口、西州回鹘、喀喇汗国及西辽等政权下的人口进行了估算。[3] 吴松弟《南宋人口史》对户口调查统计制度、户口数据的考证和估测、靖康之乱以后北方人口的南迁、南宋土著人口的迁移、南宋人口的发展过程和东南各路人口的发展过程等作了论述。[4]

元代。徐晓望《论元代福建的人口问题》认为《元史·地理志》记载福建人口有误，元代福建人口比宋代略减，大体相当，并无大幅度下降。[5] 潘清《元代江南蒙古、色目侨寓人户的基本类型》指出，元代江南地区的蒙古、色目侨寓人户可分为随官附籍、随军驻守、经济原因、迁徙罪犯及传播宗教等几种类型，认为在民族混居条件下，蒙古色目人中出现了汉化倾向，各民族间也普遍通婚。[6] 默书民对元代腹里地区的人口增长变化进行了估算，认为按户容量推算，世祖至元末腹里地区当有 7809943 口；元中期人口总趋势还在增长，为 1000 万—1350 万之间；到顺帝以后才由增长转为下降，元末为 900 万左右。[7] 温海清以盐课与人口的关系为切入点，推测出元代某一时段庆元路的口数，并证明《元史·地理志》所载区域户口数据不可靠。[8] 乔志勇《论元代的人口籍没》考察了处以人口籍没刑罚的种类、

---

[1] 程民生：《宋代少数民族人口数量探究》，《民族研究》2002 年第 3 期；《简论宋代两浙人口数量》，《浙江学刊》2002 年第 1 期。
[2] 章深：《宋代广东人口的数量及其分布》，《广东社会科学》2002 年第 3 期。
[3] 李清凌：《北宋的西北人口》，《河西学院学报》2002 年第 4 期。
[4] 吴松弟：《南宋人口史》，上海古籍出版社 2008 年版。
[5] 徐晓望：《论元代福建的人口问题》，《福建论坛》1998 年第 6 期。
[6] 潘清：《元代江南蒙古、色目侨寓人户的基本类型》，《南京大学学报（哲学·人文科学·社会科学）》2000 年第 3 期。
[7] 默书民：《关于元代腹里地区的人口问题》，《河北师范大学学报（哲学社会科学版）》2000 年第 3 期。
[8] 温海清：《元代庆元路口数考实——以盐课与人口之关系为中心》，《中国史研究》2004 年第 3 期。

籍没人口的身份性质及去向等。①

明代。从翰香《论明代江南地区的人口密度及其对经济发展的影响》根据有关统计数字,剖析了江南人口密集的程度及其对经济发展的作用,并对江南人口密度同全国其他地区进行了对比。②王双怀指出,明代华南的载籍户口基本上都是从黄册户籍资料中统计出来的,这些数据表明,明代华南的户口变化很大,除某些地方在某些时期有所增长外,普遍呈下降趋势,其原因一是天灾人祸造成户口的真实损耗,二是隐口和逃亡导致户口的虚假衰减。③徐晓望《明代福建的人口统计问题:从人口统计看明朝官民关系的互相调整》指出,明中叶福建人口实际上是在增长中,但官府籍册上的人口数量却在下降,原因是民众为逃避沉重的男丁赋役而隐瞒人口数。明代福建人口的少报,是百姓保护自己利益意识的体现,也导致官府与民众关系的调整。④陈剩勇《明代人口"北增南减"现象研究》认为,明代官方的人口统计数字存在明显的"北增南减"现象,历来学者多归因于隐瞒和漏报,实际上更应当重视明代中叶前后出现的一系列社会因素,如溺杀女婴、男女性比例失调、自然灾害、战争、贫困、瘟疫对人口增长变化的影响。⑤

清代。郭松义《清代人口问题与婚姻状况的考察》探讨了清代人口增长的不平衡性、男女寿命数、性比例和婚姻状况,指出各家族间家族人口发展很不相同,迁居对人口增长影响较大。⑥张建军《论清代新疆城市的人口规模》提供了新疆城市人口数据。⑦耿占军《试析清代陕西的折丁折田问

---

① 乔志勇:《论元代的人口籍没》,《元史及民族与边疆研究集刊》第31辑,上海古籍出版社2016年版。
② 从翰香:《论明代江南地区的人口密度及其对经济发展的影响》,《中国史研究》1984年第3期。
③ 王双怀:《论明代华南的载籍户口》,《陕西师范大学学报(哲学社会科学版)》1998年第3期。
④ 徐晓望:《明代福建的人口统计问题:从人口统计看明朝官民关系的互相调整》,《中国社会历史评论》第2卷,天津古籍出版社2000年版。
⑤ 陈剩勇:《明代人口"北增南减"现象研究》,《史林》2000年第3期。
⑥ 郭松义:《清代人口问题与婚姻状况的考察》,《中国史研究》1987年第3期。
⑦ 张建军:《论清代新疆城市的人口规模》,《中国历史地理论丛》1999年第4辑。

题》指出，上报丁数实际为折成下下丁之后的数量，并提出了一个相对比例值。① 钞晓鸿《清代前中期陕西人口数字评析》利用方志等资料，分析了清代陕西人口数字的真伪误漏。② 侯杨方《中国人口的传统死亡模式——以明清江南地区两个家族为个案的历史人口学研究》分析曹、范两个族谱，揭示家族人口死亡模式与时代背景的相互关系。③ 苏基朗、谭家齐《明末清初松江府及其周边地区人口损失与历史人口估算》设定了四个天灾人祸界别，以此估算明末松江的人口损失和发展状况，认为1640年左右松江府及周边州县人口已达500万之多。④

此外，中国经济史的著作中往往也对有关人口问题进行介绍，如林甘泉《中国经济通史·秦汉经济卷》对秦汉时期的户口统计、人口分布与迁移、人口增减与经济发展的关系作了探讨；高敏《中国经济通史·魏晋南北朝经济卷》对魏晋南北朝时期的户口、人口迁移、人口分布作了论述；宁可《中国经济通史·隋唐五代经济卷》对隋唐五代时期的人口数量与分布作了分析；漆侠《中国经济通史·宋代经济卷》对宋代的人口增长、人口分布作了探讨；陈高华、史卫民《中国经济通史·元代经济卷》对元代的人口统计、人口分布作了分析；王毓铨《中国经济通史·明代经济卷》对明代的在籍人口作了估计；方行等《中国经济通史·清代经济卷》对清代的人口与从业结构的变化、农业人口数量和人口流动作了论述。⑤

---

① 耿占军：《试析清代陕西的折丁折田问题》，《中国农史》2000年第1期。
② 钞晓鸿：《清代前中期陕西人口数字评析》，《清史研究》2000年第2期。
③ 侯杨方：《中国人口的传统死亡模式——以明清江南地区两个家族为个案的历史人口学研究》，李中清等主编：《婚姻家庭与人口行为》，北京大学出版社2000年版。
④ 苏基朗、谭家齐：《明末清初松江府及其周边地区人口损失与历史人口估算》，《清华大学学报（哲学社会科学版）》2011年第6期。
⑤ 林甘泉：《中国经济通史·秦汉经济卷》，经济日报出版社2000年版；高敏：《中国经济通史·魏晋南北朝经济卷》，经济日报出版社2000年版；宁可：《中国经济通史·隋唐五代经济卷》，经济日报出版社2000年版；漆侠：《中国经济通史·宋代经济卷》，经济日报出版社2000年版；陈高华、史卫民：《中国经济通史·元代经济卷》，经济日报出版社2000年版；王毓铨：《中国经济通史·明代经济卷》，经济日报出版社2000年版；方行等：《中国经济通史·清代经济卷》，经济日报出版社2000年版。

四、回顾与展望

新中国 70 多年来，中国古代人口史研究虽然已经卓有成绩，但是仍有精耕细作的空间，特别是通论性著作中，一些成果仍然停留在介绍史实、过程描述上，研究方法也较为陈旧，观点因袭之处较多，创新之处较少；区域性著作中，虽有研究方法的突破，但就研究地域和研究深度而言，仍有很大的探索空间；断代性研究中，由于对材料的选择和理解不同，故学者们得出的人口统计数据仍有极大差异。

因此，创新研究方法，拓展研究领域，深化研究主题，充分挖掘、利用各种文献资料，全面系统地整理中国古代的人口数据等，无疑是今后研究的重要方向之一。

中国古代户籍制度近来研究综述

户籍制度是中国古代重要的制度之一，反映了国家政治运行的机制，反映了国家与民众的关系及其变化，是国家控制和管理民众的最重要和最主要的方式，也反映了国家经济机制运行及国家财政的模式、特点，反映了社会经济和社会结构的发展与变化。

户籍制度研究是将户籍登记及管理与赋役制度结合起来的研究。按照管理系统，一般民户的户籍与赋役是密切相关的，在很大程度上户口统计反映的是承担赋役的群体，但中国古代社会有相当一部分群体并不承担国家赋役，因此形成中国古代户籍管理系统的复杂性和多元性特点。

中国古代户籍制度研究是学界非常重视及关注的热点论题，它不仅是认识古代国家控制与社会治理的一座桥梁，也是探讨中国古代政治、经济制度演变，社会结构变化及社会流动的一个关键。新中国 70 多年来尤其是改革开放以来，中国古代户籍制度的研究成果颇为丰硕，本文主要从通论性研究和断代性研究两个方面加以回顾总结，并对中国古代户籍制度研究的特点和趋向简要概述。文章疏漏、不当之处，敬请指正。

一、通论性研究

现有专门研究中国古代户籍制度的论著主要有：黄清连《元代户计制度研究》，梁方仲《中国历代户口、田地、田赋统计》，宋昌斌《中国古代户籍制度史稿》，杨子慧、张庆五《中国历代的人口与户籍》，姚秀兰《户籍、身份与社会变迁——中国户籍法律史研究》，王威海《中国户籍制度——

历史与政治的分析》，邢建华《古代户籍：历代区划与户籍制度》，林浩《中国户籍制度变迁：个人权利与社会控制》，宋昌斌《中国户籍制度史》。①

黄清连认为元代的"户计"一词当指军、民、匠、站、儒、道等各种不同职业的人口，他们以"户"为单位，被编纳入元代的户籍之中。

梁方仲根据二十五史、历代政书、部分地方志、文集以及近人所编有关统计材料，将我国自两汉到清末二千一百多年间的历代户口、田地、田赋统计数字，经过考核测算，分门别类综合编辑为二百多份表格，对于一些重要数字，并加以考订注释，具有很大的学术价值。

宋昌斌是中国内地第一位比较全面、系统研究中国古代户籍制度史的学者。氏著《中国古代户籍制度史稿》在大量搜集有关史料的基础上，梳理了中国古代户籍制度的起源，并按户口调查登记、立户原则、户等、户口类别、户口编制、户口迁徙等八个专题，分门别类加以分析，概括了中国古代户籍所具有的等级性、综合性、静态性的特点，填补了国内史学领域关于户籍研究的空白。该书于2016年改名为《中国户籍制度史》，由三秦出版社再版。

姚秀兰主要从纵横两个方面对古代的户籍制度进行论述，纵的方面概述中国户籍制度历史演进及古代的户政管理，分析了各个时期户籍制度的特点及其成因；横的方面阐述户籍制度与宗族、身份、人口流动的关系，分析了古代户籍制度的地缘性、血缘性、等级性、禁锢性的特点。

王威海在占有大量史料的基础上，梳理出了中国古代户籍制度发展、演变的线索，并认为户籍制度的形成和发展经历了漫长的历史过程，从春秋战国的萌芽初现，至秦代正式建立，其后实行了两千多年，其发展、演

---

① 黄清连：《元代户计制度研究》，台湾大学出版中心1977年版；梁方仲：《中国历代户口、田地、田赋统计》，上海人民出版社1980年版；宋昌斌：《中国古代户籍制度史稿》，三秦出版社1991年版；杨子慧、张庆五：《中国历代的人口与户籍》，天津教育出版社1991年版；姚秀兰：《户籍、身份与社会变迁——中国户籍法律史研究》，法律出版社2004年版；王威海：《中国户籍制度——历史与政治的分析》，上海文化出版社2005年版；邢建华：《古代户籍：历代区划与户籍制度》，现代出版社2015年版；林浩：《中国户籍制度变迁：个人权利与社会控制》，社会科学文献出版社2016年版；宋昌斌：《中国户籍制度史》，三秦出版社2016年版。

变过程几乎与中国封建国家的发育、成熟同步,在完善国家功能方面,所起的作用是无可替代的。

邢建华以图文并茂的方式,对上古时期、中古时期、近古时期、近世时期的历代区划和户籍制度作了叙述。

林浩采用制度经济学的理论和方法,从个人权利与社会控制的角度,把户籍制度作为集团或国家通过控制人及其权利(资源能力)进而控制其他资源的制度纳入整个社会的制度框架中,考察制度环境演进与户籍制度变迁的交互作用,及对制度框架和个人权利(资源能力)的影响,个人行动及其交互作用对制度框架特别是户籍制度的影响。该书把户籍制度的变迁概括为起源、集团控制、户籍控制和个体控制四个阶段,而把户籍控制视为从集团控制向个体控制过程中的环节。

此外,张献《平等视野下的中国户籍制度改革》、马福云《户籍制度研究:权益化及其变革》、张琳《统治与管理:户籍制度功能变迁研究》等[①]也对中国古代的户籍制度有所论及。其中张琳从行政学的视角,以历史变迁为主线,从农业社会、工业社会和后工业社会三个阶段对户籍制度进行了研究,认为户籍制度的本质是政府为了满足维护社会秩序的需要而创造和供给的一项行政制度,而作为政府行政的一项基本制度设计,户籍制度存在及其功能的发挥有赖于政府的行政理念和行政模式。

二、断代性研究

(一)先秦秦汉时期

先秦秦汉时期的户籍及户籍制度,由于传世文献缺乏具体的记载,很

[①] 张献:《平等视野下的中国户籍制度改革》,湖南人民出版社 2013 年版;马福云:《户籍制度研究:权益化及其变革》,中国社会出版社 2013 年版;张琳:《统治与管理:户籍制度功能变迁研究》,中国人民大学博士学位论文,2013 年。

长时期以来学界知之不详。20世纪，随着简牍文献的不断出土和公布，特别是居延汉简名籍和睡虎地秦简中与户口相关的法律文书，为学界探讨秦汉户籍制度提供了新材料。2000年以来，陆续公布了多批直接与户籍及户口集计相关的简牍文献，如里耶秦代户版、张家山汉简《二年律令·户律》、东牌楼东汉户籍简等。从战国秦至西晋的户口簿籍在这些简牍文献中都有反映，这有助于全面而细致地探讨简牍时代户籍的基本面貌。学界利用这些新材料围绕秦汉魏晋时期的户籍制度展开了大量的研究。

秦代的傅籍一直是个有争议的问题，其分歧在于傅籍的标准是按身高还是年龄。陈明光《秦朝傅籍标准蠡测》中认为，秦朝傅籍法定标准大致可分为年龄制和身高制二类，秦朝"隶臣妾"傅籍标准是用身高法，公民傅籍采用年龄制。[1] 杜正胜《编户齐民》认为，秦代傅籍课役的标准是身长，而汉代是以年龄为准。[2] 马怡《秦人傅籍标准试探》中也认为秦人的傅籍标准是身高而非年龄。[3] 魏德胜《〈睡虎地秦墓竹简〉杂考》中也提出了与马氏相似的观点。[4] 臧知非《秦汉"傅籍"制度与社会结构的变迁》认为傅籍是成年的开始，同时标志着政治身份的改变，在承担服徭役的义务的同时，也开始享受与其身份相一致的利益，按等级获得爵位、田宅、实物以及减免刑罚的特权，是社会经济、政治结构变动的制度因素之一。[5] 李恒全《论秦汉"傅籍"的兵役性质》中认为秦汉健康成年男子的傅籍具有兵役性质，而与更役征发无关。[6] 凌文超《秦代傅籍标准新考——兼论自占年与年龄计算》中指出，"傅籍"并非秦汉时期固有的提法，而是学界结合出土文献的记录与传世文献的注解逐渐产生并约定俗成的专有名词，特指《傅律》以及其他文献中含义相同的"傅"。"傅"（傅籍）当即少壮男子著籍以备正卒

---

[1] 陈明光：《秦朝傅籍标准蠡测》，《中国社会经济史研究》1987年第1期。
[2] 杜正胜：《编户齐民》，台湾联经出版事业股份有限公司1990年版。
[3] 马怡：《秦人傅籍标准试探》，《中国史研究》1995年第4期。
[4] 魏德胜：《〈睡虎地秦墓竹简〉杂考》，《中国文化研究》1997年第4期。
[5] 臧知非：《秦汉"傅籍"制度与社会结构的变迁》，《人文杂志》2005年第1期。
[6] 李恒全：《论秦汉"傅籍"的兵役性质》，《史学集刊》2013年第4期。

之役。秦代官方根据庶民提供的生年计算年龄,并且在傅籍时增年。秦王政十六年之前,课役以身高为主要依据,但年龄也是重要参考,在关键的节点身高基准与年龄逐渐存在对应关系。"自占年"之后,课役以年龄为主要依据,年龄标准应延续了原来对应的身高标准。秦代的傅籍标准先后应是身高六尺七寸、年十八岁。①

2002 年,湖南里耶秦简出土后引起学界广泛关注,尤其是其中的户籍简成为研究秦代户籍制度的珍贵资料。张荣强《湖南里耶所出"秦代迁陵县南阳里户版"研究》指出,里耶秦简户籍简应为秦代迁陵县某乡南阳里的户籍登记资料,从其反映的家庭结构、书写格式、各户家口皆未注明年龄或身高等情况来分析,该户籍简应是秦占领楚地后不久编制的。②陈絜《里耶"户籍简"与战国末期的基层社会》对里耶秦简 28 枚"户籍简"的编制年代、性质及其所反映的秦代户籍制度等问题进行了专门研究,认为户籍简的性质为乡户版,编制年代是在秦占领楚地后不久;"户籍简"中的"南阳"实为里名,为迁陵县(道)所管辖,其上级行政单位或为设置于县城之内的都乡;南阳里中编户民大致有 20 余户,涉及的姓氏达 7—8 个,其里居形态呈异姓杂居之状;编户民的家庭类型有核心家庭、主干家庭和联合家庭三类,但以前两者为主;家庭奴仆乃编入户民的附属人口,他们与主家间的人身隶属关系,已得到法律的承认,而其中的女性奴仆,可以通过婚姻或生育等途径,提高自身的社会与家庭地位。以上与基层社会形态相关的诸多特征,大致可以看成战国末期楚、秦两国基层社会的共性之所在。③黎明钊《里耶秦简:户籍档案的探讨》认为秦代小家庭虽然是主导的家庭类型,但社会上仍存在着相当数量的扩大家庭和联合家庭。④张春龙《里耶秦简所见的户籍和人口管理》分析了迁陵县廷户籍管理、乡户口管

---

① 凌文超:《秦代傅籍标准新考——兼论自占年与年龄计算》,《文史》2019 年第 3 辑。
② 张荣强:《湖南里耶所出"秦代迁陵县南阳里户版"研究》,《北京师范大学学报(社会科学版)》2008 年第 4 期。
③ 陈絜:《里耶"户籍简"与战国末期的基层社会》,《历史研究》2009 年第 5 期。
④ 黎明钊:《里耶秦简:户籍档案的探讨》,《中国史研究》2009 年第 2 期。

理、里户口管理、家庭人口登记、人口迁徙管理等问题。[1] 张俊民《龙山里耶秦简二题》探讨了秦代户籍的迁移方式及户籍文书的保存问题，认为秦代人口迁徙时，年籍当随人迁移，即是说人口的迁移，要将户与年籍一并迁至徙居处。为防中途有诈伪、增减等改动，需要缄封，户籍文书也主要是在乡一级政府机构中保存。[2] 沈刚《里耶秦简所见民户簿籍管理问题》认为里耶秦简中的户籍文书是以里为单位编制的，按照爵位高低排列，以良奴为限，无注役、年龄记录；乡负责户口登记和初步分类，县在各乡汇报基础上做出累积，并编制出特殊的名籍；里负责户口登记时进行案验，在户口出现变化时，里典参与公证等事宜。[3] 秦及汉初附籍问题是户籍制度中的一个重要问题，吴方基《里耶"户隶"简与秦及汉初附籍问题》依据近年刊布的里耶"户隶"简与岳麓秦简对"户隶"的性质、"户隶"与附籍的关系、秦及汉初附籍现象的成因等问题作了探讨。[4]

高敏《秦汉的户籍制度》对秦汉时期的户籍制度的形成与完善进行考察，认为秦的户籍制度形成于秦献公时期，商鞅变法后更加严格和完善，户口基本的编制单位为什伍；汉代的户籍制度基本上沿袭秦制，但比秦代更为严密和完善。[5] 黄今言《秦汉赋役制度研究》详细论述了秦汉时期的各项赋役制度，并对名籍与赋税徭役的关系、检括名籍的若干政策和措施、名籍的行政管理与上计制度进行了分析。[6] 孙筱《秦汉户籍制度考述》也对秦汉户籍的登录形式、种类以及户籍的发展变化进行了详细的考订。[7] 马新《编户齐民与两汉王朝的人口控制》认为汉代建立了严格的户籍管理制度，

---

[1] 张春龙：《里耶秦简所见的户籍和人口管理》，白云翔等主编：《里耶古城·秦简与秦文化研究》，科学出版社2009年版。
[2] 张俊民：《龙山里耶秦简二题》，《考古与文物》2004年第4期。
[3] 沈刚：《里耶秦简所见民户簿籍管理问题》，《中国经济史研究》2015年第4期。
[4] 吴方基：《里耶"户隶"简与秦及汉初附籍问题》，《中国史研究》2019年第3期。
[5] 高敏：《秦汉的户籍制度》，《求索》1987年第1期。
[6] 黄今言：《秦汉赋役制度研究》，江西教育出版社1988年版。
[7] 孙筱：《秦汉户籍制度考述》，《中国史研究》1992年第4期。

并通过这一制度实现对农民的控制。① 林甘泉《中国经济通史·秦汉经济卷》对秦汉时期的户籍制度作了论述。② 李均明《张家山汉简所见规范人口管理的法律》利用《户律》《亡律》等律令，对汉代常住人口的登记、对逃亡者的惩罚两个方面的法律规范进行了讨论。③ 邢义田《张家山汉简〈二年律令〉读记》利用《户律》具体分析了汉代"八月案比"和造籍制度。④ 张金光《秦制研究》利用睡虎地秦简和张家山汉简律令文书研究了秦代户籍制度。⑤ 袁延胜《论东汉的户籍问题》对东汉时期依附民、宾客、奴婢、宗室、官吏等社会阶层的户籍形态进行了探讨。⑥ 杨际平《秦汉户籍管理制度研究》认为我国比较严密的户籍制度建立于春秋战国时期；秦统一六国后，随着郡县制在全国范围内的全面实行，户籍制度也更加严密；汉五年刘邦诏"民前或相聚保山泽，不书名数，今天下已定，令各归其县，复故爵田宅"，实际上是一次在全国范围内清理与整顿户籍；秦汉户籍中身份等级最高的是皇族成员的宗室属籍。⑦ 刘敏《秦汉户籍中的"宗室属籍"》指出，无论是居于京师的皇族，还是散居各郡国的宗室成员的户籍都归宗正掌管，各地要按时上报宗室户籍，是为上计制度的重要内容。不仅带皇族血统者有宗室属籍，与皇室有姻亲关系者也可有宗室属籍，或称之"准宗室属籍"。宗室也不单纯是个自然的血缘或姻缘概念，还可以人为地制造，即宣布没有皇族血统的人为宗室。皇族及后裔中的谋反者及其家属、毋节行者、五服之外者，不具备宗室属籍。⑧ 袁延胜《三杨庄聚落遗址与汉代户籍问题》认为三杨庄聚落遗址发现的庭院内的房屋建筑可能就是《二年律令·户律》中"民宅园户籍"中"宅园"的真实再现，"民宅园户籍"应是记载民户家

---

① 马新：《编户齐民与两汉王朝的人口控制》，《东岳论丛》1996年第5期。
② 林甘泉：《中国经济通史·秦汉经济卷》，经济日报出版社2000年版。
③ 李均明：《张家山汉简所见规范人口管理的法律》，《政法论坛（中国政法大学学报）》2002年第5期。
④ 邢义田：《张家山汉简〈二年律令〉读记》，《燕京学报》2003年新15期。
⑤ 张金光：《秦制研究》，上海古籍出版社2004年版。
⑥ 袁延胜：《论东汉的户籍问题》，《中国史研究》2005年第1期。
⑦ 杨际平：《秦汉户籍管理制度研究》，《中华文史论丛》2007年第1辑。
⑧ 刘敏：《秦汉户籍中的"宗室属籍"》，《河北学刊》2007年第6期。

庭人口情况、住宅及其附属物"园"情况的综合簿籍。①臧知非《秦汉赋役与社会控制》认为赋税和徭役是国家机器存在的经济基础，在不同的历史时期，不同的国家形态，有着不同的赋役制度，其形式和内容的变迁反映着国家对人民的统治方式及国家性质的发展。该书从户籍和基层行政组织入手，进而探讨了具体的赋役问题，其中专门论述了户籍制度、汉代户籍登记和秦汉户等的演变。②张荣强《读岳麓秦简论秦汉户籍制度》指出岳麓秦简0552号竹简提到了秦代"岁尽增年"的问题，这里的"岁尽"即九月，指的就是官府编定户籍之时。中国古代的增年方法并非以岁首而是以傅籍为标志，户籍登载的是当年而非下一年数据。③王彦辉《秦汉户籍管理与赋役制度研究》主要从县乡机构设置、户籍登记与管理、聚落形态的演变与社会控制、资产登记与财产税演变、徭役与兵役体系及正卒与材官骑士制度等方面进行了深入研究，尤其是对某些成论进行了精到的阐发与解释。④

（二）魏晋南北朝隋唐五代时期

国内外学者早在20世纪初，敦煌文献流出境外后，就开始了对籍帐文书的整理和研究，英国的翟林奈尔、日本的内藤虎次郎、羽田亨、狩野直喜等陆续将西域和敦煌文书中户籍文书的图录整理出版。罗振玉父子、王国维、刘复等也很快投入了包括户籍文书在内的敦煌文献的整理和研究。此后，敦煌吐鲁番文书的整理和研究极大地推进了对唐代户籍制度的研究，唐耕耦、宋家钰、杨际平、荣新江、冻国栋、孙继民等对此都有精到的研究，而吴丽娱《籍帐制度与户口管理》⑤对众多中外学者研究唐代户籍制度

---

① 袁延胜：《三杨庄聚落遗址与汉代户籍问题》，《中原文物》2012年第3期。
② 臧知非：《秦汉赋役与社会控制》，三秦出版社2012年版。
③ 张荣强：《读岳麓秦简论秦汉户籍制度》，《晋阳学刊》2013年第4期。
④ 王彦辉：《秦汉户籍管理与赋役制度研究》，中华书局2016年版。
⑤ 吴丽娱：《籍帐制度与户口管理》，胡戟等主编：《二十世纪唐研究》，中国社会科学出版社2002年版。

的成果也有详细介绍。下文将择要加以概述。

魏晋南北朝时期。熊德基《魏晋南北朝时期阶级结构研究中的几个问题》指出，六朝时直接由封建国家地方行政机构郡县管辖的人户，通称为"编户"或"百姓"；也有不属郡县而由国家特殊机构管辖的人户，如"屯户"、"牧户"、"兵户"、"杂户"等；还有直属私家的人口，如"赐客"、"衣食客"、"家客"、奴婢和"寺户"等，而避役流亡的逃户、漏户则不在内。所有人户呈报时皆分类统计，如三国时分为户、吏、兵三类，东晋时分为兵、吏、散，兵即兵户、吏即吏家、散即散居的民户。[①] 黎虎对"吏户"的存在提出质疑[②]，并对"吏民"的含义、性质与特点作了探讨[③]。凌文超通过对走马楼吴简的研究，也认为孙吴时期并不存在分别完整登录吏户、士家、一般民众家户的户籍，即吏、兵与民并未分别列籍。孙吴吏、兵人数也并未全部包含在全国户口总数之内。[④] 此外，他还探讨了孙吴的户等制，提出从户三品到户九品，其背后不仅有官方的推动，也有民众的顺应与需求。[⑤]

郑欣《魏晋南北朝探索》认为，黄籍是用黄纸制成的户口簿籍，但用黄纸制成的户籍不一定就称为黄籍。西晋很可能就是用黄纸制成，但当时并无黄籍之名；盛唐的户籍用黄麻纸，当时亦不称黄籍；黄籍之名仅流行于东晋南朝，此时普通民户的户籍分为两种，用黄纸制成的土著居民的户

[①] 熊德基：《魏晋南北朝时期阶级结构研究中的几个问题》，中国社会科学院历史研究所魏晋南北朝隋唐史研究室：《魏晋隋唐史论集》第1辑，中国社会科学出版社1981年版。
[②] 黎虎：《"吏户"献疑——从长沙走马楼吴简谈起》，《历史研究》2005年第3期；《魏晋南北朝"吏户"问题再献疑——"吏"与"军吏"辨析》，《史学月刊》2007年第3期；《魏晋南北朝"吏户"问题三献疑》，《史学集刊》2006年第4期；《魏晋南北朝"吏户"问题四献疑》，《宜春学院学报》2016年第10期。
[③] 黎虎：《原"吏民"——从长沙走马楼吴简谈起》，《历史文献研究》第27辑，华东师范大学出版社2008年版；《论"吏民"的社会属性——原"吏民"之二》，《文史哲》2007年第2期；《论"吏民"即编户齐民——原"吏民"之三》，《中华文史论丛》2007年第2辑；《原"吏民"之四——略论"吏民"的一体性》，《中国经济史研究》2007年第3期。
[④] 凌文超：《走马楼吴简隐核州、军吏父兄子弟簿整理与研究——兼论孙吴吏、民分籍及在籍人口》，《中国史研究》2017年第2期；又见凌文超：《吴简与吴制》，北京大学出版社2019年版，第103—137页。
[⑤] 凌文超：《走马楼吴简上中下品户数簿整理与研究——兼论孙吴的户等制》，《中国经济史研究》2016年第3期；又见凌文超：《吴简与吴制》，第159—179页。

籍和用白纸制成的侨民户籍。① 傅克辉《魏晋南朝黄籍之研究》则认为，学术界一般认为黄籍是因为户口登记在黄纸上而得名，这是一种误解。古时，男女始生为黄，年老之人亦可称黄，黄字泛指人口，黄籍实际是户口总册的意思。只是到南朝时，所谓黄籍就已指登记在黄纸上的户口册了。魏晋十六国南朝时的户籍主要登记姓名、年龄、籍贯、家庭成员状况（包括姓名、性别、年龄及家庭成员相互关系）、健康及服役情况、官职、爵位、乡里清议、士庶门第，它与后来唐代户籍排列顺序是有区别的。② 曹文柱主编《中国社会通史·秦汉魏晋南北朝卷》论述了魏晋南北朝的户籍制度，指出西晋时期国家的户籍制度趋于稳定，当时的户籍皆采用经过染黄处理变色的一尺二寸纸札，故称黄籍。这一方式也为东晋南朝政府沿用。③ 高敏《中国经济通史·魏晋南北朝经济卷》对魏晋南北朝时期的户籍制度和人口编制形式的军事化作了探讨。④ 傅克辉《魏晋南北朝籍帐研究》对魏晋十六国南朝户籍的内容、格式、地位和作用，以及与户籍相关联的资簿的内容和计资的程序等问题，都进行了深入的考订和论述，还对南北朝两大户籍系统进行了比较研究，提出了诸多创见性的观点。⑤ 宋少华《三国吴简中的户籍制度》对长沙走马楼吴简中部分户口簿籍简所涉及的户籍制度作了分析。⑥ 韩树峰的系列论文《汉唐户主资格的变迁》、《论汉魏时期户籍文书的典藏机构的变化》、《名籍、名数、民数与户籍》、《论汉魏时期户籍文书的著录内容》讨论户籍著录内容、户主资格、户籍典藏机构、户籍名籍题名时均提出了不少创见。⑦ 另外，氏著《汉晋时期的黄簿与黄籍》通过排比

---

① 郑欣：《魏晋南北朝探索》，山东大学出版社1989年版。
② 傅克辉：《魏晋南朝黄籍之研究》，《山东大学学报（哲学社会科学版）》1989年第1期。
③ 曹文柱主编：《中国社会通史·秦汉魏晋南北朝卷》，山西教育出版社1996年版。
④ 高敏：《中国经济通史·魏晋南北朝经济卷》，经济日报出版社2000年版。
⑤ 傅克辉：《魏晋南北朝籍帐研究》，齐鲁书社2001年版。
⑥ 宋少华：《三国吴简中的户籍制度》，《大众考古》2015年第10期。
⑦ 韩树峰：《汉唐户主资格的变迁》，《中国人民大学学报》2011年第1期；《论汉魏时期户籍文书的典藏机构的变化》，《人文杂志》2014年第4期；《名籍、名数、民数与户籍》，《田余庆先生九十华诞颂寿论文集》，中华书局2014年版；《论汉魏时期户籍文书的著录内容》，《简帛研究2014》，广西师范大学出版社2014年版。

简牍资料，指出黄籍、黄簿之"黄"是古人崇黄观念的反映，西晋黄籍是书写于黄色简牍之上的重要簿籍，而《晋令》中的黄籍是户籍以外的户口文书。①

2006年吐鲁番洋海赵货墓发现的《前秦建元二十年（384）三月高昌郡高宁县都乡安邑里籍》是敦煌吐鲁番文书中现在所知最早的户籍，也是目前所见纸本书写的最早的户籍。荣新江《吐鲁番新出〈前秦建元二十年籍〉研究》对该户籍的书写年代、地点、内容、格式等方面进行了分析，并指出该户籍保存造籍的年份，有具体的郡县乡里名称，登录了五户人家的家口以及户内土地、奴婢的买卖情况，该件文书对中国中古时期户籍制度的研究具有重要意义。②

隋唐五代时期。宋家钰《唐代手实初探》、《唐代的手实、户籍与计帐》认为，在户籍制度中，手实是专指民户申报户籍的文书，它在规定时期内，责令民户以户主名义申报，内记家口、年纪、田地，必须属实，由里正收集。指出唐代户籍编制是以民户自报为基础的，手实即民户自报的具体形式。唐代户籍与计帐是分开的，三年一造籍所依据的是手实，一年一造计帐所依据的可能是户籍等。作者不同意依手实造计帐，依计帐造户籍的流行看法，认为州县直接依手实造户籍，呈送尚书省，与计帐无涉。唐代法令规定所有的人都要登籍，主要有皇室名籍、官吏名籍、军人名籍、在役工匠名籍、民户户籍、工商户市籍、僧民道士簿籍、在押犯囚籍等。民户户籍区别于其他名籍的特征是：据手实编造，以户为单位登记，注明户主及全家户口、年龄、年状、身份，民户奴婢、部曲客女附于主人籍上。登载本户应受田、已受田、未受田数，已受田项下分别注明永业、口分、园宅的地段亩数及其田主。户籍上记有民户变动情况：凡生死逃移记注于籍；成丁、入老、疾病，经县令貌定后注于籍，每三年县令据民户资产、丁口强弱评定户等，记注籍脚。户籍由州县官府三年编造一次，誊写三份，分

---

① 韩树峰：《汉晋时期的黄簿与黄籍》，《史学月刊》2016年第9期。
② 荣新江：《吐鲁番新出〈前秦建元二十年籍〉研究》，《中华文史论丛》2007年第4辑。

存县、州、户部。① 唐长孺《唐西州诸乡户口帐试释》对这十七件户口帐残片进行了研究，将其分为四类：一是简式户口帐，二是繁式户口帐，三、四两类帐是分里式和损益帐式。认为唐代有一套极其严密的籍帐制度，每年由里正负责督令民户申报手实，以乡为单位，由县到州每年造计帐，三年造籍，过去的出土文书已有手实的原始形式，还未见到计帐。这批户口帐虽然还不能说即是计帐，但却提供了重要线索，即唐代有一种分类统计式的籍帐，它为本州制定分类统计型计帐提供了诸色户口的数字和帐后变化的资料。② 显然唐长孺的这些看法与前举宋家钰依户籍造计帐的观点有所不同。

宋家钰《唐朝户籍法与均田制研究》主要介绍中国封建户籍制度的产生和发展、唐代户籍制度的基本内容，论述了户籍制度与土地制度的关系，重点分析了户籍制度在均田制中的意义，还对唐代的手实、户籍、计帐一一进行比较分析，并对唐代和同时期的日本的户籍制度进行了比较研究。③ 张泽咸《唐代阶级结构研究》从分析划分户等的标准、唐五代户等设置及废弛情况及户等制所反映的阶级概况等入手，对唐代的贵族官僚地主、庶民地主、乡村次户与下户、佃农与屯田兵民、奴婢、部曲、官户、杂户等不同阶级作了论述。④

姜伯勤《唐五代敦煌寺户制度》利用敦煌吐鲁番文书系统探讨了唐五代的敦煌寺户。⑤ 孟宪实《唐令中关于僧籍内容的复原问题》结合一般民户的户籍制度，利用部分吐鲁番新出土的唐代文书资料展开讨论。⑥ 氏著《论

---

① 宋家钰：《唐代手实初探》，中国社会科学院历史研究所魏晋南北朝隋唐史研究室：《魏晋隋唐史论集》第1辑，中国社会科学出版社1981年版；《唐代的手实、户籍与计帐》，《历史研究》1981年第6期。
② 唐长孺：《唐西州诸乡户口帐试释》，《敦煌吐鲁番文书初探》，武汉大学出版社1983年版。
③ 宋家钰：《唐朝户籍法与均田制研究》，中州古籍出版社1988年版。
④ 张泽咸：《唐代阶级结构研究》，中州古籍出版社1996年版。
⑤ 姜伯勤：《唐五代敦煌寺户制度》，中华书局1987年版；《唐五代敦煌寺户制度（增订版）》，中国人民大学出版社2011年版。
⑥ 孟宪实：《唐令中关于僧籍内容的复原问题》，荣新江主编：《唐研究》第14卷，北京大学出版社2008年版。

唐朝的佛教管理——以僧籍的编造为中心》论证了唐朝政府管理佛教、道教的具体措施，即把原有编户齐民的方法运用到佛教的管理，厉行人身管理，从而完成了对佛教的全面控制。① 张荣强《〈新唐书·食货志〉所载"手实""乡帐（计帐）"关系考》认为计帐是依据手实编造的，修成时间以手实最早，计帐次之，户籍最晚。② 氏著《汉唐籍帐制度研究》收入14篇论文，利用新出的简牍、纸本实证材料，并结合传世的文献资料，对汉唐籍帐文书的构成、内容，尤其是籍帐制度的发展演变进行了深入研究。③ 孙继民《唐宋之际归义军户状文书演变的历史考察》主要从唐代民户申报文书从手实到户状，由唐代户籍到宋代地籍的发展轨迹和与宋代中原地区簿籍制度对比研究两个方面论述了有关归义军户状文书的学术价值和资料价值。④

日本学者对唐代户籍研究也多有贡献。最早研究的就是玉井是博，他利用敦煌文书中的户籍资料，从户籍中的受田记载探讨了均田制的施行情况，其相关研究成果后收入氏著《支那社会经济史研究》⑤。之后，影响较大的是仁井田升和铃木俊。仁井田陞《唐宋法律文书的研究》依据《通典》、《唐六典》等64部中文文献，并且参照《令解集》等11部日文文献资料复原出唐令715条，其中包括唐户令48条，为研究唐代户籍制度提供了宝贵的史料。⑥ 铃木俊《均田、租庸调制度的研究》依据敦煌户籍资料对唐代的均田制和租庸调制作了论述。⑦ 集大成的学者则是池田温，氏著《中国古代籍帐研究》详细论述了中国古代籍帐制度的形成、古代籍帐制度的变质、古代籍帐制度的完成与崩溃。⑧

---

① 孟宪实：《论唐朝的佛教管理——以僧籍的编造为中心》，《北京大学学报（哲学社会科学版）》2009年第3期。
② 张荣强：《〈新唐书·食货志〉所载"手实""乡帐（计帐）"关系考》，《史学史研究》2009年第4期。
③ 张荣强：《汉唐籍帐制度研究》，商务印书馆2010年版。
④ 孙继民：《唐宋之际归义军户状文书演变的历史考察》，《中国史研究》2012年第1期。
⑤〔日〕玉井是博：《支那社会经济史研究》，岩波书店1942年版。
⑥〔日〕仁井田升：《唐宋法律文书的研究》，东京大学出版会1983年版。
⑦〔日〕铃木俊：《均田、租庸调制度的研究》，刀水书房1980年版。
⑧〔日〕池田温著，龚泽铣译：《中国古代籍帐研究》，中华书局2007年版。

（三）辽宋夏金元明清时期

宋史研究者投入户籍制度研究为数也不少，在全国户口数字、户籍结构等问题上，梁太济、吴松弟、何忠礼、葛剑雄、张其凡、李华瑞、程民生、戴建国、李宝柱、邢铁、穆朝庆、何炳棣等都提出了自己的看法，黑水城发现的文书对于西夏户籍制度研究的重大意义不言而喻，韩光辉、孙继民等对辽、西夏、金、元户籍制度的研究，很大程度上正是基于整理和解读黑水城文书而取得的突破。顾诚、许敏、栾成显、赵世瑜、彭勇、安介生、李国勇、张小也等对明清时期的户籍制度，都有深入的探讨。另外，还有一些博士硕士研究生论文分别对不同的时代户籍制度进行研讨。

宋代。穆朝庆《两宋户籍制度问题》认为，宋代户籍以"不计女户"为原则，故显得丁多户少。[①] 李德清《宋代女口考辨》对乾德元年（963）诏令中"女口不预"作出解释，指出只是女口不计入丁数之内，并非指女口不登户籍，宋代户口登录的原则是"生齿毕登"。[②] 王育民《〈宋代户口〉稽疑》从宋代赋役制度及与其相应的户籍制度考察，确认宋代户籍实为丁籍，政府版簿登记入籍的是包括成丁、幼丁、老丁和残疾在内的全部男子人数，女口是不计的。[③] 苏启龙、袁征泽也支持这一观点，氏著《宋代的户口统计制度——对有关制度的综合分析》详细分析了宋代五种用作户籍统计的文书，户籍、税帐、丁帐、保甲簿、砧基簿，得出的结论是宋朝并不对妇女进行统计，妇女只在赈灾时才被包括在地方人口数字里，而这也不是制度化的做法。[④] 王曾瑜《宋朝阶级结构》从分析唐宋阶级状况的变动和宋朝户口分类制度入手，将宋朝阶级分为农民阶级——乡村下户和客户，地主阶级——皇室、官户、吏户、乡村上户、僧道户、斡人，非主体

[①] 穆朝庆：《两宋户籍制度问题》，《历史研究》1982年第1期。
[②] 李德清：《宋代女口考辨》，《历史研究》1983年第5期。
[③] 王育民：《〈宋代户口〉稽疑》，《上海师范大学学报（哲学社会科学版）》1985年第1期。
[④] 苏启龙、袁征泽：《宋代的户口统计制度——对有关制度的综合分析》，《中国经济史研究》1985年第1期。

阶级——坊郭户、商人、手工业者、奴婢等三大类，系统深入地论述了社会各阶级的经济状况，兼及它们的政治地位。① 程民生《论宋代科举户籍制》认为，宋代科举强调应举者须有户籍并自本贯应举，对户籍的审查、认证，确定了一整套规定，这种科举户籍制维护着科举质量和选拔程序，并在制止种种冒贯应举弊病中不断完善。② 戴建国《宋代籍帐制度探析——以户口统计为中心》以五等丁产簿、丁帐和税帐这三种最具代表性的籍帐为主要对象，围绕户口统计，对宋代籍帐制度研究中的一些问题作了探讨，论述了唐中叶以降中国古代籍帐制度的变化。③ 尚平《南宋砧基簿与鱼鳞图册的关系》认为，南宋最初出现的砧基簿仍属于户籍系统，随后才逐渐从中演化出了属于独立的专门地籍性质的鱼鳞图册。④

西夏。俄国学者克恰诺夫是最早研究西夏户籍文书的学者，1971—1972年间，他就刊布了俄藏的几份文书，并对文书内容做了介绍和说明。氏著《俄藏第8203号西夏文书考释》在初步译释的基础上，对文书中提到的西夏时期兵役遴选制度和官员轮换原则、军抄职位的竞选和继承原则等问题作了分析。⑤ 史金波《西夏户籍初探——4件西夏文草书户籍文书译释研究》通过对新发现的4件西夏文草书户籍文书进行译释，首次展示出西夏户籍的面貌，并借此探讨了西夏黑水城地区的家庭类型、人口姓名、男女比例、民族居处、婚姻状况，证实西夏番、汉民族互相通婚，且有一夫多妻和姑舅表婚现象；还分析了不同家庭土地、畜物占有状况，结合西夏法典《天盛律令》探讨西夏乡里组织，同时揭示出西夏户籍和军抄的密切关系；此外，对照西夏法典研究，证明西夏有及时申报、三年修订一次的

---

① 王曾瑜：《宋朝阶级结构》，河北教育出版社1996年版；《宋朝阶级结构（增订版）》，中国人民大学出版社2010年版。
② 程民生：《论宋代科举户籍制》，《文史哲》2002年第6期。
③ 戴建国：《宋代籍帐制度探析——以户口统计为中心》，《历史研究》2007年第3期。
④ 尚平：《南宋砧基簿与鱼鳞图册的关系》，《史学月刊》2007年第6期。
⑤ 〔俄〕克恰诺夫：《俄藏第8203号西夏文书考释》，《西夏学》第5辑，上海古籍出版社2010年版。

完善的户籍编制制度。[1] 氏著《西夏军抄文书初释》在考释军抄中的正军、辅主和负担之外，还探讨了西夏的军籍和户籍。[2] 赵彦龙《试论西夏的户籍文书——西夏账籍文书研究之一》根据《天盛律令》和黑水城出土的西夏文户籍文书实物，主要从西夏户籍研究的现状、户口登记制度与程序、户籍文书的内容、户籍文书所反映出的问题等四个方面着手，探讨了西夏户籍及户籍文书的相关内容。[3]

元代。陈高华、史卫民《中国经济通史·元代经济卷》专辟一章对元代的户口登记、诸色户计和户等制作了探讨。[4] 刘晓则是较早关注元代出土户籍文书的专家，氏著《从黑城文书看元代的户籍制度》利用黑水城文献中的户籍文书对元代的户口登记程序与户籍内容作了探讨。[5] 王晓欣、郑旭东《元湖州路户籍册初探——宋刊元印本〈增修互注礼部韵略〉第一册纸背公文纸资料整理与研究》对其中第一册作了整理，并对其格式、户类、户籍、乡村基层组织作了初步的研究。[6] 王晓欣、魏亦乐《元公文纸印本史料初窥——宋刊元印本〈增修互注礼部韵略〉纸背所存部分元代资料探析》则认为《增修互注礼部韵略》第一册纸背户籍文书是元代湖州路户籍册。[7] 李治安《元江浙行省户籍制考论》认为元代江浙行省等江南地区的户籍制，主要经历至元十三年报省民数、至元二十七年抄数等两次登录过程。前者作为纳款象征，是归降伊始各路州分别向朝廷中书省呈报的户口数，既沿袭原南宋习惯性户名称谓，又含按元朝职业户计制的重新规范，尚处于过渡状态。后者则是元廷颁布圣旨和统一组织的普遍性抄录户籍，江南地区

---

[1] 史金波：《西夏户籍初探——4件西夏文草书户籍文书译释研究》，《民族研究》2004 年第 5 期。
[2] 史金波：《西夏军抄文书初释》，《西夏社会文书研究》，上海古籍出版社 2010 年版。
[3] 赵彦龙：《试论西夏的户籍文书——西夏账籍文书研究之一》，《宁夏大学学报（人文社会科学版）》2007 年第 6 期。
[4] 陈高华、史卫民：《中国经济通史·元代经济卷》，经济日报出版社 2000 年版。
[5] 刘晓：《从黑城文书看元代的户籍制度》，《江西财经大学学报》2000 年第 6 期。
[6] 王晓欣、郑旭东：《元湖州路户籍册初探——宋刊元印本〈增修互注礼部韵略〉第一册纸背公文纸资料整理与研究》，《文史》2015 年第 1 辑。
[7] 王晓欣、魏亦乐：《元公文纸印本史料初窥——宋刊元印本〈增修互注礼部韵略〉纸背所存部分元代资料探析》，《清华元史》2015 年第 3 辑。

的户籍情况由此发生北人"侨寓"与南人"土著"的杂居、诸色职业户计的移植嫁接和投下户计及驱奴私属的增设等重要变化。元代诸色户计制对江南社会结构的触动和影响，主要表现为族群户计与职业户计二结构的复合，诸色职业户计制部分取代主、客户制与全民当差服役的回潮等。由于忽必烈等元统治者实行南北异制和宽纵富户的政策，将上述诸色户计制仅停留在与江南大土地占用及租佃制等主体的局部性嫁接层面，从而避免了对江南原有经济结构"伤筋动骨"般的冲击与破坏。[①]

明代。栾成显《明代人口统计与黄册制度的几个问题》对明代人口统计中的几个问题再作一番检讨，认为《诸司职掌》的人口数据来源，应该是属于与黄册不同的另外一种人口统计系统。[②] 氏著《明清户籍制度的演变与其所造文书》指出明清长时间实行户籍与赋役合而为一的制度，导致明中后期人口统计严重失实。[③] 高寿仙《关于明朝的籍贯与户籍问题》指出明代户籍可区分为基本户籍与次生户籍，次生户籍有的属于役籍，是在基本户籍基础上编定的。[④]

清代。卞利《清代户籍法的调整与农村基层社会的稳定》从清代户籍的分类、户籍编审、摊丁入亩、保甲制等几个方面对清代户籍法调整的过程进行了论述，并指出其对基层社会稳定的意义。[⑤] 汪庆元《清代徽州鱼鳞图册研究——以〈休宁县新编户口鱼鳞现业的名库册〉为中心》指出，康熙年间徽州府休宁县新编户口鱼鳞图册，以现业主"名"登记土地产权，跟踪地权变动，在人口流动和地权频繁转移中使鱼鳞图册名实相符；房屋

[①] 李治安：《元江浙行省户籍制考论》，《首都师范大学学报（社会科学版）》2015年第5期。
[②] 栾成显：《明代人口统计与黄册制度的几个问题》，中国社会科学院历史研究所明史研究室：《明史研究论丛》第7辑，紫禁城出版社2007年版。
[③] 栾成显：《明清户籍制度的演变与其所造文书》，陈祖武主编：《中国社会科学院历史研究所学刊》第6集，商务印书馆2010年版。
[④] 高寿仙：《关于明朝的籍贯与户籍问题》，《北京联合大学学报（人文社会科学版）》2013年第1期。
[⑤] 卞利：《清代户籍法的调整与农村基层社会的稳定》，《安徽大学学报（哲学社会科学版）》2004年第1期。

基地、路、坟等非生产用地分割零碎、地权分散，而图册登记非常详细；在土地登记中，都图管理者在册改错、验明契税、局部丈量、厘清产权，对地籍实行动态管理。[①] 李晓龙《盐政运作与户籍制度的演变——以清代广东盐场灶户为中心》认为在具体的区域中，户籍制度的变化要受到实际政治运作的影响并展现其不断调适的一面。[②]

三、中国古代户籍制度研究的特点与趋向

以上对中国古代户籍制度的回顾虽不免挂一漏万，但也不难看出，中国古代户籍制度是一个学术研究成果积累较为丰富的领域，其论著的数量，以及研究的深度和广度，都已得到了极大拓展，从而为今后继续深入研究打下了良好基础。不过，学术界对中国古代户籍制度的研究无论从广度抑或深度，仍有进一步拓展的空间，特别中国古代户籍制度的主要成果基本都是以单篇论文的形式呈现，专著出版的数量较少，且有影响力的著作更少。相信随着大量文献资料的持续整理、出版及深入发掘，经过学者的艰苦努力，一定能将研究水平推向新的高度。

（一）已有研究的特点

1. 传世文献与出土文献相结合

在现有的研究中，学者们不仅重视对传世文献如正史、十通、会要、会典、律令、方志、诗词、文集等资料的挖掘、利用，而且高度关注对出

---

① 汪庆元：《清代徽州鱼鳞图册研究——以〈休宁县新编户口鱼鳞现业的名库册〉为中心》，《历史研究》2006年第4期。
② 李晓龙：《盐政运作与户籍制度的演变——以清代广东盐场灶户为中心》，《广东社会科学》2013年第2期。

土文献如先秦秦汉魏晋南北朝简牍、敦煌吐鲁番文书、天圣令、黑水城文书、徽州文书、明清档案、族谱等不同时代新文献的整理和研究,还充分利用考古发掘中的先秦秦汉时期城市与村落(聚落)遗址进行研究,实现了对研究资料的充分利用。由于传世文献与出土文献的结合,使得中国古代户籍制度研究日渐细致深入。

2. 整体综合研究和专题研究相结合

经过学术界长期不懈的努力,目前针对中国古代户籍制度有整体性综合研究著作和大量专题性学术论文发表,从而将中国古代户籍制度研究的各方面推向深入。尤其值得指出的是,出现了梁方仲《中国历代户口、田地、田赋统计》、宋家钰《唐朝户籍法与均田制研究》、池田温《中国古代籍帐研究》、宋昌斌《中国户籍制度史》等这样的经典力作,使得中国古代户籍制度研究有了坚实可靠的基础。

3. 传统研究方法与跨学科研究方法相结合

在中国古代户籍制度研究中,学者们在坚持采用传统历史学、统计学等研究方法的同时,也越来越认识到利用新的跨学科研究方法如历史人口地理学、制度经济学、行政管理学、法学等方法的重要性。传统研究方法与跨学科研究方法的结合,催生了一批具有创新性的研究成果,如韩光辉《北京历史人口地理》[①]、姚秀兰《户籍、身份与社会变迁——中国户籍法律史研究》、林浩《中国户籍制度变迁:个人权利与社会控制》等。研究方法的多元化为从不同视角进一步深入探究中国古代户籍制度创造了条件。

学术研究重在推陈出新。诚然,中国古代户籍制度研究在研究资料、研究方法、研究内容等诸多方面都取得了一定成就,但从学术的创新与发展角度而言,尚存在一些缺憾。

---

① 韩光辉:《北京历史人口地理》,北京大学出版社1996年版。

（二）今后研究的趋向

1. 研究资料必须整合，学术分歧有待厘清

中国古代户籍制度研究所涉及的资料范围十分广泛，既有正史、十通、会要、会典、律令、方志、石刻、诗词、文集等，也有简牍、敦煌吐鲁番文献、天圣令、黑水城文书、徽州文书、明清档案、族谱等。以往的研究中，在资料运用方面，虽然比较充分，但是往往有所侧重，未能对资料进行全方位的利用；陆续出土的简牍文书因其出土地点、出土年代、形制及保存状况有很多差异，即便是同时代的发现地区不同，也存在很大差异，由此也产生了很多不同的解读，造成严重的学术分歧。今后的研究中，一方面需要将涵盖广、数量大的各类资料有效整合；另一方面需要在整合研究资料的基础上，进一步讨论、厘清学术分歧，解决学术难题。

2. 研究领域必须拓展，研究主题有待深化

现有研究成果虽然不少，但是研究领域仍然比较局限。尤其是在已有的断代性研究中，往往关注对简牍、文书中涉及的具体制度和身份等问题的研讨，但对户籍制度的整体演变脉络、发展趋势缺乏通贯性的梳理和论述。因为中国古代户籍制度涉及面广，并贯穿于整个古代社会，对关键时期的关键性改革，既关系到中国古代政治和经济制度的演变，也关系到社会流动和地域流动，还关系到社会结构变化等，所以必须进一步拓展研究领域，深化研究主题。不仅要系统探讨中国古代户籍制度的整体演变脉络和发展趋势，还要对中国古代户籍制度发展过程中，各时段的衔接和长时段的演变及转折的关键问题加强研究，而且要通过户籍制度对中国古代社会官府控制与社会治理之间的关系进行更深入地探讨。

3. 研究方法尚需多元

目前在中国古代户籍制度的研究中，制度经济学、行政管理学、法学

等新方法逐渐得到运用,值得称许。由于中国古代户籍制度问题涉及面广,若是仅靠某一种研究方法进行探讨,虽然在某一层面上也会有所收获,但是很难有立体性的全方位认识。今后的研究中,不仅需要创新研究方法,采取跨学科的研究理论和方法,而且在同一研究中应该融合多元化的研究方法,力求能全方位、多角度地揭示中国古代户籍制度发展演变过程中的诸问题。

4. 研究手段亟待加强

已有研究中,由于忽视数据库建设,故而资料重复搜集使用的现象大量存在。比如简牍、文书中涉及的身份问题,往往是关注的热点,研究过程中难免存在选题重复、缺少新意或全无新意的问题;甚至有些论著不讲学术规范,不尊重他人研究成果,不作学术史检讨,甚或有拼凑抄袭之事。最终的结果是研究手段同质化,大量资料被重复搜集,不断浪费人力、物力。通过对中国古代户籍资料进行全面系统的搜集,建设中国古代户籍资料数据库,可以为学者今后的研究提供极大便利。期待这一数据库早日出现。

汉唐间的"富民"、"富人"

"富民"、"富人"的概念或名称在先秦文献中就已出现。"富民",最初只有"使民富"的含义,反映的是中国古代传统的富民思想,如《荀子》曰:"管仲,为政者也,未及修礼也。故修礼者王,为政者强,取民者安,聚敛者亡。故王者富民,霸者富士"[1];又如《韩非子》云:"不能具美食而劝饿人饭,不为能活饿者也;不能辟草生粟而劝贷施赏赐,不能为富民者也。"[2] "富人",原本是指"富有之人",如《荀子》中言及,"与之书社三百,而富人莫之敢距也"[3];又如《韩非子》所载:"宋有富人,天雨墙坏,其子曰:'不筑,必将有盗。'其邻人之父亦云。暮而果大亡其财。"[4]

其后,"富民"、"富人"的含义逐渐趋同。"富人"一词也具有"使民富"的含义,如《汉书》中提到,"故务苑囿之大,不恤农时,非所以强国富人也"[5]。若从现有文献记载来看,至少在汉代,"富民"一词已有"富有之人"的含义,从这个意义上讲,"富民"、"富人"同义。当时人已有此认识,已将二词并用,如《汉书》记载:"白縠之表,薄纨之里,緁以偏诸,美者黼绣,是古天子之服,今富人大贾嘉会召客者以被墙","且帝之身自衣皂绨,而富民墙屋被文绣"[6]。随着"富民"、"富人"两个概念的同义化,

---

[1] (清)王先谦撰,沈啸寰、王星贤点校:《荀子集解》卷5《王制篇》,中华书局1988年版,第153页。
[2] (清)王先慎撰,钟哲点校:《韩非子集解》卷18《八说》,中华书局2003年版,第428页。
[3] (清)王先谦撰,沈啸寰、王星贤点校:《荀子集解》卷3《仲尼篇》,第107页。
[4] (清)王先慎撰,钟哲点校:《韩非子集解》卷4《说难》,第93页。
[5] (汉)班固:《汉书》卷65《东方朔传》,中华书局1962年版,第2850页。
[6] (汉)班固:《汉书》卷48《贾谊传》,第2242页。

尤其是特指"富有之人"时，其实已经昭示出社会结构的变化，即"富民"阶层或群体的出现。

近年来，学界关于"富民"阶层的研究颇受瞩目，甚至出现"富民社会"理论和学说。不过，在"富民社会"研究中，学者们倾向认为"富民"阶层是唐宋以来，尤其是中唐以后兴起的一个新的社会阶层[①]。林文勋教授认为，虽然在唐代以前就有"富民"这个词，但使用较少，而且并没有明确的所指。自中唐以后，史书中关于"富民"的记载才越来越多。[②]

毋庸置疑，中唐以后，"富民"阶层崛起是不争的事实。可是，"富民"阶层的出现并非始于唐宋，这一群体从出现到崛起经历了一个复杂的演变过程。"富民社会"学说，作为一个新生理论和研究论题，需要开拓的研究空间甚广。检视以往研究成果，我们就不难发现，关于"富民"阶层何以能够崛起，"富民社会"为何能够形成的问题，仍有诸多可释之处。有鉴于此，本文拟从历史书写的角度，仅对正史中所见汉唐间"富民"、"富人"的出现频次及其时代特征略陈管见。不当之处，敬请方家不吝指正。

一、正史所见"富民"、"富人"的数据统计

"富民"、"富人"与"富室"、"富户"、"富家"、"豪民"、"大姓"等词往往为同义语，且在正史中出现频次较高，故统计其含义及出现频次，有助于分析其所反映的社会变化。因"富民"、"富人"在宋代以后的史籍

[①] 林文勋：《中国古代史的主线与体系》，《史学理论研究》2006年第2期；《中国古代"富民社会"的形成及其历史地位》，《中国经济史研究》2006年第2期；《唐宋"富民"阶层概论》，姜锡东、李华瑞主编：《宋史研究论丛》第9辑，河北大学出版社2008年版，第462页；《中国古代的"富民"阶层》，《中国古代"富民"阶层研究》，云南大学出版社2008年版，第18页；《乡村精英·土地产权·乡村动力——中国传统乡村社会发展变迁的历史启示》，《中国经济史研究》2009年第4期；等等。

[②] 林文勋：《唐宋"富民"阶层概论》，姜锡东、李华瑞主编：《宋史研究论丛》第9辑，第462页。

中大量出现,加之本文讨论的时段重点在宋代以前,故根据研究需要,本文仅选取《史记》、《汉书》、《后汉书》、《三国志》、《晋书》、《宋书》、《南齐书》、《梁书》、《陈书》、《魏书》、《北齐书》、《周书》、《南史》、《北史》、《隋书》、《旧唐书》、《新唐书》、《旧五代史》、《新五代史》和《宋史》等20部正史进行统计。

表1 正史中"富民"一词统计表

书名	总频次	意指"使民富"		意指"富有之人"		意指其他		备注
		频次	卷数	频次	卷数	频次	卷数	
史记	7	4	卷70/112(2)/120			3	卷20/22(2)	指西汉封国
汉书	12	2	卷50/84	4	卷11/48/64下/91	6	卷17/18/24上/66/73/96下	指西汉封国
后汉书	1					1	卷90	指西汉封国
三国志	2	2	卷15/28					
宋书	3	1	卷66	1	卷100	1	卷28	指村名
南齐书	1	1	卷40					
梁书	1			1	卷10			
魏书	2	1	卷7上	1	卷97			
周书	2	2	卷6/23					
隋书	1					1	卷61	指渠名
旧唐书	1					1	卷89	指西汉封国
新唐书	2	1	卷149	1	卷210			
旧五代史	2			2	卷42/108			
宋史	62	2	卷265/406	57	卷14/15/22/26/32/35/66/153/173/176(3)/178(2)/181(2)/198/247(2)/255/266/270(2)/277/278/285/288/298/300/301(2)/303/314/318/331/336/337/338(2)/339/341/347/354/373/384/402/408/409(2)/411/413/436/463/469/470/471/475	3	卷88/180(2)	指铸钱监名

* 说明:卷数后()中的数字,表示该词在同卷正文中出现的频次。

通过对正史中"富民"一词的统计（表1），可以明显看出：

1. 由汉代到宋代，"富民"一词意指"使民富"，主要反映的是中国古代传统富民思想的延续。

2. 在《汉书》中，"富民"一词总共出现12次，其中指西汉封国有6次，占总频次的50%；意指"使民富"出现2次，占总频次的16.67%；而意指"富有之人"出现频次较高，共有4次，占总频次的33.33%，已超过"使民富"的用法，这一现象的确值得思考。

3. 在《宋史》中，"富民"一词总共出现62次，其中指铸钱监名有3次，占总频次的4.84%；意指"使民富"出现2次，占总频次的3.22%；而意指"富有之人"出现频次极高，达57次，占总频次的91.94%，远远超过"使民富"的用法，这一现象非常引人关注。

表2 正史中"富人"一词统计表

书名	总频次	意指"使人富" 频次	意指"使人富" 卷数	意指"富有之人" 频次	意指"富有之人" 卷数	意指其他 频次	意指其他 卷数	备注
史记	18			18	卷30（3）/41/56（2）/63/71/89（2）/101（2）/104/117（2）/123（2）/129			
汉书	33	1	卷65	32	卷7/24上/24下（3）/28下（2）/32（2）/40（2）/48/49（3）/57上（2）/58/64上/70/72/76/89/90（2）/91（2）/92（3）/96上/96下			
后汉书	3			3	卷32/34/82下			
晋书	4			4	卷38/43/60/96			
宋书	4			4	卷66/71/83/84			
南齐书	1			1	卷44			
梁书	2			2	卷50/53			
陈书	3			3	卷14/21/26			
魏书	4			4	卷19上/33/97/114			
北齐书	2			2	卷11/47			

续表

书名	总频次	"富人"一词的含义						备注
^	^	意指"使人富"		意指"富有之人"		意指其他		^
^	^	频次	卷数	频次	卷数	频次	卷数	^
周书	1			1	卷37			
隋书	8			8	卷24（4）/25/29/70（2）			
南史	16			16	卷 5/15/25/27（2）/30/49/55（2）/62/65/70（2）/74（2）/77			
北史	9	2	卷3/63	6	卷17/34/41（2）/52/70	1	卷74	避讳，指渠名
旧唐书	11	1	卷169	8	卷5/55/100/118/154/184/197/199下	2	卷119/123	避讳，指西汉封国
新唐书	19	1	卷179	16	卷2/55/86/111/120/131/145/149/162/164/171/180/207（2）/219/224下	2	卷142卷146	避讳，指西汉封国；指塘名
旧五代史	1			1	卷58			
新五代史	7			7	卷43/46/47/51/64/68/69			
宋史	54			54	卷 12/176/178/179（2）/184（2）/186/201/247/254/268/274/276/286/289/291/298（2）/299（3）/301（2）/302/303/304/305/316/319（2）/328/333/334/355/384/395/407/414/426/427/432（2）/433/436/437/438（3）/450/451/456/459/464			

* 说明：卷数后（）中的数字，表示该词在同卷正文中出现的频次。

通过对正史中"富人"一词的统计（表2），我们有以下思考：

1. 在《史记》、《汉书》、《后汉书》、《晋书》、《宋书》、《南齐书》、《梁书》、《陈书》、《魏书》、《北齐书》、《周书》、《南史》、《北史》、《隋书》、《旧唐书》、《新唐书》、《旧五代史》、《新五代史》和《宋史》等19部正史中，"富人"一词的含义，主要是指"富有之人"。

2. 在《史记》、《汉书》中，作为"富有之人"使用的"富人"一词，分别出现18次和32次，合计共有50次之多（含重复记载）。为何会出现这种情况，的确发人深省。

3. 在《后汉书》、《晋书》、《宋书》、《南齐书》、《梁书》、《陈书》、《魏书》、《北齐书》、《周书》中，作为"富有之人"使用的"富人"一词分别出现3、4、4、1、2、3、4、2、1次，合计共有24次；而在《南史》、《北史》中，作为"富有之人"使用的"富人"一词分别出现14次和6次，合计共有20次。这两个统计结果远远少于《汉书》中的统计数据，原因为何？需要进一步分析。

4.在《隋书》、《旧唐书》、《新唐书》、《旧五代史》、《新五代史》中，作为"富有之人"使用的"富人"一词分别出现8、8、16、1、7次，合计共有40次（含重复记载）。这一统计结果与之前相比再次增多，究竟反映了什么问题？

5.在《宋史》中，作为"富有之人"使用的"富人"一词出现高达54次。这一数据背后昭示着何种变化，也值得探讨。

二、正史所见"富民"、"富人"的综合分析

结合表1、2的统计数据，我们仅对"富民"、"富人"两个概念同指"富有之人"的含义加以汇总（表3），就可以清晰地看出其中的显著差异。

表3 正史中"富有之人"含义综合统计表（含重复记载）

书名	史记	汉书	后汉书	三国志	晋书	宋书	南齐书	梁书	陈书	魏书
总频次	18	36	3	0	4	5	1	3	3	5
书名	北齐书	周书	南史	北史	隋书	旧唐书	新唐书	旧五代史	新五代史	宋史
总频次	2	1	16	6	8	8	17	3	7	111

以上正史中的统计数据已然反映出不同时代"富民"、"富人"的阶段特点，总体而言，最主要的当是与商品经济的活跃与发展密不可分。具体来说，又分为四个阶段：

第一阶段：春秋战国至秦、西汉时期，"富民"、"富人"日益成为不可

忽视的重要力量，开始形成一个新的社会阶层或社会群体。

春秋战国是一个社会剧烈变动的时代，"社会结构面貌和社会群体都出现了前所未有的局面，其基本特点是新、旧交替，上、下易位"。"如果说春秋以前的历史时期社会群体还不怎么明显的话，那么，从春秋时期开始，社会群体则在社会上逐渐形成，并且表现出日益巨大的社会影响。"[1]"富民"、"富人"作为一个新的社会阶层或社会群体正是在这样的背景下出现的。

"大抵'家赀千金'的富商大贾从春秋中期开始出现，至春秋末到战国时期，富商大贾的经济势力更加迅速膨胀，'家累千万'的富商大贾已发展成为一股强大的社会势力。"[2]史籍中将"上有天子、诸侯之势尊"与"下有猗顿、陶朱、卜祝之富"[3]并列，足以表明这一新兴阶层的社会影响力，而这也正是《史记》、《汉书》中"富民"、"富人"概念同指"富有之人"含义的总频次颇高的重要原因。

春秋战国至秦、西汉时期，"富民"或"富人"阶层大体上具有这样四个显著特征：

其一，是拥有雄厚的财富力量，这是首要的和最本质的特征。

《史记·货殖列传》中记载了一批春秋战国至西汉前期"富民"阶层中的优秀代表人物，如陶朱公"十九年之中三致千金，再分散与贫交疏昆弟"，"后年衰老而听子孙，子孙修业而息之，遂至巨万"[4]；猗顿"用盬盐起"，邯郸郭纵"以铁冶成业，与王者埒富"[5]；鲁人曹邴氏"以铁冶起，富至巨万"；周人师史"转毂以百数，贾郡国，无所不至"，"能致七千万"[6]；"关中富商大贾，大抵尽诸田，田啬、田兰。韦家栗氏，安陵、杜杜氏，亦巨万"等，司马迁将他们称之为"章章尤异者"[7]。

---

[1] 晁福林：《春秋战国的社会变迁》，商务印书馆2011年版，第631、689页。
[2] 冷鹏飞：《春秋战国时期商品经济形态的变革》，《学术研究》1999年第10期。
[3] （清）王先慎撰，钟哲点校：《韩非子集解》卷6《解老》，第136页。
[4] （汉）司马迁：《史记》卷129《货殖列传》，中华书局1959年版，第3257页。
[5] （汉）司马迁：《史记》卷129《货殖列传》，第3259页。
[6] （汉）司马迁：《史记》卷129《货殖列传》，第3279页。
[7] （汉）司马迁：《史记》卷129《货殖列传》，第3281页。

又据《汉书》记载：富人常"积钱满室"①，如"茂陵富人焦氏、贾氏以数千万阴积贮炭苇诸下里物"②；而"临邛多富人"，仅卓王孙家就有"僮客八百人"③。

其二，是无官位，即没有政治特权。

当时的"富民"阶层都是非有爵邑俸禄而富的，司马迁称之为"素封"，即"无秩禄之奉，爵邑之入，而乐与之比者"。唐人张守节《史记正义》中解释为"不仕之人自有园田收养之给，其利比于封君，故曰'素封'"④。唐人司马贞《史记索隐》中则明确指出："乡曲豪富无官位。"⑤可见，至少在西汉前期，就已经将没有政治特权作为"富民"阶层的一大特征了。

其三，是群体规模不断扩大。

这一阶段，"富民"群体的规模也在不断扩大，那些"至力农畜，工虞商贾，为权利以成富，大者倾郡，中者倾县，下者倾乡里者"，更是"不可胜数"⑥。而秦朝建立后，曾一度"徙天下豪富于咸阳十二万户"⑦，足见该群体的规模之大。

其四，是具有强大的社会影响力。

虽然"富民"阶层没有政治特权，但是因其群体规模较大、财富力量雄厚，故而能够发挥巨大的社会影响力。"富民"阶层往往"因其富厚，交通王侯，力过吏势，以利相倾"⑧，能够"多规良田，役使贫民"⑨，甚至还"役财骄溢，或至兼并豪党之徒，以武断于乡曲"⑩。

---

① （汉）班固：《汉书》卷72《贡禹传》，第3075页。
② （汉）班固：《汉书》卷90《酷吏传·田延年》，第3665页。
③ （汉）班固：《汉书》卷57上《司马相如传》，第2530页。
④ （汉）司马迁：《史记》卷129《货殖列传》，第3272页。
⑤ （汉）司马迁撰，（南朝宋）裴骃集解，（唐）司马贞索隐：《史记》卷30《平准书》，中华书局2003年版，第1417页。
⑥ （汉）司马迁：《史记》卷129《货殖列传》，第3281—3282页。
⑦ （汉）司马迁：《史记》卷6《秦始皇本纪》，第239页。
⑧ （汉）班固：《汉书》卷24上《食货志上》，第1132页。
⑨ （汉）班固：《汉书》卷70《陈汤传》，第3024页。
⑩ （汉）司马迁：《史记》卷30《平准书》，第1420页。

据《汉书》记载:"诸侯王、列侯、公主、吏二千石及豪富民多畜奴婢,田宅亡限,与民争利,百姓失职,重困不足。"①这里将"豪富民"与"诸侯王、列侯、公主、吏二千石"并列,显然表明在西汉前期"富民"阶层已成为不容忽视的重要的社会力量。这一群体不仅可以"斗鸡走狗马,弋猎博戏,乱齐民"②,而且成为游侠的金主,游侠所需"费用皆卬富人长者"③。

第二阶段:东汉、魏晋南北朝时期,"富民"或"富人"阶层的分化、重组与南北差异。

据表3可知,《后汉书》中作为"富有之人"使用的"富人"一词,仅仅出现3次;《晋书》、《宋书》、《南齐书》、《梁书》、《陈书》、《魏书》、《北齐书》、《周书》中作为"富有之人"使用的"富民"、"富人"两词,合计出现24次;《南史》、《北史》中作为"富有之人"使用的"富人"一词分别出现16次和6次,共计22次。

从上述这些记载中可以看出,自东汉至魏晋南北朝,"富民"、"富人"的出现频次较西汉时期大大减少。其原因在于"富民"阶层本身具有很强的流动性,且受到东汉以降商品经济衰落、政治局势动荡等因素的影响,"富民"阶层出现分化,呈现出新的变化:

其一,"富民"阶层的分化。

一方面,有的"富民"或"富人"的财富力量丧失,自身的社会地位改变,更有甚者丢掉性命。典型事例如东汉时,梁冀及其族人对当时富民的巧取豪夺。据《后汉书》记载,梁冀为人贪婪,"扶风人士孙奋居富而性吝,冀因以马乘遗之,从贷钱五千万,奋以三千万与之,冀大怒,乃告郡县,认奋母为其守臧婢,云盗白珠十斛、紫金千斤以叛,遂收考奋兄弟,死于狱中,悉没赀财亿七千余万",而梁氏宗亲"冒名而为侍中、卿、校尉、郡守、长吏者十余人,皆贪叨凶淫,各遣私客籍属县富人,被以它罪,

---

① (汉)班固:《汉书》卷11《哀帝纪》,第336页。
② (汉)班固:《汉书》卷24下《食货志下》,第1171页。
③ (汉)班固:《汉书》卷92《游侠传·原涉》,第3716页。

闭狱掠拷，使出钱自赎，赀物少者至于死徙"①。又如陈朝时，宗室陈方泰"在郡不修民事，秩满之际，屡放部曲为劫，又纵火延烧邑居，因行暴掠，驱录富人，征求财贿"②。

另一方面，有的"富民"或"富人"在确保财富力量的基础上获得官位，取得政治特权。如东汉时，豪富子弟王龚"初举孝廉，稍迁青州刺史，劾奏贪浊二千石数人，安帝嘉之，征拜尚书"③。又如北朝时，"长安富人宗连家累千金，仕周为三原令"④。

其二，"富民"阶层的重组。

东汉至魏晋南北朝时期，与"富民"、"富人"同义的"大姓"在正史中出现的频次颇高。如东汉初年，"时赤眉、延岑暴乱三辅，郡县大姓各拥兵众，大司徒邓禹不能定，乃遣（冯）异代禹讨之"⑤。东晋初，"百姓遭难，流移此境（按：指南兖州），流民多庇大姓以为客"⑥。魏晋南北朝以降，士人"则第其门阀，有四海大姓、郡姓、州姓、县姓"⑦，如西晋时，"强弩将军庞宗"为"西州大姓"⑧；又如南朝杜棱，"吴郡钱塘人"，"世为县大姓"⑨。

"大姓"一词的频繁出现，反映着东汉以来的社会变化，即随着"富民"阶层的分化，这一群体又与其他社会群体结合形成新的"豪族"或"豪民"，进而促成了"豪民社会"⑩的形成。因此，真正具备第一阶段特征的"富民"的数量急剧减少。

其三，"富民"阶层的南北差异。

---

① （南朝宋）范晔：《后汉书》卷34《梁统附玄孙冀传》，中华书局1973年版，第1181页。
② （唐）姚思廉：《陈书》卷14《南康愍王昙朗附子方泰传》，中华书局1972年版，第212页。
③ （南朝宋）范晔：《后汉书》卷56《王龚传》，第1819—1820页。
④ （唐）李延寿：《北史》卷41《杨敷附赵元淑传》，中华书局1974年版，第1521页。
⑤ （南朝宋）范晔：《后汉书》卷17《冯异传》，第645页。
⑥ （梁）萧子显：《南齐书》卷14《州郡志上》，中华书局1974年版，第255页。
⑦ （唐）魏徵、令狐德棻：《隋书》卷33《经籍志二》，中华书局1982年版，第990页。
⑧ （唐）房玄龄等：《晋书》卷60《张辅传》，中华书局1974年版，第1639页。
⑨ （唐）姚思廉：《陈书》卷12《杜棱传》，第191页。
⑩ 关于汉代豪民的研究，可参看王彦辉：《汉代豪民与乡里政权》，《史学月刊》2000年第4期；《汉代豪民研究》，东北师范大学出版社2001年版。

《南史》中"富人"一词的出现频次两倍于《北史》，这与南北朝时期的商品经济发展状况密切相关，当时南朝商品经济发展逐渐繁荣，北朝商品经济发展相对缓慢。史载："晋自过江……历宋齐梁陈……人竞商贩，不为田业"[①]，"（梁时）商旅转繁，游食转众，耕夫日少，杼轴日空"[②]。与此不同的是，北朝则"伪弊相承，仍崇关廛之税；大魏恢博，唯受谷帛之输"[③]。

正因如此，在南北朝时期就真正具备第一阶段特征的"富民"阶层而言，与北朝相比，南朝的"富民"群体规模开始不断扩大，社会影响力逐渐增强。具体事例如史书记载，刘宋永嘉二十七年（450），"军旅大起，王公妃主及朝士牧守，各献金帛等物，以助国用"，富民"亦有献私财至数十万者"，后因军用不充，"扬、南徐、兖、江四州富有之民，家资满五十万"[④]者，再次出钱助军；齐梁之际，邓元起患资粮不足，涪令李膺"率富民上军资米，俄得三万斛"[⑤]。

第三阶段：隋唐五代时期，"富民"或"富人"阶层的逐渐崛起。

据表3可知，《隋书》、《旧唐书》、《新唐书》、《旧五代史》、《新五代史》中作为"富有之人"使用的"富民"、"富人"两词，合计共有43次（含重复记载）。从这些记载中可以看出，"富民"、"富人"作为一个社会阶层或社会群体开始逐渐崛起，并仍然具有前述四个共性特征：

其一，是拥有雄厚的财富力量，这还是首要的和最本质的特征。

如唐高宗时，长安富民邹凤炽，"其家巨富，金宝不可胜计。常与朝贵游，邸店、园宅遍满海内，四方物尽为所收，虽古之猗白，不是过也。其家男女婢仆，锦衣玉食，服用器物，皆一时惊异"[⑥]。又如唐玄宗时，彭州导江县富民冯大亮，"其家金玉自至，宝货自积，殷富弥甚。虽王孙、糜竺之

---

① （唐）魏徵、令狐德棻：《隋书》卷24《食货志》，第689页。
② （唐）李延寿：《南史》卷70《循吏传·郭祖深》，中华书局1975年版，第1720页。
③ （北齐）魏收：《魏书》卷68《甄琛传》，中华书局1974年版，第1510页。
④ （梁）沈约：《宋书》卷95《索虏传》，中华书局1974年版，第2349页。
⑤ （唐）姚思廉：《梁书》卷10《邓元起传》，中华书局1973年版，第199页。
⑥ （宋）李昉等编：《太平广记》卷495《杂录三·邹凤炽》引《西京记》，中华书局1986年版，第4062页。

家，不能及也"①。再如唐僖宗时，江陵富民郭七郎，"其家资产甚殷，乃楚城富民之首"②。

其二，是"富民"群体虽然无官位，即没有政治特权，但是某些个体出现入仕现象。

如唐玄宗时，富民康谦"资产亿万计"③，"杨国忠辅政，纳其金，授安南都护"④。又如唐肃宗时，严震"世为田家，以财雄于乡里。至德、乾元已后，震屡出家财以助边军，授州长史、王府谘议参军"⑤。

其三，是群体规模不断扩大。

隋代时，"富民"群体就已经颇具规模。在隋炀帝营建洛阳的过程中，曾"徙天下富商大贾数万家于东京"⑥。唐代中期以后，"富民"群体的规模更是越来越大。

其四，是具有强大的社会影响力。

这一时期，"富民"阶层的社会影响力逐渐增强，既有正面的，也有负面的。负面影响，如隋代黔安郡富人，"多规固山泽，以财物雄役夷、獠，故轻为奸藏，权倾州县"⑦。正面影响，如唐高宗咸亨元年（670），"天下四十余州旱及霜虫，百姓饥乏，关中尤甚"；咸亨二年二月丁亥，"雍州人梁金柱请出钱三千贯赈济贫人"⑧。

唐玄宗天宝十一载（752）十一月乙丑诏曰："如闻王公百官及富豪之家，比置庄田，恣行吞并，莫惧章程"⑨。从诏书中将"王公百官"与"富豪之家"并列，可知当时"富民"群体的社会影响力已非同一般。

自唐代中期以降，随着"富民"群体的规模日渐庞大，其影响力与日

---

① （宋）李昉等编：《太平广记》卷35《神仙三五·冯大亮》引《仙传拾遗》，第226页。
② （宋）李昉等编：《太平广记》卷499《杂录七·郭使君》引《南楚新闻》，第4097页。
③ （后晋）刘昫等：《旧唐书》卷186下《酷吏传下·敬羽》，中华书局1975年版，第4861页。
④ （宋）欧阳修、宋祁：《新唐书》卷209《酷吏传·敬羽》，中华书局1975年版，第5919页。
⑤ （后晋）刘昫等：《旧唐书》卷117《严震传》，第3404—3405页。
⑥ （唐）魏徵、令狐德棻：《隋书》卷3《炀帝纪上》，第63页。
⑦ （唐）魏徵、令狐德棻：《隋书》卷29《地理志上》，第830页。
⑧ （后晋）刘昫等：《旧唐书》卷5《高宗纪下》，第95页。
⑨ （宋）王钦若等编：《册府元龟》卷495《邦计部·田制》，中华书局1982年版，第5928页。

俱增。唐文宗时，出现"豪民侵噬产业不移户，州县不敢徭役，而征税皆出下贫。至于依富室为奴客，役罚峻于州县"[①]的严重情况。至后唐长兴二年（931）九月，朝廷下诏，"天下州县官，不得与部内富民于公厅同坐"[②]，其实是中央政府试图从国家制度层面限制各级政府官员与富民私自交通，而这又恰恰反映出"富民"阶层在当时所具有的强大的社会影响力，以至于需要中央政府直接进行干预。

第四阶段：宋代，"富民"阶层地位凸显。

据表 3 可知，《宋史》中作为"富有之人"使用的"富民"、"富人"两词，出现高达 111 次。倘若翻检宋代史籍，关于"富民"的记载更是举不胜举，"富民"成了当时社会上普遍使用的一个概念和名词。[③]

北宋时期，业已出现"惟州县之间，随其大小皆有富民"，"州县赖之以为强，国家恃之以为固"[④]的情形。可见，"富民"阶层在宋代绝对具有举足轻重的地位和影响。具体事例如宋仁宗至和元年（1054）三月，朝廷下诏，"京西民饥，宜令所在劝富人纳粟以振之"[⑤]；又如宋高宗绍兴三十一年（1161）十月，宋金战争中"命州县谕富民捐赀助国"[⑥]；再如宋孝宗淳熙七年（1180），"江、浙、淮西、湖北旱，蠲租，发廪贷给，趣州县决狱，募富民振济补官"[⑦]。

宋代以后，"富民"、"富人"的出现频次激增，昭示着社会生产力和商品经济更高程度的发展。[⑧] 有关宋代"富民"阶层的研究成果已有不少，故本文不予赘述。

---

① （宋）欧阳修、宋祁：《新唐书》卷 52《食货志二》，第 1361 页。
② （宋）薛居正等：《旧五代史》卷 42《唐书一八·明宗纪八》，中华书局 1976 年版，第 582 页。
③ 林文勋：《唐宋"富民"阶层概论》，姜锡东、李华瑞主编：《宋史研究论丛》第 9 辑，第 462 页。
④ （宋）苏辙著，曾枣庄、马德富校点：《栾城集·三集》卷 8《杂说·诗病五事》，上海古籍出版社 1987 年版，第 1555 页。
⑤ （元）脱脱等：《宋史》卷 12《仁宗纪四》，中华书局 1977 年版，第 236 页。
⑥ （元）脱脱等：《宋史》卷 32《高宗纪九》，第 604 页。
⑦ （元）脱脱等：《宋史》卷 35《孝宗纪三》，第 674 页。
⑧ 林文勋：《中国古代"富民社会"的形成及其历史地位》，《中国经济史研究》2006 年第 2 期。

三、结语

从历史书写的角度来说，任何概念或名称的出现，背后都反映着社会的变化。"富民"、"富人"的概念早在先秦文献中就已存在，"富民"原来只有"使民富"的含义，"富人"本意是指"富有之人"。其后，两词的含义逐渐趋同，"富人"也有"使民富"的含义，"富民"也可意指"富有之人"。至少在汉代，随着"富民"、"富人"两个概念的同义化，尤其是特指"富有之人"时，已然昭示出社会结构的变化，即"富民"、"富人"阶层或群体的出现。

以正史为例，纵观"富民"阶层或群体的演变历程，可以看出：春秋战国至秦、西汉时期，"富民"、"富人"日益成为不可忽视的重要力量，开始形成一个新的社会阶层或社会群体；东汉、魏晋南北朝时期，"富民"或"富人"阶层出现了分化、重组与南北差异；隋唐五代时期，"富民"或"富人"阶层逐渐崛起；宋代，"富民"阶层地位凸显。

"富民"阶层从出现到崛起再到地位凸显，其间的发展变化是相当复杂的，涉及社会经济、社会分工、社会结构、社会观念等诸多问题，笔者对此将另文探讨。

唐代南康州建置新证

唐代南康州地理位置十分重要，在唐初的政治、军事方面起着显著作用。然而，"康州建邑，肇自西京，晋宋以还，剖分滋甚。自端溪而晋康而广熙，千回百改，巧术莫算，稽往制者恒苦其赜焉"[1]。或许正是由于此种原因，而较少有人详加考辨，厘清沿革，才使得关于唐代南康州建置时间问题，历来众说纷纭，莫衷一是，致使今之读者颇感疑惑，无所适从。笔者不揣笔陋，拟对南康州建置诸说加以考辨，希冀能够对南康州之名的由来以及南康州的建置时间，进行新的论证。不当之处，敬请方家不吝指正。

一、唐代南康州的早期历史

唐代南康州州治端溪，即今广东德庆。清人顾炎武有言："德庆州，古名端溪、晋康、康州。"[2] 由于德庆"据岭西之上游，扼广右之门户，北连五岭，南控三江"[3]，地理位置十分重要，所以此地建置甚早。

德庆，本属古百越地，秦朝属南海郡。西汉武帝元鼎六年（前111），平定吕嘉之乱，"遂定越地，以为南海、苍梧、郁林、合浦、交趾、九真、

---

[1] （清）杨文骏修，（清）朱一新、黎佩兰纂：《光绪德庆州志》卷2《沿革表》，《中国地方志集成·广东府县志辑》（51），上海书店2003年版，第371页。
[2] （清）顾炎武撰，谭其骧等点校：《肇域志·广东》，上海古籍出版社2004年版，第2211页。
[3] （清）李麟洲：《乾隆德庆州志》卷1《封域》，故宫博物院编：《故宫珍本丛刊》第187册，海南出版社2001年版，第11页。

日南、珠厓、儋耳郡"[1]，同时，在今德庆、郁南、云浮等地设置端溪县，属苍梧郡[2]。端溪之置，实为德庆建置之始。

两汉、吴、晋时期，端溪县均隶属苍梧郡。晋穆帝永和七年（351），分苍梧立晋康郡，治元溪，时端溪县隶晋康郡。[3]南朝宋、齐、梁、陈时期，虽然晋康郡统县数目及郡治屡有变革，但是基本上因袭晋制，端溪县仍属晋康郡。[4]

隋平陈，晋康郡废，置端溪县，[5]隶端州。大业三年（607），改端州为信安郡，端溪县隶信安郡。

二、唐初南康州建置诸说

关于唐代南康州建置时间问题，历来莫衷一是，一说"武德四年（621）"；一说"武德五年（622）"；一说"武德六年（623）"。现将建置诸说及其流传略述于下：

（一）武德四年说：《旧唐书》、《太平寰宇记》等书作者持此说

《旧唐书》卷41《地理四》记载："康州，隋信安郡之端溪县。武德四年，置康州都督府，督端、康、封、新、宋、泷等州。"[6]

《太平寰宇记》卷164《岭南道八》记载：康州，"秦属南海郡。二汉属

---

[1] （汉）班固：《汉书》卷6《武帝纪》，中华书局1962年版，第188页。又见《汉书》卷95《西南夷两粤朝鲜传》，第3859页。
[2] （汉）班固：《汉书》卷28下《地理志下》，第1629页。
[3] （梁）沈约：《宋书》卷38《州郡志四》，中华书局1974年版，第1191—1192页。
[4] （清）杨文骏修，（清）朱一新、黎佩兰纂：《光绪德庆州志》卷2《沿革表》，《中国地方志集成·广东府县志辑》（51），第372页。
[5] （唐）魏徵、令狐德棻：《隋书》卷31《地理志下》，第882页。
[6] （后晋）刘昫等：《旧唐书》卷41《地理志四》，第1718页。

苍梧郡。晋分置晋康郡，宋、齐已下因之。隋平陈，废晋康郡，以所领县属端州。大业三年罢州为信安郡，今高要郡是也。唐武德四年分置南康州都督府，督端、康、封、新、宋、泷等州"①。

（二）武德五年说：《元和郡县图志》等书作者持此说

《元和郡县图志》卷34《岭南道一》记载：康州，"汉武帝平南越置苍梧郡，今州即苍梧郡之端溪县也，晋末于此置晋康郡。隋开皇十二年省晋康郡，以所领县属端州。大业三年罢州为信安郡。隋末陷贼，武德四年讨平萧铣，五年置康州"②。

（三）武德六年说：《新唐书》、《唐会要》、《舆地广记》等书作者持此说

《新唐书》卷43上《地理七上》记载："康州晋康郡，下。本南康州，武德六年析端州之端溪置。"③

《唐会要》卷71《州县改置下》记载："武德六年，置南康州。"④

《舆地广记》卷35《广南东路》记载：康州，"古百越地。秦属南海郡。二汉、吴、晋属苍梧郡。穆帝分立晋康郡。宋以后因之。梁又立开阳、平原、罗阳等郡。隋平陈，郡俱废，属端、泷二州，大业初属信安、永熙二郡。唐武德四年立泷州，六年立康州"。此外，同书"端溪县"条也明确记

---

① （宋）乐史撰，王文楚等点校：《太平寰宇记》卷164《岭南道八》，中华书局2007年版，第3133页。
② （唐）李吉甫撰，贺次君点校：《元和郡县图志》卷34《岭南道一》，中华书局1983年版，第897—898页。
③ （宋）欧阳修、宋祁：《新唐书》卷43上《地理志七上》，第1097页。
④ （宋）王溥：《唐会要》卷71《州县改置下》，上海古籍出版社1991年版，第1515页。然《文渊阁四库全书》本作"武德五年"。

载:"唐武德六年立南康州。"①

正是由于长期以来诸说并行,而较少有人详加辨正,以至于后来的著述迭相沿袭。今略加例证:

持武德四年说者。如《资治通鉴》记载:唐文宗太和四年(830)三月己丑,"流杨叔元于康州"。胡三省注曰:"康州,汉端溪县地,武德四年置南康州。"②《崇祯肇庆府志》记载:武德四年,"析信安置南康州"③。此外,《康熙肇庆府志》④的记载与《崇祯肇庆府志》相同。

持武德五年说者。如《光绪德庆州志》记载:"唐武德五年,析端州置南康州,兼置总管府。"⑤

持武德六年说者。如《嘉靖德庆州志》记载:唐高帝武德"六年,改晋康郡为南康州,领端溪、乐城二县"⑥。《乾隆德庆州志》记载:武德"六年,析端溪县置南康州"⑦。《广东通志》记载:"武德六年,以端溪、乐城置南康州。"⑧此外,《历代地理沿革表》⑨、《道光肇庆府志》⑩亦皆作"武德六年"。

尤其是在《钦定大清一统志》中,"肇庆府表中之德庆州"条记载:"康

---

① (宋)欧阳忞著,李勇先、王小红校注:《舆地广记》卷35《广南东路》,四川大学出版社2003年版,第1096—1097页。
② (宋)司马光编著:《资治通鉴》卷244《唐纪六〇》"唐文宗太和四年(830)三月己丑"条,中华书局1956年版,第7871页。
③ (明)陆鏊、陈烜奎纂修:《(崇祯)肇庆府志》卷1《事纪一》,殷梦霞选编:《日本藏中国罕见地方志丛刊续编》(12),北京图书馆出版社2003年版,第216页。
④ (清)史树骏修,(清)区简臣纂:《(康熙)肇庆府志》卷2《沿革志》,《稀见中国地方志汇刊》(47),中国书店1992年版,第339页。
⑤ (清)杨文骏修,(清)朱一新、黎佩兰纂:《光绪德庆州志》卷2《沿革表》,《中国地方志集成·广东府县志辑》(51),第372页。
⑥ (明)陆舞臣纂修:《嘉靖德庆州志》志2《事纪》,《天一阁藏明代方志选刊续编》(65),上海书店1990年版,第608页。
⑦ (清)李麟洲:《乾隆德庆州志》卷1《封域》,故宫博物院编:《故宫珍本丛刊》第187册,第14页。
⑧ (清)郝玉麟等监修,鲁曾煜等编纂:《广东通志》卷5《沿革》,《景印文渊阁四库全书》本,第562册,台湾商务印书馆1984年版,第210页。
⑨ (清)陈芳绩:《历代地理沿革表》卷17《郡表一四》,《丛书集成初编》本,第3034册,中华书局1985年版,第1014页。
⑩ (清)屠英等修,(清)江藩等纂:《道光肇庆府志》卷1《舆地·沿革》,《中国地方志集成·广东府县志辑》(46),上海书店2003年版,第45页。

州晋康郡，武德六年置，名南康州"①；而同书"建置沿革中之德庆州"条记载：德庆州，"汉置端溪县，属苍梧郡。后汉及晋初因之。东晋永和七年，分置晋康郡。宋、齐以后因之。梁普通四年，析晋康地置梁信郡。隋平陈，郡废，属端州。唐武德四年，复于端溪县置南康州，兼置都督府"②。其中，前言武德六年，后曰武德四年，记载不一，十分矛盾。

三、唐代南康州之名管陈

唐初武德年间，析端溪县置州，之所以名南康州，其原因大致如下：

其一，言"南康州"者，当是与"西康州"区别而言。

武德元年，以同谷县"置西康州"③。武德二年，西康州隶属秦州总管府④。贞观元年（627），西康州废，同谷县"属成州"⑤。自此以后，西康州作为建置不复存在。然武德年间，析端溪县置州，名曰南康者，则当是与"西康州"区别而言。

其二，言"复"（下划着重号为笔者加，下同）者，当是对此前先置后废而言。

《通典》记载：康州，"秦属南海郡。二汉属苍梧郡。晋分置晋康郡，宋齐以下因之。隋平陈，废晋康，并入信安郡。大唐复为康州，或为晋康郡"⑥。

---

① （清）和珅等：《钦定大清一统志》卷345《肇庆府》，《景印文渊阁四库全书》本，第482册，台湾商务印书馆1984年版，第151页。
② （清）和珅等：《钦定大清一统志》卷345《肇庆府》，《景印文渊阁四库全书》本，第482册，第155页。
③ （宋）欧阳修、宋祁：《新唐书》卷40《地理志四》，中华书局1975年版，第1036页。
④ （后晋）刘昫等：《旧唐书》卷40《地理志三》，第1630页。
⑤ （唐）李吉甫撰，贺次君点校：《元和郡县图志》卷22《山南道三》，第573页。《舆地广记》卷15《陕西秦凤路上》作"贞观六年州废，属成州"，误也。按《旧唐书》卷40《地理志三》"成州下"条："武德元年，置成州，领上禄、长道、潭水三县。贞观元年，以潭水属宕州，又割废康州之同谷县来属。"当知西康州废，同谷县属成州应在贞观元年。又，《新唐书》卷40《地理志四》、《钦定大清一统志》卷211《阶州·古迹》皆作"贞观元年"。
⑥ （唐）杜佑撰，王文锦等点校：《通典》卷184《州郡一四》，中华书局1988年版，第4919页。

《旧唐书》记载："端溪，汉县，属苍梧郡。晋于县分置晋康郡。隋废郡，并入信安郡。武德复置康州。"①

《太平御览》引《十道志》曰："康州晋康郡，秦属南海郡。二汉属苍梧郡。晋分置晋康郡。宋、齐因之。隋平陈，废晋康，并入信安郡。唐复置康州。"②

尽管《元和郡县图志》、《新唐书》、《太平寰宇记》、《舆地广记》、《舆地纪胜》、《方舆胜览》等书记载中并未言"复"，但是上述《通典》、《旧唐书》、《十道志》记载皆言"复"者，亦已表明此处极有可能曾经建置过康州。

在此，我们还可以唐初武德年间的封州建置为例来看，如《通典》、《元和郡县图志》、《太平寰宇记》、《舆地纪胜》、《方舆胜览》等书中皆明言"复"置，虽然《旧唐书》及《舆地广记》中未言"复"，但是仍可以清楚地看出，隋朝已经建置过封州，唐武德年间乃是复置而已③。

由上所述，笔者推测，唐代以前岭南地区极有可能已经建置过康州，而这个时期想必正为梁、隋之时，为萧梁时，可能性最大。其理由如下：

梁武帝天监十年（511），"有州二十三，郡三百五十，县千二十二"④，此大抵因宋、齐之旧。"是后州名浸多，废置离合，不可胜记。"⑤至梁武帝大同五年（539），"散骑常侍朱异奏：'顷来置州稍广，而小大不伦，请分为五品，其位秩高卑，参僚多少，皆以是为差。'诏从之。于是上品二十州，次品十州，次品八州，次品二十三州，下品二十一州。时上方事征伐，恢拓境宇，北逾淮、汝，东距彭城，西开牂柯，南平俚洞，纷纶甚众，故异请分之。其下品皆异国之人，徒有州名而无土地，或因荒徼之民所居村

---

① （后晋）刘昫等：《旧唐书》卷41《地理志四》，第1719页。
② （宋）李昉等：《太平御览》卷172《州郡部一八》引《十道志》，中华书局1960年版，第838页。
③ 《通典》卷184《州郡一四》记载：封州，"晋以前土地与晋康郡同。梁置梁信郡，兼置成州。隋平陈，废梁信郡，改成州为封州；炀帝初，州废为封川县，属苍梧郡。大唐复置封州，或为临封郡"。（唐）杜佑撰，王文锦等点校：《通典》卷184《州郡一四》，第4920页。
④ （唐）魏徵、令狐德棻：《隋书》卷29《地理志上》，第807页。
⑤ （宋）司马光编著：《资治通鉴》卷147《梁纪三》"梁武帝天监十年（511）"条，第4601页。

落置州及郡县，刺史守令皆用彼人为之，尚书不能悉领，山川险远，职贡罕通。五品之外，又有二十余州不知处所。凡一百七州。"①

正是随着萧梁"务恢境宇，频事经略，开拓闽、越，克复淮浦，平俚洞，破牂柯"，因此才"以旧州逾阔，多有析置"②。如封州，"晋以前土地与晋康郡同。梁置梁信郡，兼置成州。隋平陈，废梁信郡，改成州为封州；炀帝初，州废为封川县，属苍梧郡。大唐复置封州"③。又如泷州，"秦、二汉土地与晋康郡同。梁置泷州。隋炀帝初，州废，泷州置永熙郡。大唐复置泷州"④。据此推测，在这一百七州中，"因荒徼之民所居村落"建置康州的可能性应该极大。

综上所述，笔者认为，正因为唐代以前岭南地区极有可能建置过康州，且武德元年，已于同谷县置西康州，所以武德年间，析端溪县置州，方才名南康州。

四、唐代南康州建置时间蠡测

关于唐初南康州建置诸说，较少有人考辨。就目前笔者所见，唯有《舆地纪胜》与《光绪德庆州志》编纂者有所考辨，不过，两书均认为南康州建置时间为"武德五年"，且《光绪德庆州志》编纂者继承了《舆地纪胜》著者王象之的观点。

《舆地纪胜》记载："唐高祖平萧铣，置南康州。"该书著者王象之考辨认为："《元和郡县志》云：'武德五年，平萧铣，置康州。'《图经》及《寰宇记》并云：'武德四年分置南康州。'《唐志》云：'本南康州。武德六年，

---

① （宋）司马光编著：《资治通鉴》卷158《梁纪一四》"梁武帝大同五年（539）"条，第4903—4904页。
② （唐）魏徵、令狐德棻：《隋书》卷29《地理志上》，第807页。
③ （唐）杜佑撰，王文锦等点校：《通典》卷184《州郡一四》，第4920页。
④ （唐）杜佑撰，王文锦等点校：《通典》卷184《州郡一四》，第4920页。

析端州之端溪置康州。'三者年月俱不同。象之谨按：《通鉴》武德四年李靖平萧铣，下岭南，建置州郡。《唐志》当在五年。"①

《光绪德庆州志》记载："唐高祖武德四年，平萧铣。五年，析信安郡置南康州，并置总管府，端溪、乐城皆来属。"该书编纂者考辨认为："《新书》、《寰宇记》皆作南康州，《旧书》无'南'字，惟地志序中有之。案：《刘洎传》以洎为南康州都督府长史，洎之归唐在萧铣降后，铣之降在四年十月，则彼时置州实有'南'字也。《元和志》、《唐会要》以此为五年事，《新书》作六年，《旧书》、《寰宇记》作四年，《舆地纪胜》引《图经》亦作四年，王象之谓四年平岭南，建置州郡当在五年，今从之。《舆地广记》谓四年立泷州，六年立康州，非也。"②

然而，经过钩稽史料、甄别考辨，笔者认为唐初南康州建置时间应为"武德四年"，"武德五年"及"武德六年"之说均难以成立。具体分析如下：

其一，从刘洎归唐来看。隋末丧乱，"东至三硖，南尽交趾，北拒汉川"③之地皆附属于萧铣。武德四年冬十月，讨平萧铣，"乙巳，赵郡王孝恭平荆州，获萧铣"④。

萧铣败亡后，刘洎于同年归降唐朝。《旧唐书》卷74《刘洎传》记载："刘洎字思道，荆州江陵人也。隋末，仕萧铣为黄门侍郎。铣令略地岭表，得五十余城，未还而铣败，遂以所得城归国，授南康州都督府长史。"⑤《新唐书》、《资治通鉴》亦记载刘洎归唐授南康州都督府长史。其中，《资治通鉴》载："先是，铣遣黄门侍郎江陵刘洎略地岭表，得五十余城，未还而铣败，洎以所得城来降，除南康州都督府长史。"胡三省注曰："是年（即武德四年）分端州之端溪置南康州，仍置都督府，督端、康、封、新、宋、

---

① （宋）王象之著，李勇先校点：《舆地纪胜》卷101《德庆府》，四川大学出版社2005年版，第3422页。
② （清）杨文骏修，（清）朱一新、黎佩兰纂：《光绪德庆州志》卷2《沿革表》，《中国地方志集成·广东府县志辑》（51），第375页。
③ （后晋）刘昫等：《旧唐书》卷56《萧铣传》，第2265页。
④ （后晋）刘昫等：《旧唐书》卷1《高祖纪》，第12页。
⑤ （后晋）刘昫等：《旧唐书》卷74《刘洎传》，第2607页。

泷等州。"①

又据《旧唐书》卷41《地理四》记载:"广州中都督府,隋南海郡。武德四年,讨平萧铣,置广州总管府,管广、东衡、洭、南绥、冈五州,并南康总管。"②同书记载:"康州,隋信安郡之端溪县。武德四年,置康州都督府。"③此外,《太平寰宇记》卷164《岭南道八》亦记载:"唐武德四年分置南康州都督府。"④实际上,武德初年,"缘边镇守及襟带之地,置总管府,以统军戎",至"武德七年",方才"改总管府为都督府"⑤。

综上所述,可以判断,武德四年,萧铣败亡,刘泊归唐,唐朝政府曾先后在岭南地区建置州县,似应于同年置南康州及南康州总管府,并授泊长史一职。

其二,从南康州总管府(后改南康州都督府)所管州之建置来看。《旧唐书》记载:"武德四年,置康州都督府,督端、康、封、新、宋、泷等州。"⑥《太平寰宇记》亦记载:"唐武德四年分置南康州都督府,督端、康、封、新、宋、泷等州。"⑦

既然南康州总管府管端、康、封、新、宋、泷等州,从当时的军事情形研判,那么,其建置时间肯定不会晚于端、康、封、新、宋、泷等州的建置时间。据此,笔者拟对封、新、泷三州的建置时间进行考察,以此来推断南康州总管府的建置时间。由于《通典》卷184《州郡一四》关于唐代封、新、泷三州建置的记载,均无明确纪年,故而,我们以对《元和郡县图志》、《旧唐书》、《新唐书》、《太平寰宇记》、《舆地广记》等书的考察为主。如《元和郡县图志》卷34《岭南道一》记载:

---

① (宋)司马光编著:《资治通鉴》卷189《唐纪五》"唐高祖武德四年(621)"条,第5936—5937页。
② (后晋)刘昫等:《旧唐书》卷41《地理志四》,第1711页。
③ (后晋)刘昫等:《旧唐书》卷41《地理志四》,第1718页。
④ (宋)乐史撰,王文楚等点校:《太平寰宇记》卷164《岭南道八》,第3133页。
⑤ (后晋)刘昫等:《旧唐书》卷38《地理志一》,第1384页。
⑥ (后晋)刘昫等:《旧唐书》卷41《地理志四》,第1718页。
⑦ (宋)乐史撰,王文楚等点校:《太平寰宇记》卷164《岭南道八》,第3133页。

封州，秦为南海郡之地。汉平南越，置苍梧郡，今州即汉苍梧郡之广信县地也，梁于此置梁信郡，属成州。隋开皇十年改为封州，大业三年罢州，以县属苍梧郡。武德四年，复置封州。

其中，封州置于武德四年，新州、泷州记载缺失。
《旧唐书》卷41《地理四》记载：

新州，隋信安郡之新兴县。武德四年，平萧铣，置新州。
封州下，隋苍梧郡之封川县。武德四年，平萧铣，置封州。
泷州，隋永熙郡之泷水县。武德四年，平萧铣，置泷州。

从中可见，以上三州皆置于武德四年。
《新唐书》卷43上《地理七上》记载：

泷州开阳郡，下。县四。泷水，下。武德四年析置正义县，并领怀德县。后省正义，以怀德隶窦州。开阳，下。武德四年析泷水置。镇南，下。本安南，武德四年置南建州，以永熙郡之安遂、永熙、永业三县隶之。五年析泷水置安南县。建水。下。本永熙，武德五年曰永宁。
新州新兴郡，下。本新昌郡，武德四年以端州之新兴置。
封州临封郡，下。县二。封川，下。武德四年析置封兴县，后省。开建。下。武德四年置。

其中，"新州"条明确记载置于"武德四年"，"泷州"、"封州"条虽未有明确记载，但根据所属县建置依然可以判断为"武德四年"。
《太平寰宇记》卷163《岭南道七》、卷164《岭南道八》记载：

新州，古越地。秦始皇略取陆梁地，置象郡，今州则其地也。汉为合浦郡之临允县。晋穆帝永和七年分苍梧郡于此置新宁郡。《舆地志》："梁武帝割广州新宁一郡立新州。"隋为信安郡。唐武德四年平萧铣，复置新州。

封州，即汉苍梧郡之广信县也。晋以前土地与晋康郡同。梁置梁信郡，兼置成州。隋平陈，废梁信郡，改成州为封州。炀帝初州废为封川县，属苍梧郡。唐武德四年平萧铣，复置封州。

废泷州，本开阳郡。土地所属自汉以上与康州同。晋分端溪置龙乡县，今州即其地。《南越志》云："龙乡县属广熙郡。梁大同中分广熙置建州，又分建州之双头洞立双州，即此是也。"隋炀帝初废州置永熙郡。唐武德四年平萧铣，置泷州。

从中可见，以上三州皆置于武德四年。

《舆地广记》卷35《广南东路》记载：

封州，古百越地。秦属南海郡。二汉属苍梧郡。晋属晋康郡。宋、齐因之。梁分立梁信郡，兼立城（成）州。隋平陈，郡废，改州曰封州。大业初州废，属苍梧郡。唐武德四年平萧铣，立封州。

新州，古百越之地。秦属南海郡。二汉属合浦郡。晋属苍梧郡，穆帝分立新宁郡。宋、齐因之。梁立新州。隋平陈，郡废。大业初州废，属信安郡。唐武德四年平萧铣，立新州。

泷州，唐武德四年立泷州。

从中可见，以上三州皆置于武德四年。

由上观之，武德四年，讨平萧铣，刘洎以岭表五十余城归降，唐朝政府置封、新、泷等州，并隶南康州总管府。又据《旧唐书》记载："勤州，隋信安郡之高梁县地。武德四年,置勤州,隶南康州总管。"① 上述史料颇足证明南康州总管府的确置于武德四年,亦能说明南康州当与总管府并置于同年。

因此,笔者认为,唐初南康州建置时间当为"武德四年"。

五、唐代南康州沿革略述

据《旧唐书》卷41《地理四》和《太平寰宇记》卷164《岭南道八》可知,唐初武德四年,析端溪县置南康州,并置南康州总管府,管端、康、封、新、宋、泷等州。武德七年,改南康州总管府为南康州都督府。武德九年,废南康州及南康州都督府。②

贞观元年(627),复置南康州,十一年又废,十二年复置,更名康州。③

天宝元年(742),改康州为晋康郡。乾元元年(758),复为康州。④

五代,康州属南汉。⑤宋开宝五年(972),康州废隶端州,不久寻复为州。绍兴元年(1131),以高宗潜邸,升为德庆府。⑥元为德庆路。明洪武元年(1368)改为府,"九年(1376)四月降为州,以府治端溪县省入,来属"⑦。

端溪县自唐代以来,已先后固定作为南康州及康州州治,宋代为德庆府治。至明洪武九年以后,作为建置,端溪县之名就从此湮灭,而为德庆所替。

---

① (后晋)刘昫等:《旧唐书》卷41《地理志四》,第1724页。
② 《新唐书》卷43上《地理七上》、《舆地广记》卷35《广南东路》仅载"武德九年,南康州废"一事。
③ (宋)欧阳修、宋祁:《新唐书》卷43上《地理志七上》,第1097页。此外,《旧唐书》卷41《地理志四》、《太平寰宇记》卷164《岭南道八》、《舆地广记》卷35《广南东路》的记载亦与《新唐书》同。
④ (后晋)刘昫等:《旧唐书》卷41《地理志四》,第1718页。
⑤ (宋)王象之著,李勇先校点:《舆地纪胜》卷101《德庆府》,第3422页。
⑥ (元)脱脱等:《宋史》卷90《地理志六》,中华书局1977年版,第2238页。
⑦ (清)张廷玉等:《明史》卷45《地理志六》,中华书局1974年版,第1137页。

唐大中二年沙州遣使中原路线新说

安史乱后，河陇诸地陷于吐蕃。唐宣宗大中二年（848），沙州土豪张议潮从吐蕃手中收复瓜、沙二州，遂向唐廷遣使报捷。至于沙州遣使中原的具体路线，因史书阙载，故成谜团。长期以来，中外学者不懈努力，试图解决这一学术难题。然而，囿于资料所限，学者们多是推测，并未能从根本上理清具体路线。

杏雨书屋藏《敦煌秘笈》中精品不少，其中，敦煌本《驿程记》（羽032—1）即是一件具有重要价值的珍贵资料。笔者利用敦煌本《驿程记》这一新资料，并结合其他史籍，拟重新考察大中二年沙州遣使中原的具体路线。不当之处，敬请方家不吝指正。

据敦煌写本《敕河西节度兵部尚书张公德政之碑》记载："沙州既破吐蕃，大中二年，遂差押衙高进达等，驰表函入长安城，己（以）献天子。"[1]沙州去长安三千七百里[2]，东三百里至瓜州[3]，又东南四百八十里至肃州[4]，又东四百里至甘州[5]，又东五百里至凉州[6]，又东北取秦州路二千里至长安，取皋兰路一千六百里至长安[7]。不过，由于当时河西重镇肃、甘、凉等州仍为吐蕃

---

[1] 参见荣新江：《归义军史研究——唐宋时代敦煌历史考索》附录《敦煌写本〈敕河西节度兵部尚书张公德政之碑〉校考》，上海古籍出版社1996年版，第401页。
[2] （唐）李吉甫撰，贺次君点校：《元和郡县图志》卷40《陇右道下·沙州》，中华书局1983年版，第1026页。
[3] （唐）李吉甫撰，贺次君点校：《元和郡县图志》卷40《陇右道下·沙州》，第1026页。
[4] （唐）李吉甫撰，贺次君点校：《元和郡县图志》卷40《陇右道下·瓜州》，第1027页。
[5] （唐）李吉甫撰，贺次君点校：《元和郡县图志》卷40《陇右道下·肃州》，第1023页。
[6] （唐）李吉甫撰，贺次君点校：《元和郡县图志》卷40《陇右道下·甘州》，第1021页。
[7] （唐）李吉甫撰，贺次君点校：《元和郡县图志》卷40《陇右道下·凉州》，第1019页。

所据,"长安通凉州之两驿道皆不能通"①,因此,沙州使节只能绕道漠北前往长安。大中五年(851)二月②,"天德军奏摄沙州刺史张义潮遣使来降"③。而据《新唐书·吐蕃传下》记载:沙州使节"以部校十辈皆操挺,内表其中,东北走天德城,防御使李丕以闻"④。由此可知,沙州使节确实经天德军入京。

沙州使节由沙州出发经瓜州、回鹘牙(衙)帐、鹨鹎泉、西受降城到达天德军城的路线,已为学界认可。至于从天德军到长安的具体路线,因缺少有说服力的资料,长期以来难以确定。已有研究中,学者们主要是利用敦煌文献 P.2748《大中四年状》的有关记载进行探讨,不过,由于对该件文书内容的理解不同,得出的结论也迥异。如赵贞先生认为:大中四年(850)七月二十日,沙州使节经西受降城到达天德军(城)后,由此南下抵达灵州,然后辗转而至长安。⑤李军先生则认为:沙州使团于大中五年之际到达天德军后,继而经由夏州并最终入京的可能性更大。⑥

依据唐代的交通路线和时势,笔者认为赵、李二位先生的结论似可商榷。

就赵贞先生的观点而言:沙州使节经西受降城至天德军(城),继而南下灵州,再抵长安,这一路线不甚合理。根据严耕望先生在《长安西北通灵州驿道及灵州四达交通线》一文中的有关考证可知:灵州东南至长安之路线,就形势言,不外三道。东南取庆州路,经宁州、邠州至长安。南取原州路,又东经泾州,亦至邠州,达长安。又由灵州东取盐州路,折而南至庆州,经宁邠至长安。⑦灵州北面方向有达丰州、西受降城、天德军道及

---

① 严耕望:《唐代交通图考》第 1 卷《京都关内区》,上海古籍出版社 2007 年版,第 207 页。
② 《资治通鉴》作"正月",而《资治通鉴考异》引《实录》云"五年二月壬戌,天德军奏沙州刺史张义潮、安景旻及部落使阎英达等差使上表,请以沙州降"。
③ (宋)司马光编著:《资治通鉴》卷 249《唐纪六五》"唐宣宗大中五年(851)正月"条,第 8044 页。
④ (宋)欧阳修、宋祁:《新唐书》卷 216 下《吐蕃传下》,第 6108 页。
⑤ 赵贞:《敦煌文书中所见晚唐五代宋初的灵州道》,《中国历史地理论丛》2001 年第 4 辑,第 84 页;《大中二年(848)沙州遣使中原路线蠡测》,《中国边疆史地研究》2002 年第 3 期;《归义军史事考论》,北京师范大学出版社 2010 年版,第 153 页。
⑥ 李军:《唐大中二年沙州遣使中原路线献疑》,《中国边疆史地研究》2010 年第 1 期。
⑦ 参见严耕望:《唐代交通图考》第 1 卷《京都关内区》,第 179 页。

西受降城出高阙至回鹘、黠戛斯道。① 诚然，灵州地近长安，为中原通塞上的交通孔道，沙州使节选择此条路线入京亦不无可能，但是沙州使节若真正走该路线，理应在到达西受降城后，东南行八十里至丰州②，继而前往灵州。何须经西受降城后，又东行一百八十里到天德军③，再折往灵州呢？更何况晚唐时期，因北方回鹘残部的侵扰，"灵州到丰州，夏州到丰州天德军的两条交通线，更已废弃不能用了"④。

就李军先生的观点而言：沙州使节到达天德军后，继而经由夏州入京的可能性并不大。《元和郡县图志》卷4《关内道四》"天德军"条记载：天德军，"西取宁远镇故落盐池，经夏州至上都一千八百里"⑤。同卷"新宥州"条云："顷年每有回鹘消息，常须经太原取驿路至阙下，及奏报到，已失事宜。今自新宥州北至天德，置新馆十一所，从天德取夏州乘传奏事，四日余便至京师。"⑥ 从《元和郡县图志》的记载来看，由天德军取夏州路入京似更为快捷，但是，真正走此条路线并不容易。严耕望先生在《太原北塞交通诸道》一文中业已指出："取灵州道、夏州道，虽较近捷，然原、庆、鄜、延以北，或属半沙漠地带，或为横山所阻隔；灵、夏以北，更属荒漠，人烟疏少，供给困难"，尤其是唐中叶以后，"吐蕃兵据原州，侵逼灵、盐；灵、夏两路略近荒废。虽然元和八年（813）李吉甫上疏请置新宥州，自夏州经宥州至天德军，置馆驿，乘传奏事，四日余可达，但是"观其后史事，似未著大效"⑦。在李吉甫上疏"请自夏州至天德军，复置废馆一十一所，以通急驿"的同时，也提出"请夏州骑士五百人，营于经略故城，应

---

① 参见严耕望：《唐代交通图考》第1卷《京都关内区》，第209页。
② 《元和郡县图志》卷4《关内道四·西受降城》记载：西受降城，在丰州西北八十里。（唐）李吉甫撰，贺次君点校：《元和郡县图志》，第116页。
③ 《元和郡县图志》卷4《关内道四·天德军》记载：天德军，西至西受降城一百八十里。（唐）李吉甫撰，贺次君点校：《元和郡县图志》，第115页。
④ 严耕望：《唐代交通图考》第1卷《京都关内区》，第321页。
⑤ （唐）李吉甫撰，贺次君点校：《元和郡县图志》卷4《关内道四·天德军》，第115页。
⑥ （唐）李吉甫撰，贺次君点校：《元和郡县图志》卷4《关内道四·新宥州》，第107页。
⑦ 严耕望：《唐代交通图考》第5卷《河东河北区》，第1343—1344页。

援驿使，兼护党项部落"①。这一主张为宪宗采纳，元和九年（814）五月，唐朝"复置宥州以护党项"②。不过，此后党项却屡为边患。唐廷虽发兵进讨，但"连年无功"③。大中五年（851）四月，定远城使史元破党项九千余帐于三交谷④，同年八月，南山党项请降⑤。大中六年（852），党项复扰边。⑥直到大中九年（855）三月，南山、平夏党项方才最终平定。⑦由此看来，大中四年七月二十日，沙州使节到达天德军城后，若走经由夏州入京的路线，并不安全，故选择这一路线显然不太可能。

那么，沙州使节究竟会选取哪条路线入京呢？笔者认为，沙州使节由天德军城至长安当是循太原道而行。这一路线通过杏雨书屋藏敦煌本《驿程记》可以证实，其文如下：

（前缺）

1. 囗至谷南口宿　十七日
2. 囗至西受降城宿　十九日西城歇
3. 廿日发至四曲堡下宿　廿一日发至吴怀堡宿　廿三日发
4. 至天德军城南馆宿　廿四日天德打球设沙州专使　至九
5. 月三日发天德发至麦泊食宿　四日发至曲河宿　五日发
6. 至中受降城宿　六日发至神山关宿　七日云迦关宿八日歇
7. 九日发至长平驿宿　十日发至宁人驿宿　十一日发子
8. 河驿宿　十二日发至振武宿　十三日发长庆驿宿

---

① （唐）李吉甫撰，贺次君点校：《元和郡县图志》卷4《关内道四·新宥州》，第106页。
② （后晋）刘昫等：《旧唐书》卷198《西戎传·党项羌》，第5293页。
③ （宋）司马光编著：《资治通鉴》卷249《唐纪六五》"唐宣宗大中四年（850）"条，第8043页。
④ （宋）司马光编著：《资治通鉴》卷249《唐纪六五》"唐宣宗大中五年（851）四月壬子"条，第8046页。
⑤ （宋）司马光编著：《资治通鉴》卷249《唐纪六五》"唐宣宗大中五年（851）八月"条，第8048页。
⑥ （宋）司马光编著：《资治通鉴》卷249《唐纪六五》"唐宣宗大中六年（852）"条，第8051页。
⑦ （宋）司马光编著：《资治通鉴》卷249《唐纪六五》"唐宣宗大中九年（855）三月"条，第8056页。

9. 十四日发至静边军宿　十五日纥药驿宿　十六日平番驿
10. 宿　十七日天宁驿宿　十八日雁门关北口驿宿　十九日
（后缺）

敦煌本《驿程记》中记录的馆驿，对于研究唐代北部防御体系和交通路线，都有着极其重要的价值，尤其是其中所载八月二十四日，沙州专使到达天德军的信息，对于解决大中二年沙州遣使中原路线的谜团——这一学术难题，具有重要意义。

据敦煌本《驿程记》云："八月廿日，自西受降城出发，廿三日，到达天德军城南馆宿。由此可知，西受降城与天德军城不在一处。结合《元和郡县图志》所叙内容：天德军，始置于天宝中，初名大安军，乾元后，方改名天德军。因所居人少，于是向西南移三里，权居永清栅，其治所又移到西受降城。元和九年，复移天德军治所于旧城，即天德军城，在西受降城正东微南一百八十里。"①据此，笔者推断，敦煌本《驿程记》的年代上限当在元和九年（814）后。

又，敦煌本《驿程记》云："九月七日，云迦关宿。云迦关，一作云伽关，据《新唐书》记载：云迦关，在单于都护府所领金河县，后废。大和四年（830），复置。"②据此，笔者进一步推断，敦煌本《驿程记》的年代上限不会早于大和四年。

据敦煌本《驿程记》来看：从西受降城经天德军、中受降城、振武至雁门关的交通路线应当是畅通的。然而，据《辽史·地理志五》记载：振武县，"本汉定襄郡盛乐县"，"唐武德四年（621）克突厥，建云中都督府。麟德三年（666）改单于大都督府。圣历元年（698）又改安北都督。开元七年（719）割隶东受降城。八年（720）置振武军节度使。会昌五年（845）为安北都护府。后唐庄宗以兄嗣本为振武节度使。太祖神册元年（916），

---

① （唐）李吉甫撰，贺次君点校：《元和郡县图志》卷4《关内道四·天德军》，第113—114页。
② （宋）欧阳修、宋祁：《新唐书》卷37《地理志一》，中华书局1975年版，第976页。

伐吐浑还，攻之，尽俘其民以东，唯存乡兵三百人防戍。后更为县"。① 云内州，"本中受降城地"，"辽初置代北云朔招讨司，改云内州"②。由此可知，10世纪初，原唐代中受降城和振武等地已经更名，且为契丹所据，上述交通路线显然不通。

　　唐后期，沙陀势力崛起。懿宗咸通十年（869），沙陀首领朱邪赤心以从破庞勋功，"拜单于大都护、振武军节度使，赐姓名曰李国昌，以之属籍"。由于"沙陀素强，而国昌恃功益横恣"，于是"懿宗患之"。咸通十三年（872），"徙国昌云州刺史、大同军防御使，国昌称疾拒命"③。乾符三年（875），国昌子克用杀大同军防御使段文楚，"据云州，自称留后"。唐廷兴兵讨伐失败，"由是沙陀侵掠代北"④，遂为边患。自光启元年（885）以后，藩镇间更是征战不息，自西受降城经天德军、中受降城、振武至雁门关的交通路线恐已不通。因此，笔者推测：敦煌本《驿程记》的年代下限不会晚于光启元年，即9世纪后期。

　　敦煌本《驿程记》记载：八月"廿四日，天德打球，设沙州专使"。该处"沙州专使"一语，为我们提供了重要信息，有助于推断其具体年代。因沙州于唐德宗建中二年（781）陷于吐蕃，宣宗大中二年始由张议潮收复。结合前述年代上限，笔者判断敦煌本《驿程记》所载"沙州专使"当在大中二年以后。

　　自大中二年至光启元年之间，沙州曾多次遣使中原。⑤ 不过，据有关学者研究，从咸通八年（867）到光启三年（887）之间，沙州使节都是循沙州—凉州—灵州—长安一线到达中原的。⑥ 这其中很重要的原因在于安史乱后，河西重镇凉州为吐蕃占领，直到咸通二年（861）张议潮收复后，河

---

① （元）脱脱等：《辽史》卷41《地理志五》，中华书局1974年版，第508—509页。
② （元）脱脱等：《辽史》卷41《地理志五》，第509页。
③ （宋）欧阳修：《新五代史》卷4《唐本纪·庄宗上》，中华书局1974年版，第31页。
④ （宋）欧阳修：《新五代史》卷4《唐本纪·庄宗上》，第32页。
⑤ 参见荣新江：《归义军史研究——唐宋时代敦煌历史考索》，第2—10页。
⑥ 参见赵贞：《归义军史事考论》，第158—163页。

西东达长安的道路方又畅通。

从大中二年到咸通七年之间，沙州先后几次遣使中原，分别为：大中二年，张议潮收复瓜、沙二州，遣高进达等赴唐都长安报捷。大中五年（851）五月，沙州都法律洪辩弟子悟真入朝[1]；八月[2]，张议潮遣兄议潭奉瓜、沙、伊、肃、甘等十一州地图进献唐朝[3]。咸通七年（866）七月，张议潮遣使进甘峻山青骹鹰四联、延庆节马二匹、吐蕃女子二人，僧昙延进《大乘百法明门论》等。[4] 而与敦煌本《驿程记》中所云"八月廿四日"时间相合的唯有大中五年八月的这次遣使。

另外，大中五年八月的使团中，还有吴安正、僧慧苑等人，唐朝政府授吴安正等官，授僧慧苑京城临坛大德，其中授吴安正等官的制云："沙州专使衙前左厢都知押衙吴安正等。自天宝以降，中原多故，莫大之虏，盗取西陲，……尔帅议潮，果能抗忠臣之丹心，折昆夷之长角。……尔等咸能竭尽肝胆，奉事长帅，将其诚命，经历艰危。言念忠劳，岂吝爵位，官我武卫，仍峻阶级，以慰皇华，用震殊俗。"[5] 此处明言"沙州专使"，与敦煌本《驿程记》相同；言"经历艰危"，亦反映出使团绕经漠北，经由西受降城、天德军（城）入京，的确路途艰辛。

杨宝玉先生在梳理张议潮首次遣使入奏活动后，认为：大中二年，沙州遣使的主要目的是通报消息，为后续较正规的使团作铺垫。大中五年，至少有三个沙州使团陆续入京，使团规格越来越高，而张议潭率领的使团最为郑重。[6] 敦煌本《驿程记》中所言"沙州专使"正表明此次使团郑重且规格高。故笔者推测：敦煌本《驿程记》中所言"八月廿四日"，"沙州专

---

[1] 参见上海古籍出版社、法国国家图书馆编：《法国国家图书馆藏敦煌西域文献》（27），上海古籍出版社2002年版，第113页。
[2] （宋）王钦若等编：《册府元龟》卷20《帝王部·功业》作"七月"；《旧唐书》卷18下《宣宗纪》、《唐会要》卷78《诸使中·节度使》皆作"八月"；《新唐书》卷8《宣宗纪》作"十月"。
[3] （后晋）刘昫等：《旧唐书》卷18下《宣宗纪》，第629页。
[4] （后晋）刘昫等：《旧唐书》卷19上《懿宗纪》，第660页。
[5] （唐）杜牧著，陈允吉校点：《樊川文集》卷20《沙州专使押衙吴安正等二十九人授官制》，上海古籍出版社2007年版，第305页。
[6] 杨宝玉：《大中二年张议潮首次遣使入奏活动再议》，《兰州学刊》2010年第6期。

使"当是指大中五年八月张议潭率领的沙州使团到达天德军（城）一事。

据敦煌本《驿程记》云：九月"十八日，雁门关北口驿宿"。笔者推断：大中五年八月的使团也应是循天德军（城）—中受降城—振武军—雁门关一线，继而经由太原道抵达长安。之所以选择这条路线，是因为雁门、太原道虽迂远，然太原以南途程平坦，经济繁荣，其北亦颇富庶，沿途供应较易。① 尤其自盛唐以后，"南北交往，如遣使，如贡、遗，如公主和蕃，例取太原路"②，如会昌五年（845）二月，《巡边使刘濛状》云："黠戛斯使云：今冬必欲就黑车子收回鹘可汗余烬，切望国家兵马应接。……须遣使臣早为布置，其刘濛便望从灵武至天德、振武取太原路赴京。"③

依据前述大中五年的时势和交通状况分析，笔者认为：大中二年，张议潮所遣沙州使节绕道漠北前往长安，因道路艰险，行程不易，故在大中四年七月二十日方才到达天德军（城）。由于其时经夏州至长安的道路很不安全且供给不易，沙州使团遂经中受降城—振武军—雁门关一线，由太原道入京。

综上所述，笔者认为：大中二年沙州遣使中原的具体路线为沙州—瓜州—回鹘牙（衙）帐—鹡鸰泉—西受降城—天德军（城）—中受降城—振武军—雁门关—太原府—长安。大中五年的几次遣使，所走路线与大中二年一致。沙州使节所选的这条路线，其实自唐代中叶以后，就已成为回鹘入京的主线。唐初，回纥入京以丰州、灵州为主线。安史乱后，"灵盐地区、贺兰、黄河地段为吐蕃侵逼，致丰灵间交通受阻，乃转以东经天德、中城、东城、振武军为主线"④。元和八年李吉甫上疏中称："顷年每有回鹘消息，常须经太原取驿路至阙下"⑤，此处更可看出循太原道入京已成惯例。

---

① 严耕望：《唐代交通图考》第 5 卷《河东河北区》，第 1335—1336 页。
② 严耕望：《唐代交通图考》第 5 卷《河东河北区》，第 1341 页。
③ （清）董诰等编：《全唐文》卷 702，中华书局 1983 年版，第 7208 页。
④ 严耕望：《唐代交通图考》第 2 卷《河陇碛西区》，第 618 页。
⑤ （唐）李吉甫撰，贺次君点校：《元和郡县图志》卷 4《关内道四·新宥州》，第 107 页。

下 编

唐代木炭使置废考

"木炭使"之名始见于唐代，木炭使的主要职责是管理木炭事务。由于文献中有关木炭使的记载相对较少，虽然龚胜生、宁志新、李锦绣、林鸿荣等先生在研究论著[①]中有所提及，但是学界整体对此关注不多。

木炭使作为唐代财政使职之一，其出现与当时"财货之任，多专置使以主之，不独归于台阁"[②]的大背景直接相关，并深刻反映着唐代社会经济与政治制度的变化。本文尽可能地钩稽史料，就唐代木炭使的始置时间、木炭事务管理权的变化过程略加考证。

一、唐代木炭使的始置时间

隋唐时期，司农寺钩盾署执掌木炭事务。但至唐代前期，作为财政使职之一的木炭使已经出现，《唐会要》卷66、卷78中有两处相关记载，分别为：

> 天宝五载（746）九月，侍御史杨钊充木炭使。[③]

[①] 参见龚胜生：《唐长安城薪炭供销的初步研究》，《中国历史地理论丛》1991年第3辑；宁志新：《隋唐使职制度研究（农牧工商编）》，中华书局2005年版，第248—249页；李锦绣：《唐代财政史稿》（第四册），社会科学文献出版社2007年版，第489页；林鸿荣：《隋唐五代的林业官制》，《北京林业大学学报（社会科学版）》2007年第1期。

[②] （宋）王钦若等编：《册府元龟》卷483，《邦计部·总序》，中华书局1982年版，第5768页。

[③] （宋）王溥：《唐会要》卷66《木炭使》，上海古籍出版社2006年版，第1362页。

天宝七载（748）十一月，给事中杨钊充九成宫使。注云：其使及木炭使，并是岐州刺史勾当。至是，钊欲移夺大权，遂兼监仓、司农出纳钱物，召募剑南健儿；两京太仓，含嘉仓出纳，召募河西陇右健儿，催诸道租庸等使。①

以往研究中，学者们多是据此来判断唐代木炭使的始置时间，宁志新提出："木炭使原由岐州刺史兼任，天宝年间才改由杨钊充任。但是天宝之前的岐州刺史，并无一人兼充木炭使之确切记载，唯《唐会要》载天宝五载杨钊充使事，因此，我们可以认为，木炭使的始置时间最晚不会晚于天宝五载。"② 李锦绣则认为："开元天宝年间，出现木炭使"，"岐州刺史曾勾当过木炭使。从地理位置看，岐州刺史当不能掌钩盾全部职责，而应负责岐、陇输作木橦的采造，至于京兆的和市木橦，岐州刺史鞭长莫及，这部分木橦来源及木炭的供给分配，仍留存在钩盾署的职掌中"③。

毫无疑问，宁志新、李锦绣二人都承认岐州刺史勾当过木炭使。只不过，宁志新将木炭使的始置时间定在天宝五载以前，而李锦绣则定在开元天宝年间；宁志新似乎认为木炭使替代了司农寺钩盾署的职能，而李锦绣则认为充任木炭使的岐州刺史只承担了部分钩盾署的职责。

那么唐玄宗开元年间究竟是否出现了木炭使？岐州刺史又是否兼任过木炭使呢？根据《唐六典》中相关记载，我们可以作出判断：

钩盾署令掌供邦国薪刍之事；丞为之贰。凡祭祀、朝会，宾客享宴，随其差降而供给焉。注云：其和市木橦一十六万根，每岁纳寺；如用不足，以苑内蒿根柴兼之。其京兆、岐、陇州募丁七千人，每年各输作木橦八十根，春、秋二时送纳。若驾在都，则于河南府诸县市

---

① （宋）王溥：《唐会要》卷78《诸使中·诸使杂录上》，第1701页。
② 宁志新：《隋唐使职制度研究（农牧工商编）》，第248页。
③ 李锦绣：《唐代财政史稿》（第四册），第487页。

之，少尹一人与卿相知检察。①

钩盾署的薪刍来源：一为和市；二为苑内蒿根柴；三为募丁输纳。其中和市的木橦每年十六万根，而募丁输纳的木橦每年则高达五十六万根。由此可见，京兆、岐、陇等地在唐代前期薪刍供给中的重要地位。直到唐代中后期，依然如是，"岐、吴诸山多橡栾柱栋之材，而薪炭粟刍之类，京师藉赖焉"②。

另外，九成宫正位于岐州之内，唐代置九成宫总监，负责"检校宫苑，供进合练药饵之事"③。天宝七载，"以给事杨钊充九成宫使，凡宫使自此始也"④。在此之前，只有"宫监"，并无"宫使"之名。因此，《唐会要》中所言"岐州刺史勾当九成宫使"的说法，显然是指"岐州刺史勾当九成宫总监"。然而早在隋初，就有梁彦光以"岐州刺史，兼领岐州宫监"⑤的先例。

唐朝皇帝巡行东都时，河南府需要在薪刍供给方面有所作为，即"驾在都，则于河南府诸县市之，少尹一人与卿相知检察"；而皇帝巡幸九成宫时，岐州刺史同样要在薪刍供给方面发挥更大作用。可见，岐州在募丁输纳、九成宫苑内蒿根柴，甚至和市方面都为薪刍供给做了极大贡献，因而由岐州刺史承担部分钩盾署的职责，也在情理之中，这也正是《唐会要》中所言"岐州刺史勾当木炭使"的原意。

《唐六典》成书于开元二十七年（739），其中并未提及木炭使，且《通典》注云"天宝五载九月，侍御史杨钊充木炭使，自后相循，或以京尹，或以户部侍郎为"⑥，尤其是"自后相循"四字，强调的是自此以后，正说明

---

① （唐）李林甫等撰，陈仲夫点校：《唐六典》卷19《司农寺》，中华书局1992年版，第527页。
② （唐）元稹著，周相录校注：《元稹集校注》卷54《碑铭·有唐赠太子少保崔公墓志铭》，上海古籍出版社2011年版，第1327页。
③ （唐）李林甫等撰，陈仲夫点校：《唐六典》卷19《司农寺》，第530页。
④ （宋）钱易撰，黄寿成点校：《南部新书》乙卷，中华书局2002年版，第86页。
⑤ （唐）魏徵、令狐德棻：《隋书》卷73《循吏列传·梁彦光》，中华书局1973年版，第1675页。
⑥ （唐）杜佑撰，王文锦等点校：《通典》卷26《职官八·诸卿中·司农卿》，中华书局1988年版，第728页。

木炭使始置于天宝五载。

二、唐代木炭使的变化过程及原因

唐代木炭使曾三置三停，具体如下：

（一）第一次置停是在玄宗时期

天宝五载九月，木炭使初置，由杨钊（国忠）充使。至于为何要置木炭使，确是有着深刻的经济原因，"开元以前，有事于外，则命使臣，否则止。自置八节度、十采访，始有坐而为使，其后名号益广。大抵生于置兵，盛于兴利，普于衔命，于是为使则重，为官则轻"[①]。木炭使始置于唐代前期，正是"盛于兴利"的产物，即与唐代宫廷及官府的木炭消耗数量日渐庞大息息相关，朝廷希望强化对木炭事务的管理。

仅据《唐六典》所载：亲王已下，每日木橦十根，炭十斤；三品已上，木橦春二分、冬三分五厘，炭春三斤、冬五斤；四品、五品的木、炭并同三品；六品已下、九品已上，木橦春二分、冬三分[②]；不仅"京官应给炭，五品已上日二斤"，而且"蕃客在馆，第一等人日三斤，已下各有差"[③]；此外，"中书省、门下省、尚书省、御史台、史馆、集贤院别敕定名使，并吏部、兵部入宿令史，中书、门下令史，诸楷书手写书课"，也"皆有炭料"[④]。依据有关学者的统计，"唐代宫中所需薪柴也在3万吨左右"，"京官及其随从年需薪柴共7万吨左右"[⑤]，两者合计已超过10万吨。然而，此数

---

① （唐）李肇：《唐国史补》卷下，上海古籍出版社1979年版，第53页。
② （唐）李林甫等撰，陈仲夫点校：《唐六典》卷4《尚书礼部》，第128—129页。
③ （唐）李林甫等撰，陈仲夫点校：《唐六典》卷19《司农寺》，第527页。
④ （唐）李林甫等撰，陈仲夫点校：《唐六典》卷19《司农寺》，第525页。
⑤ 龚胜生：《唐长安城薪炭供销的初步研究》，《中国历史地理论丛》1991年第3辑。

中尚不包括外来使节、中央机构中令史及楷书手等人的炭料。

唐代前期，为了加强京师长安与薪炭供应地京兆、岐、陇等地的联系，大力发展水运事业。高祖武德八年（625），水部郎中姜行本在陇州开五节堰，"引陇川水通漕"[①]；高宗咸亨三年（672），"于岐州陈仓县东南开渠，引渭水入升原渠，通船筏至京故城"，即汉长安城，"今大兴城之西北苑中"[②]；武后垂拱初，"运岐、陇水（木）入京城"[③]；天宝元年（742），"京兆尹韩朝宗又分渭水入自金光门，置潭于西市之西街，以贮材木"[④]。漕运的发展，使得都城与薪炭产区的联系更加紧密，为中央直接管理木炭事务，设置木炭使，创造了有利条件。

唐代前期，御史台"知太府、司农出纳"[⑤]，有财务监察权。天宝四载八月，"殿中侍御史杨钊充司农出纳钱物使"[⑥]。随着"司农出纳钱物使"这一专使的出现，司农寺的实际职权不断虚化。从制度层面来看，杨国忠正是利用身兼"司农出纳钱物使"的机会，将木炭事务逐渐从钩盾署中剥离，进而成为首位木炭使。

天宝十一载十一月，杨国忠拜右相，身领四十余使[⑦]。直到天宝十五载，其在马嵬驿被杀时，兼任木炭使已长达近十年之久。时间如此之长，这与杨国忠本人希望扩大权势又有直接关系。

---

① （宋）欧阳修、宋祁：《新唐书》卷37《地理志一》，中华书局1975年版，第968页。
② （唐）杜佑撰，王文锦等点校：《通典》卷10《食货一〇·漕运》，第221页。
③ （宋）欧阳修、宋祁：《新唐书》卷37《地理志一》，第967页。
④ （后晋）刘昫等：《旧唐书》卷9《玄宗纪下》，中华书局1975年版，第216页。
⑤ （后晋）刘昫等：《旧唐书》卷44《职官志三》，第1863页。
⑥ （宋）王溥：《唐会要》卷59《尚书省诸司下·出纳使》，第1202页。
⑦ 《唐大诏令集》中记载："亚相、银青光禄大夫、御史大夫、判度支事、权知太府卿、兼蜀郡长史、持节剑南节度支度营田等副大使、本道兼山南西道采访处置使、两京太府司农出纳、监仓、祠祭、木炭、宫市、长春、九成宫等使、关内道及京畿采访处置使、上柱国、弘农县开国伯杨国忠。""可守右相，兼吏部尚书、集贤殿学士、修国史、崇玄馆大学士、太清太微宫使，仍判度支及蜀郡大都督府长史、剑南节度支度营田副大使、本道兼山南西道采访处置使、两京出纳、勾当租庸铸钱等使并如故"。（宋）宋敏求：《唐大诏令集》卷45《大臣·宰相·命相二·杨国忠右相制》，商务印书馆1959年版，第223页。

（二）第二次置停是在代宗时期

安史之乱后，长安薪炭供给出现困难。永泰元年（765）闰十月辛卯，"以京兆少尹黎幹为京兆尹"[1]，同时再置木炭使，由黎幹"充木炭使"，"自后京兆尹常带使"[2]。

针对京城木炭供应不足的问题，永泰二年九月庚申，京兆尹黎幹建议开漕渠，将都城与当时重要的木炭产区终南山直接连接起来，"自南山谷口入京城，至荐福寺东街，北抵景风、延喜门入苑"。漕渠"阔八尺，深一丈"，开通后有利于缓解长安薪炭的供给困难，故代宗皇帝非常重视，亲幸"安福门以观之"[3]。

大历四年（769）冬十月乙卯，以"正议大夫、守汝州刺史、兼御史中丞、知本州营田、上柱国、平昌县开国男、赐紫金鱼袋孟皞"，"守京兆尹，依前兼御史中丞，仍充勾当神策军粮及木炭等使"[4]。孟皞任京兆尹，兼领木炭使的时间不长，据《资治通鉴考异》所引《实录》可知，大历五年三月辛卯，孟皞改任左常侍。同日，"以兵部侍郎贾至为京兆尹"[5]。

然而，据《授贾至京兆尹制》记载，"正议大夫、行尚书兵部侍郎、信都县开国男、赐紫金鱼袋贾至"，"可守京兆尹，兼御史大夫，散官勋封赐如故"[6]，其中并未提及"木炭使"，可知贾至虽任京兆尹，但已不再兼领木炭使了。又据《唐会要》记载，木炭使"至大历五年停"[7]，可以断定孟皞为代宗时期最后一位兼领木炭使的京兆尹。

至于木炭使为何再次停废，主要原因在于当时的政治斗争。大历五年五月庚辰，"贬礼仪使、礼部尚书裴士淹为虔州刺史，户部侍郎、判度支第

---

[1] （后晋）刘昫等：《旧唐书》卷11《代宗纪》，第280页。
[2] （宋）王溥：《唐会要》卷66《木炭使》，第1362页。
[3] （后晋）刘昫等：《旧唐书》卷11《代宗纪》，第283—284页。
[4] （宋）李昉等编：《文苑英华》卷406《授孟皞京兆尹制》，中华书局1982年版，第2057—2058页。
[5] （后晋）刘昫等：《旧唐书》卷11《代宗纪》，第296页。
[6] （宋）李昉等编：《文苑英华》卷406《授贾至京兆尹制》，第2058页。
[7] （宋）王溥：《唐会要》卷66《木炭使》，第1362页。

五琦为饶州刺史，皆鱼朝恩党也。元载既诛朝恩，下制罢使，仍放黜之"①，木炭使也在停罢之列。

（三）第三次置停是在德宗时期

"贞元十一年（795）八月，户部侍郎裴延龄充京西木炭采造使，十二年九月停。"②

至于"京西木炭采造使"为何是由户部侍郎兼领，则与裴延龄有很大关系。贞元九年五月甲寅，"以司农少卿裴延龄为户部侍郎、判度支"③。此后，裴延龄不断扩大权势，于贞元十年六月庚午，"兼灵、盐等州盐池井榷使"④；十一年八月，充京西木炭采造使。

十二年三月乙巳，"户部侍郎裴延龄为户部尚书，使职如故"⑤。由于"裴延龄恃恩轻躁"，故而"班列惧之"⑥。"时裴延龄为户部尚书，恃恩奸佞，与张滂不叶。"金部员外郎萧存，"谅直有功曹之风"，"恶延龄之为人，弃官归庐山"⑦。

十二年九月丙午，"户部尚书、判度支裴延龄卒"⑧。随着裴延龄之死，京西木炭采造使也停罢，存在时间仅有一年。自此以后，虽然再未出现过木炭使，但是木炭事务却成为度支使的职掌。

度支自"贞元已前，他官来判者甚众，自后多以尚书、侍郎主之，别官兼者希矣。故事，度支案郎中判入，员外判出，侍郎总统押案而已，官

---

① （后晋）刘昫等：《旧唐书》卷11《代宗纪》，第296—297页。
② （宋）王溥：《唐会要》卷66《木炭使》，第1362页。
③ （后晋）刘昫等：《旧唐书》卷13《德宗纪下》，第376页。
④ （后晋）刘昫等：《旧唐书》卷13《德宗纪下》，第379页。
⑤ （宋）司马光编著：《资治通鉴》卷235《唐纪五一》"唐德宗贞元十二年（796）三月乙巳"条，中华书局1976年版，第7570页。
⑥ （唐）李肇：《唐国史补》卷上，第30页。
⑦ （唐）赵璘：《因话录》卷3《商部下》，上海古籍出版社1979年版，第89页。
⑧ （后晋）刘昫等：《旧唐书》卷13《德宗纪下》，第376页。

衔不言专判度支。开元以后，时事多故，遂有他官来判者，或尚书、侍郎专判，乃曰度支使，或曰判度支使，或曰知度支事，或曰句当度支使，虽名称不同，其事一也"①。德宗时期，"度支以制用惜费，渐权百司之职，广署吏员，繁而难理"。宪宗元和元年（806），"度支使杜佑让钱谷之务，引李巽自代"，并向朝廷建议"营缮归之将作，木炭归之司农，染练归之少府"②，这就使得木炭事务从度支使职掌中析出，重新回归司农寺。

三、结语

综上所述，我们可以清晰地厘清唐代木炭事务管理权的变化轨迹：

唐代初期，木炭事务系司农寺职掌；玄宗天宝五载至十五载，木炭事务划归新设置的木炭使，使职由杨国忠兼领；马嵬事变后，木炭事务管理权回归司农寺；代宗永泰元年至大历五年，木炭事务又从司农寺剥离，为木炭使职掌，使职由京兆尹兼任；大历五年后，木炭事务管理权再次回归司农寺；德宗贞元十一年至十二年，木炭事务再次从司农寺剥离，成为木炭使职掌，使职由裴延龄兼任；贞元十二年后，木炭事务管理权又由度支使执掌；宪宗元和元年后，木炭事务管理权重归司农寺。

唐代木炭事务管理权的变化，与政治制度的转型、政治局势的变动、社会经济尤其是商品经济的发展等息息相关，亦如李锦绣所言："从开元起，木炭使出现、合并、停废，几经变化，先后由岐州刺史、判度支、京兆尹、度支使、度支使兼领勾当，最后又回归司农寺。木炭使的演变历程不是单一的，它随着国家财政机构的改变而载沉载浮，其置废的过程深深打上了财政机构改革的烙印。"③

---

① （宋）王溥：《唐会要》卷59《尚书省诸司下·别官判度支》，第1196页。
② （宋）钱易撰，黄寿成点校：《南部新书》乙卷，第84—85页。
③ 李锦绣：《唐代财政史稿》（第四册），第489页。

唐代长安城牡丹时空分布的嬗变

牡丹缘起何时？现已无从可考。然而，中国古代对野生牡丹的认识和利用却历史悠久。自甘肃省武威汉滩坡东汉墓出土的医简中提及用牡丹治疗血瘀病①起，东汉张仲景《金匮要略》、东晋葛洪《肘后备急方》、南朝龚庆宣《刘涓子鬼遗方》、唐代孙思邈《千金方》、王焘《外台秘要》、昝殷《经效产宝》等医书中皆有野生牡丹入药的记载，而且《唐六典》《通典》《元和郡县图志》《新唐书》中也有土贡野生牡丹的记录。至北宋时，唐慎微《证类本草》中已经明确将药用野生牡丹与观赏栽培牡丹区分开来。可以说，唐代是观赏栽培牡丹发展史上的一个关键阶段。②

观赏牡丹著称于世，始于唐代，而唐人甚爱牡丹，又以都城长安为最。据笔者所见，学界较早论及唐代长安牡丹的是陈寅恪，他在分析白居易《牡丹芳》一诗时，就曾指出唐代牡丹"于高宗武后之时，始自汾晋移植于京师。当开元天宝之世，尤为珍品。至贞元元和之际，遂成都下盛玩。此后乃弥漫于士庶之家"③。此后，有关唐代牡丹的研究成果不断涌现。④

---

① 参见甘肃省博物馆、武威县文化馆编：《武威汉代医简》，文物出版社1975年版，第2页。
② 参见陈涛：《唐宋时期牡丹栽培技术的传承与发展——兼论栽培牡丹的出现时间》，《自然辩证法通讯》2019年第11期。
③ 陈寅恪：《元白诗笺证稿》，生活·读书·新知三联书店2001年版，第245页。
④ 如李树桐：《唐人喜爱牡丹考》，《大陆杂志》第39卷第1、2期合刊，1969年（又见黄约瑟编：《港台学者隋唐史论文精选》，三秦出版社1990年版，第124—179页）；张艳云：《唐代长安的重牡丹风气》，《唐都学刊》1995年第5期；王双怀：《唐代牡丹的地理分布》，《中国历史地理论丛》1996年第4辑；翁俊雄：《唐代牡丹》，荣新江主编：《唐研究》第5卷，北京大学出版社1999年版，第81—92页；郭绍林：《说唐代牡丹》，《洛阳工学院学报》2001年第1期；白茹冰：《论唐代牡丹的引种、推广与兴盛》，陕西师范大学硕士学位论文，2005年；刘蓉：《惟有牡丹真国色 花开时节动京城——牡丹与唐代社会》，《文史知识》2006年第12期；王静：《唐代牡丹分布及影响刍议》，《农业考古》2014年第1期，等等。

尽管学界相关研究成果已有不少，但是对于观赏牡丹何时移入唐代长安、为何会移入长安以及为何出自汾州等问题仍未厘清。有鉴于此，本文将力图解决对这些问题，并在此基础上揭示唐代长安城牡丹时空分布的动态轨迹及其与城市社会的关系。

一、从河东寺院到长安禁苑：高宗武后时期长安牡丹的引种

唐代前期，观赏牡丹引种到长安城，其文始见于唐人舒元舆的《牡丹赋并序》：

> 古人言花者，牡丹未尝与焉。盖遁于（一作乎）深山，自幽而芳，不（一作以）为贵者（一无此字）所知，花则不可过为（四字一作何遇焉）。天后之乡西河也，有众香（一无此三字）精舍，下有牡丹，其花特异。天后叹上苑之有阙，因命移植焉。由此京国牡丹，日月浸盛。今则自禁闼泊官署，外延士庶之家，弥漫如四渎之流，不知其止息之地。每暮春之月，邀（一作遨）游之士如狂焉（一无此三字），亦上国繁华之一事也。①

赋中所言"西河"，据《通典》《元和郡县图志》、两《唐书》等可知，应指汾州西河郡，其治所为隰城县，肃宗"上元元年（760）改为西河县"②。尽管武则天的祖籍是文水县，但是赋中却称"天后之乡西河也"，这又如何解释呢？因为隰城县与文水县毗邻，而文水县在武德三年（620）隶属汾州，六年属并州，七年又属汾州，贞观元年（627）后改隶并州③，且武

---

① （宋）李昉等编：《文苑英华》卷149《牡丹赋并序》，中华书局影印本1982年版，第692页。
② （唐）李吉甫：《元和郡县图志》卷13《河东道二》，中华书局1983年版，第377页。
③ （后晋）刘昫等：《旧唐书》卷39《地理志二》，中华书局1975年版，第1481页；（宋）欧阳修、宋祁：《新唐书》卷39《地理志三》，中华书局1975年版，第1003页。

则天出生于武德七年,所以从历史上讲,也可以理解。赋中所言"上苑",当是长安禁苑,"在大内宫城之北,北临渭水,东拒浐川,西尽故都城,其周一百二十里。禽兽、蔬果,莫不毓焉"①。

然而,牡丹是何时移入长安呢?李树桐认为在高宗永徽六年(655)之前②;而郭绍林则提出很可能在660—665年这五年间③;笔者则推断很可能在高宗显庆五年(660)。理由如下:

据两《唐书》、《资治通鉴》等史籍可知,永徽六年十月,武则天被册立为皇后;上元元年(674)八月,高宗称"天皇",武则天称"天后";弘道元年(683)十二月,高宗在东都洛阳逝世。这段时期,武则天曾随高宗两次④巡幸并州:一次是在显庆五年,武则天称"天后"之前;另一次是在调露元年(679),武则天称"天后"之后。其中"调露元年九月,幸并州,令度支郎中狄仁杰为知顿使"⑤,主要是前往汾阳宫⑥,活动范围不大。然而,显庆五年的这次巡幸则声势浩大,可谓是武则天荣归故里。文献记载:

> (显庆)五年春正月甲子,幸并州。二月辛巳,至并州。丙戌,宴从官及诸亲、并州官属父老,赐帛有差。曲赦并州及管内诸州。义旗初职事五品已上身亡殁坟墓在并州者,令所司致祭。佐命功臣子孙及大将军府僚佐已下今见存者,赐阶级有差,量才处分。起义之徒职事一品已下,赐物有差。年八十已上,版授刺史、县令。佐命功臣食别封身已殁者,为后子孙各加两阶。赐酺三日。甲午,祠旧宅,以武士彟、殷开山、刘政会配食。
>
> 三月丙午,皇后宴亲族邻里故旧于朝堂,命妇妇人入会于内殿,

---

① (唐)李林甫撰,陈仲夫点校:《唐六典》卷7《尚书工部》,中华书局1992年版,第219页。
② 李树桐:《唐人喜爱牡丹考》,黄约瑟编:《港台学者隋唐史论文精选》,第136页。
③ 郭绍林:《说唐代牡丹》,《洛阳工学院学报》2001年第1期。
④ 郭绍林提出显庆五年,"高宗、武则天去了一趟并州","这是武则天仅有的一次衣锦还乡"(《说唐代牡丹》,《洛阳工学院学报》2001年第1期)。此说显然有误。
⑤ (唐)杜佑撰,王文锦等点校:《通典》卷54《礼十四·巡狩》,中华书局1988年版,第1505页。
⑥ (后晋)刘昫等:《旧唐书》卷89《狄仁杰传》,第2887页。

及皇室诸亲赐帛各有差，及从行文武五品以上。制以皇后故乡并州长史、司马各加勋级。又皇后亲预会，每赐物一千段，期亲五百段。大功已下及无服亲、邻里故旧有差。城内及诸妇女年八十已上，各版授郡君，仍赐物等。己酉，讲武于并州城西，上御飞阁，引群臣临观。

夏四月戊寅，车驾还东都，造八关宫于东都苑内。癸亥，至自并州。①

从中可见，此行内容丰富，包括宴饮、赐帛、赐物、赐阶、赐酺、曲赦、祭祀、讲武等，涉及人员广泛，既有皇室诸亲、从属官员，也有当地官员及八十以上老人，还有皇后亲族及邻里故旧等。

此外，高宗、武后还特意于三月甲寅"幸童子寺，赋诗而还"②，而童子寺位于晋阳西，"在郊牧之外"③。那么高宗、武后为何要去童子寺呢？原因之一，或许也是最重要的原因，即与武则天的佛教信仰有关。童子寺是并州名刹，应对武则天有吸引力。原因之二，隋唐嬗代之际，童子寺曾显现天子之气。据《大唐创业起居注》记载，隋炀帝大业十三年（617），"正月丙子夜，晋阳宫西北有光夜明，自地属天，若大烧火，飞焰炎赫，正当城西龙山上，直指西南，极望竟天。俄而山上当童子寺左右有紫气如虹，横绝火中，上冲北斗，自一更至三更而灭。城上守更人咸见，而莫能辨之，皆不敢道。大业初，帝（即李渊）为楼烦郡守，时有望气者云：'西北乾门有天子气连太原，甚盛'"④。奇异的天象，使童子寺再添神秘色彩。原因之三，童子寺有异竹。"北都惟童子寺有竹一窠，才长数尺。相传其寺纲维，每日报竹平安。"⑤可能正是由于以上原因才使得高宗、武后前往童子寺的。

显庆五年二月至四月的并州之行，正值汾州众香寺牡丹的开放时节，高

---

① （后晋）刘昫等：《旧唐书》卷4《高宗纪上》，第80页。
② （宋）王钦若等编：《册府元龟》卷113《帝王部·巡幸二》，中华书局影印本1982年版，第1349页。
③ （唐）张读：《宣室志》卷5，中华书局1983年版，第62页。
④ （唐）温大雅：《大唐创业起居注》卷1，上海古籍出版社1983年版，第5页。
⑤ （唐）段成式撰，方南生点校：《酉阳杂俎续集》卷10《支植下》，中华书局1981年版，第288页。

宗、武后虽然未曾亲临汾州，但是应该得知了相关信息，即所谓的"众香（一无此三字）精舍，下有牡丹，其花特异"。本应无所不有的长安禁苑却无牡丹，遂有"天后叹上苑之有阙，因命移植"之事。当然，这其中或许与武则天的佛教信仰也不无关系。至于赋中称武则天为"天后"，正如李树桐所言，"纵然是早在她未称天后以前，后人纪事还是可以称她天后的"①。

然而，为何是将牡丹移入长安，而不是洛阳呢？这又与东都洛阳的兴废历史有关。据《唐六典》所载，高祖武德四年（621）平定王世充后，"诏焚乾阳殿及建国门，废东都，以为洛州总管府。寻以宫城、仓库犹在，乃置陕东道大行台。武德九年复为洛州都督府"。太宗贞观六年（632），"改为洛阳宫。十一年，车驾始幸洛阳"。高宗"显庆二年，复置为东都。龙朔中，诏司农少卿田仁汪随事修葺，后又命司农少卿韦机更加营造"。武后"光宅中，遂改为神都，渐加营构，宫室、百司、市里、郛郭，于是备矣"②。

由上可知，高宗、武后时期正是东都洛阳不断兴建、完善的重要阶段。具体而言：显庆元年（656），"敕司农少卿田仁汪，因旧殿余址，修乾元殿"③；显庆二年十二月，高宗"手诏改洛阳宫为东都"④；显庆五年四月，"造八关宫于东都苑内"，五月壬戌，高宗"幸八关宫，改为合璧宫"⑤；麟德二年（665）三月辛未，"东都造乾元殿成"⑥，而乾元殿是洛阳宫正殿⑦；上元二年（675）四月庚辰，"以司农少卿韦弘机为司农卿。弘机兼知东都营田，受诏完葺宫苑"⑧；至仪凤四年（679），"司农卿韦弘机作宿羽、高山、上阳等宫，

---

① 李树桐：《唐人喜爱牡丹考》，黄约瑟编：《港台学者隋唐史论文精选》，第130页。
② （唐）李林甫撰，陈仲夫点校：《唐六典》卷7《尚书工部》，第220页。
③ （宋）王溥：《唐会要》卷30《洛阳宫》，上海古籍出版社2006年版，第642页。
④ （后晋）刘昫等：《旧唐书》卷4《高宗纪上》，第77页。
⑤ （后晋）刘昫等：《旧唐书》卷4《高宗纪上》，第80页。
⑥ （后晋）刘昫等：《旧唐书》卷4《高宗纪上》，第86页。
⑦ （宋）司马光编著：《资治通鉴》卷201《唐纪一七》"唐高宗麟德二年（665）三月辛未"条注，中华书局1976年版，第6344页。
⑧ （宋）司马光编著：《资治通鉴》卷202《唐纪一八》"唐高宗上元二年（675）四月庚辰"条，第6376页。

制度壮丽"①，其中的上阳宫"在皇城之西南"，禁苑之东垂，"南临洛水，西拒谷水，东面即皇城右掖门之南"，规模宏大、建筑繁华，"高宗晚年常居此宫以听政"②。在东都洛阳的建设日益完备之际，永淳元年（682），高宗"遣宦者缘江徙异竹，欲植（东都）苑中"③。从中可见，显庆五年，牡丹移植到东都洛阳的条件并不具备，于是直接移植到了更为适宜的长安禁苑。

接下来，又有问题，即牡丹为何出自汾州众香寺呢？以往研究中对此问题，往往略而不论。其实，舒元舆在赋中已有言及："古人言花者，牡丹未尝与焉。盖遁于（一作乎）深山，自幽而芳，不（一作以）为贵者（一无此字）所知。"这就说明作为药用植物的野生牡丹本是生长于山林之中，只是像高宗、武后及达官显贵等所谓"贵者"的社会上层不了解罢了，至于普通民众、僧道之人还是知道的。正是经过僧道之手，将野生牡丹驯化，成为人工栽培、可以赏玩的花卉④，这也是汾州众香寺有牡丹的原因。

牡丹从河东寺院移植到都城长安禁苑，其后又移入东都洛阳，并非一件小事，这背后其实反映出牡丹由宗教领域向世俗社会的重大转变。只不过，当时的牡丹仅是皇家独享之物。

又据柳宗元《龙城录》记载，高宗曾经宴群臣，"赋《宴赏双头牡丹》诗，惟上官昭容一联为绝丽，所谓'势如连璧友，心若臭兰人'者"⑤。恐怕当时并非群臣中无人能有更佳的对联，只是他们无法像上官婉儿那样时常亲睹牡丹，了解不深而已。另外，在永泰公主墓的藻井图案中也发现有牡丹⑥。永泰公主作为高宗、武后的孙女，死于大足元年（701），年仅十七岁，神

---

① （宋）司马光编著：《资治通鉴》卷202《唐纪一八》"唐高宗调露元年（679）正月己酉"条，第6388页。
② （唐）李林甫撰，陈仲夫点校：《唐六典》卷7《尚书工部》，第221页。
③ （宋）司马光编著：《资治通鉴》卷203《唐纪一九》"唐高宗永淳元年"条，第6411页。
④ 参见陈涛：《唐宋时期牡丹栽培技术的传承与发展——兼论栽培牡丹的出现时间》，《自然辩证法通讯》2019年第11期。
⑤ （唐）柳宗元：《河东先生龙城录》卷下《高皇帝宴赏牡丹》，《左氏百川学海》第十册丙集三，清刻本。
⑥ 参见王晓莉：《永泰公主墓壁画题材及艺术特色》，《文博》2003年第5期。

龙二年（706）与尉焉都尉武延基陪葬乾陵。古人有"事死如事生"的观念，永泰公主生前也应该赏玩过牡丹，毕竟在当时，牡丹还只是为皇家所拥有。

二、都城宫苑和官员私第：玄宗开元天宝时期长安牡丹分布空间的扩展

玄宗时期，牡丹在长安城的分布范围已有所扩展，主要体现在如下三个方面：

其一是从禁苑到宫内。据《松窗杂录》记载："开元中，禁中初重木芍药，即今牡丹也。得四本红紫浅红通白者，上因移植于兴庆池东沉香亭前。"[①]兴庆池，"在隆庆坊。本是平地，垂拱后因雨水流潦成小池，近五王宅，号为五王子池。后因分龙首渠水灌之，日以滋广。至景龙中，弥亘数顷，澄泓皎洁，有云气，或见黄龙出其中"[②]。玄宗开元二年（714）七月，"以兴庆里旧邸为兴庆宫"[③]，故兴庆池又名龙池。另据《开元天宝遗事》记载："初，有木芍药植于沉香亭前。"[④]由《松窗杂录》和《开元天宝遗事》所记内容可以推知，开元初年，牡丹方才移植于长安宫廷大内（唐代大内有三，即西内太极宫、东内大明宫、南内兴庆宫），当时的花色种类已经增多，但却仍为皇家独享之物。

开元十六年（728）正月，玄宗"始听政于兴庆宫"[⑤]。包括玄宗本人在内的皇室成员都颇爱兴庆宫牡丹，如玄宗爱妃武惠妃于开元二十五年（737）终于兴庆宫，死后赠贞顺皇后，葬于敬陵，其石椁外壁、内壁多处

[①]（唐）李濬：《松窗杂录》，中华书局1958年版，第4页。
[②]（元）骆天骧：《类编长安志》卷3《池沼·唐》，中华书局1990年版，第84页。
[③]（后晋）刘昫等：《旧唐书》卷8《玄宗纪上》，第173页。
[④]（五代）王仁裕：《开元天宝遗事》卷上《开元·花妖》，中华书局2006年版，第19页。
[⑤]（后晋）刘昫等：《旧唐书》卷8《玄宗纪上》，第192页。

刻有牡丹花纹饰①，尤其是内壁刻画反映墓主生前的社会生活，更为真实、生动。

至天宝年间，杨贵妃得宠，适逢牡丹花开，玄宗"乘月夜召太真妃以步辇从。诏特选梨园弟子中尤者，得乐十六色。李龟年以歌擅一时之名，手捧檀板，押众乐前欲歌之。上曰：'赏名花，对妃子，焉用旧乐词为？'遂命龟年持金花笺宣赐翰林学士李白，进清平调词三章"。于是就有了"云想衣裳花想容，春风拂槛露华浓。若非群玉山头见，会向瑶台月下逢"②等佳作流传。

顺便提及的是，当时长安城外的华清宫③中也种植有牡丹，玄宗曾与杨贵妃幸华清宫，"因宿酒初醒，凭妃子肩同看木芍药，上亲折一枝与妃子，递嗅其艳。帝曰：'不惟萱草忘忧，此花香艳尤能醒酒。'"④

其二是从河东寺院到长安官员私第。河东汾州众香寺的牡丹自高宗、武后移植于长安后，逐渐为社会上层所知。"开元末，裴士淹为郎官，奉使幽冀回，至汾州众香寺，得白牡丹一窠，植于长安私第，天宝中，为都下奇赏。"⑤这就表明玄宗开元天宝之际，长安牡丹不再仅仅是皇家独享之物，皇室之外的社会上层也可以拥有。虽然当时的牡丹仍属珍品，仅仅是个别社会上层拥有，成为"都下奇赏"，但是却反映着唐代牡丹的世俗化倾向开始加深。

其三是从都城宫苑到权贵豪宅。天宝年间，"杨国忠初因贵妃专宠，上赐以木芍药数本植于家，国忠以百宝妆饰栏楯"⑥，"又用沉香为阁，檀香为栏，以麝香、乳香筛土和为泥饰壁。每于春时木芍药盛开之际，聚宾友于

---

① 参见程旭：《唐贞顺皇后敬陵石椁》，《文物》2012 年第 5 期。
② （唐）李濬：《松窗杂录》，第 4—5 页。
③ 《唐会要》卷 30《华清宫》记载："开元十一年（723）十月五日置温泉宫于骊山，至天宝六载（747）十月三日改温泉宫为华清宫。"（第 559 页）
④ （五代）王仁裕：《开元天宝遗事》卷下《天宝下·醒酒花》，第 38 页。
⑤ （唐）段成式撰，方南生点校：《酉阳杂俎前集》卷 19《广动植物之四·草篇》，第 185 页。
⑥ （五代）王仁裕：《开元天宝遗事》卷下《天宝下·百宝栏》，第 58 页。

此阁上赏花焉。禁中沉香之亭远不侔此壮丽也"[1]。这说明通过皇帝的赏赐，都城宫苑中的牡丹也能够移植到像外戚杨国忠这样的权贵豪宅中。

从上可见，开元天宝时期，长安城牡丹的扩展来源有二：一为河东寺院，二为都城宫苑。前者是宗教场所，后者是最高统治者居所。牡丹从河东汾州寺院移植到长安官员私第，反映的仍是由宗教领域向世俗社会的转变趋势；而从都城宫苑移植到权贵豪宅，则昭示着由顶层皇室到社会上层的下移，实际上也揭示出牡丹世俗化的逐渐加深过程。不过，在当时社会上，牡丹仍属稀有之物。

三、宫苑、官署、私宅、寺观：唐代中期以降长安牡丹分布空间的多元化

牡丹在宪宗"元和初犹少"，至文宗时"与戎葵角多少矣"[2]，"自禁闼洎官署，外延士庶之家，弥漫如四渎之流，不知其止息之地"[3]。可以说，唐代中期以降，长安城的牡丹分布空间更加多元化，既有宫苑与官署，也有私宅和寺观。

（一）宫苑

自玄宗开元年间始，长安宫廷大内已有牡丹。此后，依然如是。不过，范围有所扩大，品种也有变化。如穆宗时期，"殿前种千叶牡丹，花始开，香气袭人，一朵千叶，大而且红。上每睹芳盛，叹曰：'人间未有。'"[4] 又如

---

[1] （五代）王仁裕：《开元天宝遗事》卷下《天宝下·四香阁》，第58页。
[2] （唐）段成式撰，方南生点校：《酉阳杂俎前集》卷19《广动植物之四·草篇》，第185页。
[3] （宋）李昉等编：《文苑英华》卷149《牡丹赋并序》，第692页。
[4] （唐）苏鹗：《杜阳杂编》卷中，中华书局1985年版，第15页。

文宗大和九年（835），"诛王涯、郑注后，仇士良专权恣意，上颇恶之。或登临游幸，虽百戏骈罗，未尝为乐"，"于内殿前看牡丹，翘足凭栏，忽吟舒元舆《牡丹赋》……吟罢，方省元舆词，不觉叹息良久，泣下沾臆"[1]。

穆宗、文宗长居东内大明宫，可知大明宫内也种植有牡丹，且出现千叶牡丹等新品种。

（二）官署

唐代中期以后，官署中也开始种植牡丹。前辈学者已经指出，永达坊的华阳池度支亭子、修政坊的尚书省亭子、宗正寺亭子及翰林院北厅前都有观赏牡丹。[2]

此外，吏部后堂前和弘文馆厅内也种植牡丹。

据《仙传拾遗》记载，韩愈的外甥修道有仙术，"能染花，红者可使碧，或一朵具五色"，曾于吏部后堂前染白牡丹一丛，"自劚其根下置药，而后栽培之"，云"来春必作含棱碧色，内合有金含棱红间晕者，四面各合有一朵五色者"，"俟春为验"[3]。另据《闻奇录》可知，王铎任兵部侍郎时，与相国杜悰，"充弘文馆直学士，判馆事"，曾于暮春时节一同在弘文馆厅内观赏牡丹。[4]

（三）私宅

虽然在开元天宝年间，裴士淹宅和杨国忠宅就已出现牡丹，但是自唐代中期以后，长安私宅中的牡丹才逐渐增多，文献中提及的有裴士淹宅、

---

[1] （唐）苏鹗：《杜阳杂编》卷中，第18页。
[2] 李树桐：《唐人喜爱牡丹考》，黄约瑟编：《港台学者隋唐史论文精选》，第151—152页。
[3] （宋）李昉等编：《太平广记》卷54《神仙五四·韩愈外甥》引《仙传拾遗》，中华书局1986年版，第331页。
[4] （宋）李昉等编：《太平广记》卷500《杂录八·孔纬》引《闻奇录》，第4099页。

马燧宅、浑瑊宅、李益宅、元稹宅、窦易直宅、韩弘宅、王仲周宅、令狐楚宅、唐扶宅、裴度宅、李进贤宅、赵光逢宅、谢翱宅等（表1）。

表1 唐代中期以降长安私宅牡丹分布统计表

起始时代	宅名	所在坊名	街区	文献出处	备注
玄宗时	裴士淹宅（子裴通）	长兴坊	街东	《全唐诗》卷280《酉阳杂俎前集》卷19	裴士淹历经玄宗、肃宗、代宗三朝
德宗时	马燧宅	安邑坊	街东	《全唐诗》卷425	出将入相
德宗时	浑瑊宅	大宁坊	街东	《全唐诗》卷359/364/436	出将入相
宪宗时	李益宅	新昌坊	街东	《全唐诗》卷283	历任秘书少监、右散骑常侍等
宪宗时	元稹宅	靖安坊	街东	《全唐诗》卷401/412/437	出将入相
宪宗时	窦易直宅	新昌坊	街东	《全唐诗》卷437	元和八年（813），给事中
宪宗时	韩弘宅	永崇坊	街东	《唐国史补》卷中	元和十四年（819），中书令
穆宗时	王仲周宅	不详		《全唐诗》卷317	右庶子
文宗时	令狐楚宅	开化坊	街东	《全唐诗》卷334/365	出将入相
文宗时	唐扶宅	不详		《全唐诗》卷364	刑部郎中
文宗时	裴度宅	永乐坊	街东	《独异志》卷上	开成四年（839）
文宗时	李进贤宅	通义坊	街西	《剧谈录》卷下	朔方节度使
昭宗时	赵光逢宅	不详		《全唐诗》卷707	侍郎
不详	谢翱宅	昇道坊	街东	《太平广记》卷364引《宣室志》	举进士

其中，马燧、浑瑊、元稹、韩弘、令狐楚、裴度都曾出将入相，裴士淹、李益、窦易直、王仲周、唐扶、李进贤、赵光逢都曾为中高级官吏，他们同属于社会上层。谢翱虽然并无官职，但是为大族之后，家境殷实。

唐代中期以降，尽管长安私宅牡丹的来源应该是多元的，但是仍然能够看到它与河东地区之间的密切联系。如唐德宗时，马燧"镇太原，又得红紫二色者，移于城中"[①]；唐文宗时，令狐楚宅"在开化坊，牡丹最盛"[②]，而令狐楚同样出镇过河东。

---

① （唐）段成式撰，方南生点校：《酉阳杂俎前集》卷19《广动植物之四·草篇》，第185页。
② （宋）宋敏求：《长安志》卷7，台湾成文出版社有限公司1970年版，第160页。

（四）寺观

唐代，长安寺观中何时出现观赏牡丹，现已不可得知。不过，可以肯定的是，唐代中期以后，长安寺观中的牡丹才越来越多，文献中提及的寺观就有崇敬尼寺、慈恩寺、永寿寺、西明寺、兴唐寺、兴善寺、咸宜女观、万寿寺、荐福寺等（表2）。

表2　唐代中期以降长安寺观牡丹分布统计表

起始时代	寺观名	所在坊名	街区	文献出处	备注
代宗时	崇敬尼寺	靖安坊	街东	《全唐诗》卷 436《太平广记》卷 487《霍小玉传》	
代宗时	慈恩寺	晋昌坊	街东	《全唐诗》卷 327/675《酉阳杂俎续集》卷 6《剧谈录》卷下	
宪宗时	永寿寺	永安坊	街西	《全唐诗》卷 400	
宪宗时	西明寺	延康坊	街西	《全唐诗》卷 411/427/432/437	
宪宗时	兴唐寺	大宁坊	街东	《酉阳杂俎前集》卷 19	
宪宗时	兴善寺	靖善坊	街东	《酉阳杂俎前集》卷 19《酉阳杂俎续集》卷 5	临朱雀大街
懿宗时	咸宜女观	亲仁坊	街东	《全唐诗》卷 804	
昭宗时	万寿寺	长寿坊	街西	《全唐诗》卷 703/732《太平广记》卷 257《张濬伶人》引《南楚新闻》	
昭宗时	荐福寺	开化坊	街东	《全唐诗》卷 709/731	临朱雀大街

上述寺观中有关牡丹的记载，能够确定的年代最早是在唐代宗大历年间（766—779）。据唐人蒋防所撰《霍小玉传》中称，大历中，李益"与同辈五六人诣崇敬寺玩牡丹花"[①]。另据段成式《酉阳杂俎》所载："当时名公，有《裴给事宅看牡丹》诗，诗寻访未获。一本有诗云：'长安年少惜春残，争认慈恩紫牡丹。别有玉盘乘露冷，无人起就月中看。'太常博士张乘尝见

---

① （宋）李昉等编：《太平广记》卷 487《杂传记四·霍小玉传》，第 4009 页。

裴通祭酒说。"①而这位"当时名公"应指"大历十才子"之一的卢纶。

至唐宪宗时，寺观中牡丹的花色、品种更加丰富。如兴唐寺"有牡丹一窠，元和中，著花一千二百朵。其色有正晕、倒晕、浅红、浅紫、深紫、黄白檀等，独无深红。又有花叶中无抹心者，重台花者，其花面径七八寸"；又如兴善寺素师院，"牡丹色绝佳，元和末，一枝花合欢"②。

由上可知，唐代中期之后长安城牡丹分布空间多元化，尤其是在私人领域——私宅和城市公共空间——寺观中不断涌现，反映着牡丹世俗化的过程已大大加深。

四、唐代长安牡丹时空分布所反映的城市社会

有唐一代，自牡丹引种到长安城后，其空间分布呈现出从高宗武后时期的皇家禁苑扩展到玄宗开元天宝时期的私人领域进而再扩展到唐代中期以降的城市公共空间的动态演变轨迹。这一嬗变背后实际上也反映着唐代城市社会的变迁。

（一）城市社会主体人群的转变

唐代中期以前，就牡丹分布空间的性质而言，无论是都城宫苑，还是官员私第，都属于私人领域，只不过，都城宫苑可视为一种特殊的私人领域。就空间主体人群的社会地位而言，无论是皇室，还是官员，皆是贵族，同属于社会上层。

唐代中期以后，就牡丹分布空间的性质而言，尽管宫苑、官署、私宅

---

① （唐）段成式撰，方南生点校：《酉阳杂俎前集》卷19《广动植物之四·草篇》，第185页。
② （唐）段成式撰，方南生点校：《酉阳杂俎前集》卷19《广动植物之四·草篇》，第186页。

仍可视为私人领域,但是寺观却为城市公共空间。就空间主体人群的社会地位而言,私人领域都是非富即贵的社会上层,包括皇室、官员和富豪,亦如唐诗所言"豪家旧宅无人住,空见朱门锁牡丹"[①];而公共空间则广泛覆盖了城市社会的众多阶层,如史籍中所载"京师贵牡丹,佛宇、道观多游览者"[②]。

牡丹分布空间的嬗变,其实反映着唐代城市人口结构与主体人群发生变化,城市新兴阶层开始形成和崛起,"即从官僚士大夫为主体的士人社会向普通居民为主体的市民社会转型"[③]。

(二)城市花卉经济的发展

唐代中期以前,长安城牡丹的分布空间与观赏群体十分有限。自唐代中期以后,随着牡丹分布空间的扩展和多元化,观赏群体的范围广、规模大。当时有经济条件的人群,还会购买牡丹,因此推动了牡丹的商品化。唐诗中对此有所描述,如"近来无奈牡丹何,数十千钱买一颗"[④];"帝城春欲暮,喧喧车马度。共道牡丹时,相随买花去。贵贱无常价,酬直看花数。灼灼百朵红,戋戋五束素。……一丛深色花,十户中人赋"[⑤];"牡丹一朵值千金"[⑥]等。总的来说,即使在唐代中后期,购买牡丹花仍属奢侈性消费,这不是一般民众能够承受的,但是这种奢侈性消费却促进了城市花卉经济的发展。

---

① (唐)朱庆余:《登玄都阁》,(清)彭定求等编:《全唐诗》卷515,中华书局1979年版,第5892—5893页。
② 周勋初:《唐语林校证》卷7《补遗》,中华书局1987年版,第628页。
③ 宁欣:《从士人社会到市民社会——以都城社会的考察为中心》,《文史哲》2009年第6期。
④ (唐)柳浑:《牡丹》,(清)彭定求等编:《全唐诗》卷196,第2014页。
⑤ (唐)白居易撰,谢思炜校注:《白居易诗集校注》卷2《讽喻二·买花》,中华书局2006年版,第181页。
⑥ (唐)张又新:《牡丹一作成婚》,(清)彭定求等编:《全唐诗》卷479,第5452页。

（三）城市文化呈现出世俗化或平民化的特征

以城市文化的视角解析唐代长安牡丹分布空间，从中可见，随着城市社会结构的转变，牡丹文化在唐代中期以前，显然是贵族文化，而在唐代中期以后，开始呈现出世俗化或平民化的特征。

据相关学者研究，唐代后期，"形成了街东高地的官僚居住区，街西低地的庶民居住区"[1]。结合表1、表2可知，私宅大多位于朱雀大街以东空间区域（即街东），而寺观位于街东的数量明显要多于街西。就牡丹文化而言，虽然唐代中期以后仍是贵族文化占优势地位，但是已经显现一些新的变化趋势。

其一，由贵族文化逐渐向平民文化过渡。唐代诗文中绝无"牡丹"与"街东"同时出现的情况，却有"牡丹"与"街西"并称的事例，如有"续向街西索牡丹"[2]、"曾过街西看牡丹"[3]等。街西寺观作为庶民聚居观赏牡丹的重要公共空间，反映的正是一种平民文化。

其二，社会上层与平民阶层对牡丹的精神文化需求日渐趋同。据《南部新书》记载："长安三月十五日，两街看牡丹，奔走车马。慈恩寺元果院牡丹，先于诸牡丹半月开；太真院牡丹，后诸牡丹半月开。"文宗"大和中，车驾自夹城出芙蓉园，路幸此寺"[4]。可见，街东慈恩寺的牡丹盛会也吸引了大唐皇帝前往观赏。另外，街西万寿寺是重要的平民文化活动空间，但在唐朝末年，宰相张濬"常与朝士于万寿寺阅牡丹而饮"[5]，且这里出现"烂熳香风引贵游，高僧移步亦迟留"[6]的情景。

---

[1] 〔日〕妹尾达彦：《唐代后期的长安与传奇小说——以〈李娃传〉的分析为中心》，刘俊文主编：《日本中青年学者论中国史·六朝隋唐卷》，上海古籍出版社1995年版，第510页。
[2] （唐）王建著，王宗堂校注：《王建诗集校注》卷10《宫词》，中州古籍出版社2006年版，第610页。
[3] （唐）佚名：《睹野花思京师旧游》，（清）彭定求等编：《全唐诗》卷784，第8849页。
[4] （宋）钱易：《南部新书》丁，中华书局2002年版，第49页。
[5] （宋）李昉等编：《太平广记》卷257《嘲诮五·张濬伶人》引《南楚新闻》，第2003页。
[6] （唐）翁承赞：《万寿寺牡丹》，（清）彭定求等编：《全唐诗》卷703，第8091页。

（四）新的城市人文景观的形成

唐代中期以前，牡丹观赏活动仅限于有限的私人领域，故算不上是城市人文景观。唐代中期以后，随着牡丹观赏公共空间的不断扩展，进而形成新的城市人文景观。

据李肇《唐国史补》记载："京城贵游，尚牡丹三十余年矣。每春暮，车马若狂，以不耽玩为耻。"[1] 前辈学者业已指出，《唐国史补》约成书于文宗太和年间[2]，自此上溯三十余年，适在德宗贞元年间[3]。又据舒元舆《牡丹赋并序》称："每暮春之月，邀（一作遨）游之士如狂焉（一无此三字），亦上国繁华之一事也。"[4] 因《牡丹赋并序》约作于宪宗元和至文宗太和年间[5]，故舒元舆所言"上国繁华之一事"正标志着当时寺观的牡丹观赏潮流已经成为一道亮丽的城市人文景观。

事实上，前文所述《霍小玉传》中就明确言及，早在代宗大历年间，"时已三月，人多春游"[6]，已经出现到崇敬寺观赏牡丹的人群。

结合上述几则史料，我们可以得知，春季赴寺观观赏牡丹的风气，自代宗大历年间开始兴起，至宪宗、文宗时期正式成为新的城市人文景观，而"唯有牡丹真国色，花开时节动京城"[7] "花开花落二十日，一城之人皆若狂"[8] "三条九陌花时节，万户千车看牡丹"[9] 等诗句正是对这一城市人文景观的真实写照。

---

[1] （唐）李肇：《唐国史补》卷中，上海古籍出版社1979年版，第45页。
[2] 岑仲勉：《跋唐摭言（学津本）》，《"中央研究院"历史语言研究所集刊》第9卷，1947年。
[3] 陈寅恪：《元白诗笺证稿》，第245页。
[4] （宋）李昉等编：《文苑英华》卷149《牡丹赋并序》，第692页。
[5] 李树桐：《唐人喜爱牡丹考》，黄约瑟编：《港台学者隋唐史论文精选》，第139页。
[6] （宋）李昉等编：《太平广记》卷487《杂传记四·霍小玉传》，第4009页。
[7] （唐）刘禹锡：《刘禹锡集》卷25《赏牡丹》，中华书局1990年版，第335页。
[8] （唐）白居易撰，谢思炜校注：《白居易诗集校注》卷2《讽喻四·牡丹芳》，第379页。
[9] （唐）徐凝：《寄白司马》，（清）彭定求等编：《全唐诗》卷487，第5378页。

综上所述，牡丹著称于世，始于唐代，而唐人甚爱牡丹，又以长安为最。高宗武后时期，牡丹始由河东寺院引种到都城宫苑，仅为皇家独享之物。玄宗时期，长安牡丹不仅分布在皇家宫苑之内，而且生长在达官显贵之庭，不过仍属稀世珍品。唐代中期以降，长安城的牡丹分布空间更加多元化，包括宫苑、官署、私宅和寺观。唐代长安城牡丹分布空间从高宗武后时期的皇家禁苑扩展到玄宗开元天宝时期的私人领域进而再扩展到唐代中期以降的城市公共空间。

长安作为唐代都城，最具有典型性、代表性和引领性，唐代长安城牡丹分布时空的嬗变反映着城市社会主体人群的转变、城市花卉经济的发展、城市文化具有世俗化或平民化特征和新的城市人文景观的形成。这些新变化无疑昭示了中国古代城市社会的变迁。

唐宋时期牡丹栽培技术的传承与发展

牡丹（Paeonia suffruticosa Andr.），原系中国特有植物，后传播至世界多地。可是，关于牡丹缘起何时？现已无从可考。至于牡丹的栽培时间，更是说法各异，迄今仍无定论。

目前，学界有关牡丹的栽培时间，大体上有六种不同观点：其一是认为始于或可能始于先秦时期，如《中国牡丹全书》中提及"早期的牡丹药用与观赏栽培，距今3000年左右是有可能的"[1]；其二是认为始于汉代，如李保光《曹州牡丹史话》中提出"牡丹是中国特产花卉，在我国已有1900多年的栽培历史"[2]；其三是认为始于东晋时期，如王莲英、袁涛主编《中国牡丹与芍药》以及李嘉珏主编《中国牡丹与芍药》都提出牡丹观赏栽培始于东晋时期[3]；其四是认为始于南北朝时期，如喻衡《牡丹》中提出"牡丹作为观赏植物栽培，始于南北朝"[4]；其五是认为始于隋代或唐初，如戴蕃瑨提出"牡丹作为观赏植物见于记载是六朝的南朝时期"，"但它作为观赏植物，据推测，早一点应在隋朝，晚一点应在唐初太宗时代"[5]；其六是认为始于唐代，如李树桐《唐人喜爱牡丹考》中提出"牡丹至唐时始有"[6]。上述观

---

[1] 中国牡丹全书编纂委员会编：《中国牡丹全书》上，中国科学技术出版社2002年版，第5页。
[2] 李保光：《曹州牡丹史话》，山东友谊出版社1987年版，第4页。
[3] 王莲英、袁涛主编：《中国牡丹与芍药》，金盾出版社1999年版，第1页；李嘉珏主编：《中国牡丹与芍药》，中国林业出版社1999年版，第1页。
[4] 喻衡：《牡丹》，上海科学技术出版社1998年版，第1页。
[5] 戴蕃瑨：《中国牡丹的起源、培育及其分布的探讨——为牡丹输入英国二百周年而作》，《西南师范大学学报（自然科学版）》1987年第4期。
[6] 李树桐：《唐人喜爱牡丹考》，《大陆杂志》第39卷第1、2期合刊，1969年，第41—66页；黄约瑟编：《港台学者隋唐史论文精选》，三秦出版社1990年版，第124页。

点中，尤其是认为牡丹的栽培时间始于南北朝的看法在学界流传最广[①]。

众所周知，牡丹作为一种观赏植物，到唐代时才著称于世。换言之，唐代是牡丹栽培发展史上的一个关键阶段。有鉴于此，本文拟首先从科技史的视角分析野生牡丹与栽培牡丹在医书中的区分时代，进而辨正栽培牡丹的出现时间，最后探讨唐宋时期牡丹的栽培技术，以期对牡丹栽培技术史的研究有所裨益。

一、野生牡丹与栽培牡丹在医书中的区分时代

中国古代对野生牡丹的认识和利用历史悠久。自甘肃省武威汉滩坡东汉墓出土的医简中提及用牡丹治疗血瘀病[②]起，东汉张仲景《金匮要略》、东晋葛洪《肘后备急方》、南朝龚庆宣《刘涓子鬼遗方》、唐代孙思邈《千金方》、王焘《外台秘要》、昝殷《经效产宝》等医书中皆有野生牡丹入药的记录。

此外，《唐六典》、《通典》、《元和郡县图志》、《新唐书》中也有唐代土贡野生牡丹的记载（表1），其中《唐六典》、《通典》反映的是唐代前期玄宗开元天宝年间的情况；《元和郡县图志》除了提及开元土贡外，主要反映的是唐代后期宪宗元和年间的情况；《新唐书》则反映的是唐代后期穆宗长庆年间的情况。土贡物品往往都是各地质量优良的土特产品，土贡的野生牡丹皮显然是供给皇室的珍贵药材。

[①] 此类论著甚多，例如：喻衡：《曹州牡丹》，山东人民出版社1959年版，第1页；喻衡、杨念慈：《中国牡丹品种的演化和形成》，《园艺学报》1962年第2期；汤忠皓：《牡丹花考》，《中国园林》1989年第2期；陈平平：《中国牡丹的起源、演化与分类》，《生物学通报》1997年第3期；袁涛等编著：《牡丹》，中国农业大学出版社2000年版，第16页；王红星、张宝利主编：《洛阳牡丹》，九州出版社2003年版，第1页。

[②] 甘肃省博物馆、武威县文化馆编：《武威汉代医简》，文物出版社1975年版，第2页。

表1　唐代牡丹土贡资料统计表

地名	土贡内容	资料来源	备注
合州 （巴川郡）	贡牡丹皮	《唐六典》卷3《尚书户部》	
	贡牡丹皮十斤	《通典》卷6《食货六·赋税下》	
	开元贡牡丹皮一斤 元和贡牡丹皮	《元和郡县图志》卷33《剑南道下》	"一斤"当为"十斤"之误
	土贡牡丹	《新唐书》卷42《地理志六》	
渝州	元和贡牡丹皮	《元和郡县图志》卷33《剑南道下》	

至北宋时，唐慎微《证类本草》中同时记载了野生牡丹与栽培牡丹，其文如下：

> 《图经》曰：牡丹，生巴郡山谷及汉中。今丹、延、青、越、滁、和州山中皆有之。花有黄、紫、红、白数色，此当是山牡丹，其茎便枯燥黑白色。二月于梗上生苗叶，三月开花。其花、叶与人家所种者相似，但花止五、六叶耳。五月结子黑色，如鸡头子大。根黄白色，可五、七寸长，如笔管大。二月、八月采，铜刀劈去骨，阴干用。此花一名木芍药。近世人多贵重，圃人欲其花之诡异，皆秋冬移接，培以壤土，至春盛开，其状百变。故其根性殊失本真，药中不可用此品，绝无力也。①

唐慎微将野生牡丹称为"山牡丹"，将栽培牡丹称为"人家所种者"；不仅列举了野生牡丹的分布地域，而且对野生牡丹的花色、生物学特性及采摘时间与处理方式等都作了详细记述；还对栽培牡丹的移植、培育及生物学特性加以简要介绍；更为可贵的是，明确揭示了栽培牡丹在药用价值方面与野生牡丹的差异。

另需说明的是，《太平寰宇记》、《元丰九域志》、《宋史》、《宋会要辑

---

① （宋）唐慎微撰，尚志钧等校点：《证类本草》卷9，华夏出版社1993年版，第257页。

稿》中也有宋代土贡牡丹的记载（表2），其中既有野生的牡丹皮，也有栽培的牡丹花。宋代的合州（巴川郡）、渝州（重庆府）、广安军土贡野生牡丹皮，其实是承袭唐代旧制，供给宫廷以作药用，而北宋前期河南府贡牡丹花则反映出当地栽培牡丹的高超水平。

表2　宋代牡丹土贡资料统计表

地名	土贡内容	资料来源	备注
合州（巴川郡）	土产牡丹皮	《太平寰宇记》卷136《山南西道四》	
	土贡牡丹皮五斤	《元丰九域志》卷7	
	贡牡丹皮	《宋史》卷89《地理志五》	
渝州（重庆府）	土产牡丹皮	《太平寰宇记》卷136《山南西道四》	
	土贡牡丹皮一十斤	《元丰九域志》卷8	
	贡牡丹皮	《宋史》卷89《地理志五》	
	贡牡丹皮	《宋会要辑稿》食货五六	
广安军	土产牡丹皮	《太平寰宇记》卷138《山南西道六》	毗邻合州
河南府	贡牡丹花	《宋会要辑稿》食货四一	北宋仁宗天圣六年（1028）五月二十六日诏：河南府每年进牡丹花、樱桃，自今止。

从上可见，由唐到宋，野生牡丹与栽培牡丹在药学上的功效被逐渐区分开来，而这与牡丹栽培技术的发展又直接相关，因为栽培牡丹更侧重观赏性而非药效。我们据此可以推知，在唐代及其以前的医书中所提及的牡丹或木芍药，当时指野生牡丹。

二、栽培牡丹的出现时间

关于栽培牡丹的出现时间，学界已有六种不同观点，究竟孰是孰非？笔者从文献学的视角略加辨正。

有学者指出"秦以前牡丹、芍药不分,统称芍药"①,而《山海经》、《诗经》中已提及芍药之名,那么距今 3000 年前出现栽培的牡丹似有可能。此种观点并无文献佐证,故不可取。

有学者认为汉代出现栽培牡丹,主要理由是《神农本草经》中明确载有"牡丹",而秦汉之际安期生《服炼法》也载有药用的木芍药。这种看法显然是误将《神农本草经》与《服炼法》中所言的野生牡丹当作栽培牡丹了。正如前文所述,野生牡丹与栽培牡丹在医书中明确区分始于唐宋时代。

有学者提出"宋代余仁中本《顾虎头列女传》有画面描绘了庭院中栽植的木芍药"②,遂将此视为栽培牡丹出现于东晋的有力证据。该观点其实经不起推敲,理由如下:其一,以往学者所言的"余仁中",本应该写作"余仁仲",此人是南宋著名刻书家,他所刻《顾虎头列女传》是否为顾恺之原作,本就有疑问。其二,唐代裴孝源《贞观公私画史》、张彦远《历代名画记》③、北宋米芾《画史》中记载顾恺之有《列女仙》画传于后世,不过,《历代名画记》中记载有"边鸾画《牡丹》"④,《画史》中提到"今士人家收得唐摹顾笔《列女图》,至刻板作扇,皆是三寸余人物"⑤,却都未提及顾画中有牡丹。此外,中国古代其他著述中也未见谈及顾画中有牡丹的。因此,所谓余仁仲本《顾虎头列女传》图中描绘庭院中栽植木芍药的场景并不可信。后又有学者提出顾恺之《洛神赋图》中有栽培牡丹,同样不符合时代背景,不足为凭。为什么呢?因为魏晋时期士人们崇尚纵情山水的生活方式(即所谓的"魏晋风度"),《洛神赋图》描绘的多是自然之美,所以就算有牡丹,那也当是野生牡丹。

---

① 中国牡丹全书编纂委员会编:《中国牡丹全书》上,第 5 页。
② 李嘉珏主编:《中国牡丹与芍药》,第 1 页。
③ (唐)张彦远著,俞剑华注释:《历代名画记》卷 5《晋》,上海人民美术出版社 1964 年版,第 101 页。
④ (唐)张彦远著,俞剑华注释:《历代名画记》卷 3《记两京外州寺观画壁·两京寺观等画壁》,第 65 页。
⑤ (宋)米芾著,黄正雨、王心裁辑校:《米芾集·画史》,湖北教育出版社 2002 年版,第 144 页。

部分学者认定栽培牡丹始于南北朝，所依据文献主要有两条：其一是唐代段成式《酉阳杂俎》中记载"牡丹，前史中无说处，惟《谢康乐集》中，言竹间水际多牡丹"[①]；其二是唐代韦绚《刘宾客嘉话录》中记载"杨子华有画牡丹处极分明，子华北齐人"。然而，笔者查阅今本《谢康乐集》后，发现并没有此内容。这里一种可能是《酉阳杂俎》所记有误，一种可能是今本《谢康乐集》中的相关内容亡佚。假使《谢康乐集·山居赋》中真有"竹间水际多牡丹"之语，我们在分析该史料时也应该注意到时代背景，即谢灵运作为士家大族子弟，遨游于自然山水之间，所作诗赋中当是指野生牡丹，绝非栽培牡丹。至于杨子华，本为北齐宫廷画师，"非有诏不得与外人画"[②]，《贞观公私画史》、《历代名画记》中记载其画作《斛律金像》、《北齐贵戚游苑图》、《宫苑人物屏风》、《邺中百戏狮猛图》传于世，但是对杨子华画牡丹之事只字未提。仅凭唐后期笔记小说中所记文字，很难断定确有其事。倘若当时杨子华确实画了牡丹，也应是北齐宫廷中的栽培牡丹。如果此事成立，那么为何其他史料中又没有留下任何信息呢？这不能不存疑。

也有学者据《隋炀帝海山记》中"易州进二十相牡丹"[③]，推断栽培牡丹始于隋代。可是，《隋炀帝海山记》出自北宋刘斧的笔记小说《青琐高议》，在此之前未见有其他文献提到易州进贡牡丹之事，故不可信。事实上，早在明代，谢肇淛对此已经提出质疑，"《海山记》乃言炀帝辟地为西苑，易州进二十相牡丹，有赭红、赪红、飞来红等名，何其妄也？"[④]

至于有学者提出唐代始有栽培牡丹，显然是指唐代长安首次出现栽培牡丹，二者完全不能等同。

---

① （唐）段成式撰，方南生点校：《酉阳杂俎前集》卷19《广动植物之四·草篇》，中华书局1981年版，第185页。
② （唐）张彦远著，俞剑华注释：《历代名画记》卷8《北齐》，第157页。
③ （宋）刘斧撰辑：《青琐高议》后集卷5《隋炀帝海山记上》，上海古籍出版社1983年版，第149页。
④ （明）谢肇淛：《五杂俎》卷10《物部二》，中华书局1959年版，第290页。

然而，如何才能科学合理地确定栽培牡丹的出现时间呢？通过考察唐代前期牡丹引种到长安城的过程，有助于我们更好地探讨该问题。

唐代舒元舆《牡丹赋并序》反映了栽培牡丹移植到都城长安及此后长安牡丹繁盛的景况，其文云：

> 古人言花者，牡丹未尝与焉。盖遁于深山，自幽而芳，不为贵者所知，花则不可过为。天后之乡西河也，有众香精舍，下有牡丹，其花特异。天后叹上苑之有阙，因命移植焉。由此京国牡丹，日月浸盛。今则自禁闼洎官署，外延士庶之家，弥漫如四渎之流，不知其止息之地。每暮春之月，遨游之士如狂焉，亦上国繁华之一事也。①

由上文可知，作为药用植物的野生牡丹本是生长于山林之中，只是像高宗、武后及达官显贵等所谓"贵者"的社会上层不了解罢了，至于普通民众、僧道之人还是知道的。魏晋隋唐时期是典型的贵族社会，普通民众生活困苦。当时宗教流行，道教、佛教信仰者众多，山林之中多有佛寺道观。僧人道士往往熟悉植物的药性，连许多医学家都是修道之人，他们在传道布教的同时会为民众疗伤治病，故而道教、佛教与花卉之间有着不解之缘。也因如此，为求生计的普通民众不会有闲情雅致来驯化野生牡丹，真正能够做到的只有僧道之人。经过僧道之手，野生牡丹才驯化成为可以观赏的花卉，最先出现在寺院之中。

中国古代有"事死如事生"的观念，墓志及其纹饰往往反映着墓主的宗教信仰与当时的社会风尚，所以通过相关考古出土墓志可以对牡丹与佛教信仰之间的关系有所了解。例如隋文帝仁寿四年（604）《李静暨妻曹氏墓志》志盖四刹上下方各绘刻半朵牡丹，四刹左右亦各绘半朵牡丹；隋炀

---

① （宋）李昉等编：《文苑英华》卷149《牡丹赋并序》，中华书局1982年影印本，第692页。

帝大业九年（613）《赵凯暨妻樊氏墓志》志盖四刹各刻三株牡丹[1]；唐高宗永徽二年（651）《牛进达墓志》志盖四刹刻有牡丹纹饰；高宗显庆四年（659）《尉迟敬德暨夫人苏氏墓志》志盖四盝和四刹都刻划牡丹纹[2]。上举诸例墓志的时间都在显庆五年（牡丹引种到长安的时间）之前，当然此后墓志中的牡丹纹饰就更多且更精美了。

因此，我们将传世文献与考古资料结合起来进行分析，可以得出如下结论，即栽培牡丹至少在隋代时已经出现，稍早一点可能会在南北朝时期。

另需补充说明的是，《酉阳杂俎》中记载，"成式检隋朝《种植法》七十卷中，初不记说牡丹，则知隋朝花药中所无也"[3]，岂不与我们的结论矛盾吗？恰恰相反，这不仅不矛盾，而且从另一个角度证明了我们的结论。一方面，隋代农书以及北魏贾思勰《齐民要术》等都是记载关系国计民生的作物与植物，均未涉及观赏植物；另一方面，《酉阳杂俎》的记载表明栽培牡丹作为观赏植物在隋代尚不出名，因为此时的栽培牡丹还生长于山林中的寺院，多为下层民众所知。

三、唐代的牡丹栽培技术

唐代以前，未见到关于牡丹栽培技术的任何文献记载。至唐代，牡丹被誉为"国色天香"、"花王"（如唐诗中称"惟有牡丹真国色"、"雅称花中为首冠"、"万万花中第一流"等）。不过，高宗武后之时，牡丹"始自汾晋移植于京师。当开元天宝之世，尤为珍品。至贞元元和之际，遂成都下盛玩。此后乃弥漫于士庶之家"[4]，有关它的记述也越来越多，因而我们可以从

---

[1] 参见周晓薇、王菁：《隋墓志所见山水花草纹饰与古代早期绘画史论的印证》，《考古与文物》2008年第1期。
[2] 参见徐志华：《昭陵博物馆藏唐代墓志纹饰研究》，《艺术百家》2013年第4期。
[3] （唐）段成式撰，方南生点校：《酉阳杂俎前集》卷19《广动植物之四·草篇》，第185页。
[4] 陈寅恪：《元白诗笺证稿》，生活·读书·新知三联书店2001年版，第245页。

中管窥当时的栽培技术。

（一）移植技术

舒元舆《牡丹赋并序》中提及高宗、武后时期，牡丹由河东汾州众香寺移植到都城长安，这就表明唐代前期牡丹移植技术已经相当先进，可以做到远距离长途移植。

至于具体的移植方法，唐诗中就有描述。白居易《买花》诗云："上张幄幕庇，旁织笆篱护。水洒复泥封，移来色如故"[①]；李贺《牡丹种曲》诗云："莲枝未长秦蘅老，走马驮金䕮春草。水灌香泥却月盆，一夜绿房迎白晓。"[②] 两首诗中提到的移植器具虽然有所不同，一个是用篱笆，一个是用花盆，但是都突出了保湿的重要性，即"水洒"、"水灌"，而且白诗中还言及用"幄幕"来保温。唐代的移植方式，可以使牡丹保持原来的生长状态，说明移植技术颇为成熟。

正是因为具备成熟的移植手段，所以推动牡丹向更大范围传播。国内传播的事例，如白居易初到钱塘时，"令访牡丹花，独开元寺僧惠澄，近于京师得此花栽，始植于庭"[③]。国际传播的事例，即在唐代中叶，牡丹就漂洋过海传到日本。

（二）栽种与嫁接技术

唐代中期，郭橐驼《种树书》中对牡丹的栽种、嫁接有具体记载，比如栽种时间，"凡花皆宜春种，唯牡丹宜秋社前后接种"；最适宜的生长环

---

① （唐）白居易撰，谢思炜校注：《白居易诗集校注》卷2《讽喻二·买花》，中华书局2006年版，第181页。
② （唐）李贺著，（清）王琦等注：《李贺诗歌集注》卷3《牡丹种曲》，上海人民出版社1977年版，第210页。
③ （唐）范摅：《云溪友议》卷中《钱塘论》，古典文学出版社1958年版，第31页。

境,"菜园中间种牡丹、芍药最茂";嫁接方法,"凡接牡丹须令人看视之,如一接便活者,逐岁有花。若初接不活,削去再接,只当年有花";嫁接时间,"立春如是子日,于茄根上接牡丹花,不出一月即烂漫"。可见,当时牡丹的栽种、嫁接技术已逐渐趋于成熟。

(三)培育技术

郭橐驼《种树书》中对牡丹的培育技术也有具体记载,比如施肥,"凡种花欲得花多,须用肥土";防治虫害,"牡丹花上穴如针孔,乃虫所藏处,花工谓之气疮,以大针点硫黄末针之,虫乃死,或云以百部塞之";精选花朵,"牡丹着蕊如弹子大时试捻,十朵中必有三两朵不实者,去之,庶不夺他花力"。此外,《种树书》还提到用牡丹花制作花瓶的方法,"牡丹摘下烧其柄,插瓶中后用其柄以蜡封之,尤妙"。

(四)催花技术

据李濬《松窗杂录》记载,唐玄宗开元年间,牡丹有红、紫、浅红、通白四种颜色。[①] 然而,随着催花技术的出现,唐代牡丹的颜色和类型变得更加丰富。据柳宗元《龙城录》记载,洛人宋单父有高超的催花本领,"凡牡丹变易千种,红白斗色,人亦不能知其术。上皇(按:指唐玄宗)召至骊山,植花万本,色样各不同"[②]。《酉阳杂俎》中记载韩愈的一个子侄也擅长催花,"竖箔曲,尽遮牡丹丛,不令人窥。掘棵四面,深及其根,宽容人座。唯赍紫矿、轻粉、朱红,旦暮治其根。……牡丹本紫,及花发,色

---

① (唐)李濬编,阳羡生校点:《松窗杂录·高皇帝宴赏牡丹》,《唐五代笔记小说大观》,上海古籍出版社2000年版,第1213页。
② (唐)柳宗元撰,曹中孚校点:《龙城录·宋单父种牡丹》,《唐五代笔记小说大观》,第151页。

白红历绿"①。到唐代后期,催花技术臻于成熟,如兴唐寺的牡丹"著花一千二百朵。其色有正晕、倒晕、浅红、浅紫、深紫、黄白檀等,独无深红。又有花叶中无抹心者,重台花者,其花面径七八寸"②。

随着牡丹栽培技术的不断精进和社会需求的日益增加,唐代不仅涌现出像宋单父、郭橐驼等园艺巨匠,而且出现专业花农。唐代后期的诗人、农学家陆龟蒙就曾提及苏州城外有位卖花翁以"十亩芳菲为旧业"③,就种植面积来看,显然是颇有规模的专业花农。

在中国农学史上,有唐一代出现了花卉园艺的专著,目前已知的有唐代前期王方庆《园庭草木疏》、佚名《开元天宝花木记》,唐代中期郭橐驼《种树书》,唐代后期李德裕《平泉山居草木记》、罗虬《花九锡》等多部(篇),而段成式《酉阳杂俎》中《广动植》、《支植》等篇也多有涉及。可以说,唐代牡丹栽培技术的进步,既与传统农学知识的积累密不可分,又与当时花卉园艺学的发展直接关联。

四、宋代的牡丹栽培技术

宋代,牡丹栽培技术一方面承袭前代,另一方面又有创新和突破。具体呈现出如下特点:

(一)移植范围愈加广泛,移植技术更为先进,移植时间显著缩短

宋代的移植范围愈加广泛,欧阳修《洛阳牡丹记》开篇就明确指出:

---

① (唐)段成式撰,方南生点校:《酉阳杂俎前集》卷19《广动植物之四·草篇》,第185—186页。
② (唐)段成式撰,方南生点校:《酉阳杂俎前集》卷19《广动植物之四·草篇》,第186页。
③ (唐)皮日休、陆龟蒙等撰:《松陵集》卷6《阊闾城北有卖花翁讨春之士往往造焉因招袭美》,《景印文渊阁四库全书》本,第1332册,台湾商务印书馆1985年版,第227页。

"牡丹出丹州、延州，东出青州，南亦出越州，而出洛阳者今为天下第一。洛阳所谓丹州花、延州红、青州红者，皆彼土之尤杰者，然来洛阳才得备众花之一种。"[1] 后来提及名花鞓红时，欧阳修又介绍了其移植过程，"单叶深红花，出青州，亦曰青州红。故张仆射齐贤有第西京贤相坊，自青州以驼驮其种，遂传洛中。其色类腰带鞓，故谓之鞓红"[2]。

宋代的交通条件较唐代更为发达，有利于缩短移植时间，如徐州进献牡丹花，"乘驿马，一日一夕至京师"，而为了保证运输安全，当时的移植技术更为先进，"以菜叶实竹笼子藉覆之，使马上不动摇，以蜡封花蒂，乃数日不落"[3]。

（二）精选野生牡丹，细心驯化培育

北宋时人已经对野生牡丹的种群分布有相当了解，如《证类本草》中记载"丹、延、青、越、滁、和州山中皆有之"。

在此基础上，当时精选野生牡丹品种加以驯化培育。欧阳修《洛阳牡丹记》中提到，"细叶、粗叶寿安者，皆千叶肉红花，出寿安县锦屏山中，细叶者尤佳"[4]，这种千叶肉红花后为"樵者于寿安山中见之，斫以卖魏氏"，经过细心驯化成为著名的"魏家花"，"出于魏相仁浦家"，"人有欲阅者，人税十数钱，乃得登舟渡池至花所，魏氏日收十数缗"[5]。

（三）关注变异，选育良品

北宋时期，花匠不仅注意到牡丹的自然变异，而且利用变异来选育优

---

[1] （宋）欧阳修：《欧阳修全集》卷 75《洛阳牡丹记》，中华书局 2001 年版，第 1096 页。
[2] （宋）欧阳修：《欧阳修全集》卷 75《洛阳牡丹记》，第 1099 页。
[3] （宋）欧阳修：《欧阳修全集》卷 75《洛阳牡丹记》，第 1101—1102 页。
[4] （宋）欧阳修：《欧阳修全集》卷 75《洛阳牡丹记》，第 1099—1100 页。
[5] （宋）欧阳修：《欧阳修全集》卷 75《洛阳牡丹记》，第 1099 页。

良品种，如欧阳修《洛阳牡丹记》记载名花"潜溪绯"时，特别提到"本是紫花，忽于丛中特出绯者，不过一二朵，明年移在他枝，洛人谓之转枝花，故其接头尤难得"[1]。

除此之外，当时还通过人工变异的方式来选育良品，如欧阳修《洛阳牡丹记》提到的"朱砂红"，只因"有民门氏子者，善接花以为生"，"花叶甚鲜，向日视之如猩血。叶底紫者，千叶紫花，其色如墨，亦谓之墨紫花。在丛中，旁必生一大枝，引叶覆其上，其开也，比它花可延十日之久"[2]。

（四）嫁接技术日趋职业化

随着嫁接技术日趋专门化、职业化，北宋已经出现"接花工"群体。据欧阳修《洛阳牡丹记》所载："大抵洛人家家有花而少大树者，盖其不接则不佳。春初时，洛人于寿安山中斫小栽子卖城中，谓之山篦子。人家治地为畦塍种之，至秋乃接。接花工尤著者，谓之门园子，豪家无不邀之。"[3]

（五）催花技术极为精湛

宋代，催花技术较唐代更为精湛，甚至能使花反季生长。据周密《齐东野语》记载："马塍艺花如艺粟，橐驼之技名天下。非时之品，真足以侔造化，通仙灵。凡花之早放者，名曰堂花。其法以纸饰密室，凿地作坎，缏竹置花其上，粪土以牛溲硫黄，尽培溉之法。然后置沸汤于坎中，少候，汤气薰蒸，则扇之以微风，盎然盛春融淑之气，经宿则花放矣。若牡丹、梅、桃之类无不然。"[4]

---

[1] （宋）欧阳修：《欧阳修全集》卷75《洛阳牡丹记》，第1100页。
[2] （宋）欧阳修：《欧阳修全集》卷75《洛阳牡丹记》，第1100页。
[3] （宋）欧阳修：《欧阳修全集》卷75《洛阳牡丹记》，第1102页。
[4] （宋）周密撰，张茂鹏点校：《齐东野语》卷16《马塍艺花》，中华书局1983年版，第304—305页。

（六）形成完善的牡丹栽培技术体系

宋代还出现牡丹谱录十余部（篇），传世的有欧阳修《洛阳牡丹记》、周师厚《洛阳牡丹记》、陆游《天彭牡丹谱》、邱濬《牡丹荣辱志》、胡元质《牡丹记》、张邦基《陈州牡丹记》。其中最典型的就是欧阳修《洛阳牡丹记》，该文对牡丹栽培过程中的接花之法、种花之法、浇花之法、养花之法、医花之法都有明确记载。这既表明宋代的牡丹备受瞩目，又反映出当时的牡丹栽培技术已经形成完善的体系。

五、结语

栽培牡丹，早在隋代时就已出现，唐代时方著称于世，后传播至世界多地。尽管牡丹栽培技术是中外科技史研究的重要内容之一，但是长期以来对栽培牡丹的出现时间及中国古代牡丹的栽培技术等问题仍未从根本上厘清。唐代以前，未见有关牡丹栽培技术的记载；唐代以降，牡丹栽培技术不断发展进步；至宋代，牡丹栽培技术已经形成一套完整体系。唐宋时期，野生牡丹与栽培牡丹的药用价值也明确区别开来。唐代是栽培牡丹发展的关键时期，宋代是牡丹栽培技术体系发展的完备阶段。由唐到宋，牡丹栽培技术的传承与发展，不仅反映着花卉园艺学的进步历程，而且昭示着唐宋时代社会、文化的转型。

"文房四宝"源流考

谈到"文房四宝",人们自然就会想到笔、墨、纸、砚。虽然"文房四宝"与笔、墨、纸、砚之间有着内在联系,但是不能将"文房四宝"的形成与笔、墨、纸、砚的出现等而同之。"文房四宝"的形成本身有一个过程,历史上是先有笔、墨、纸(简牍、帛书)、砚,后才有"文房四宝"的。"文房四宝"的源流发展与我国历史上经济、文化的演进密切关联,因而"文房四宝"本身在发展中就具有特定的时代内涵和时代意义。

一、"文房"含义嬗变

笔、墨、纸、砚成为"文房四宝"需要具备两个先决条件,一为物质条件,一为思想条件。物质条件主要指笔墨纸砚的制作原料、加工技术等的成熟、完备,思想条件主要指文人士子对笔墨纸砚认识观念的深化。

物质条件的成熟、完备是笔、墨、纸、砚成为"文房四宝"的一个先决条件。秦汉时期,随着物质条件的渐趋成熟,笔、墨、纸、砚的制作得到了较大发展。魏晋南北朝时期,笔、墨、纸、砚的制作有了很大提高,为"文房四宝"的形成奠定坚实的物质基础。

用"文房"代称书房,反映了文人观念的逐渐变化,这是"文房四宝"形成的另一个先决条件。

"文房"一词,最早语出《梁书·江革传》:"时吴兴沈约、乐安任昉并相赏重,昉与革书云:'此段雍府妙选英才,文房之职,总卿昆季,可谓驭二龙于长途，骋骐骥于千里。'"[1]其原意是指官府掌管文书之处，自梁以后，历代均沿有此称。据考古资料可知，北朝十六国夏（407—431）的都城——统万城城址曾出土一方"文房之印"，该印"很薄，有钮可以系带，铸阳文。每边长3.5厘米"。统万城城址内古文物相当丰富，"上至汉晋，下迄唐宋，代无不有"[2]。该印从形制上看，似为隋唐以前之物，究竟具体为哪一时期，尚需有关专家学者考订。不过，该印作为实物当可以证明"文房"在南北朝时期，甚或此前，就已经出现。

迨及唐代，文人开始流行将"文房"代称书房，其例不胜枚举，如：李峤《送光禄刘主簿之洛》云："朋席余欢尽，文房旧侣空"[3]；元稹《酬乐天东南行诗一百韵并序》云："文房长遣闭，经肆未曾铺"[4]；皎然《春日又送潘述之扬州》云："文房旷佳士，禅室阻清盼。"[5]自唐以降，宋、元、明、清各代，用"文房"代称书房更加普遍。

"文房"既指书房，那么自然少不了文房用具。隋唐以前，文房用具除笔、墨、纸、砚外，还有笔格、笔筒、砚滴、砚匣等。唐代，文房用具逐渐增多，有笔、墨、纸、砚、笔架、笔洗、笔筶、砚滴、砚格、砚匣等。据考古资料可知，出土的唐代文房用具不少，仅长沙铜官窑址就发现六十余件，其中瓷砚滴二十件，有茄、蛙、羊、狗、鸡、狮、象、盘龙等多种形态；瓷镇纸十六件，有狮、虎、龟等形态；瓷笔洗十六件，有两种基本形态，一是扁圆或圆鼓腹，一是形如小杯，五折荷叶口；瓷笔捺十件；瓷砚，两件。[6]宋代以后，文房用具更加丰富，宋人林洪《文房职方图赞》中载有文房用具十八种，明人屠隆《文房器具笺》及文震亨《长物志》中皆载有文房用具四十余种。[7]据考古发掘可知，仅上海宝山明朱守城夫妇合葬

---

[1] （唐）姚思廉：《梁书》卷36《江革传》，中华书局1973年版，第523页。
[2] 陕西省文管会：《统万城址勘测记》，《考古》1981年第3期。
[3] （清）彭定求等编：《全唐诗》卷61，中华书局1979年版，第726页。
[4] （唐）元稹撰，冀勤点校：《元稹集》卷12，中华书局1982年版，第137页。
[5] （清）彭定求等编：《全唐诗》卷818，第9215页。
[6] 详见长沙市文化局文物组：《唐代长沙铜官窑址调查》，《考古学报》1980年第1期。
[7] 参见陈涛：《〈辞源〉补正三则》，《五邑大学学报（社会科学版）》2009年第3期。

墓中就出土文房用具十四件，有笔筒、笔插屏、砚台、镇纸、印盒、香薰、瓶等。①

　　随着文房用具的丰富，"文房"除了代称书房外，有时也代指文房用具，如笔、墨、纸、砚，或其他文具，抑或所有文具。此类事例如《梦梁录》中记载："其士人止许带文房及卷子，余皆不许夹带文集。"②又如《八旬万寿盛典》云："正寿之庆，群臣例当进献辞赋。于是彭元瑞有《古稀之九颂》，既以文房等件赐之，以旌其用意新而遣辞雅。"③

二、"笔墨纸砚"合称——"文房四宝"的萌芽阶段

　　魏晋南北朝时期是"文房四宝"的萌芽阶段。此间，文人们通过长期的积累和总结，更加体会到笔墨纸砚的重要性，于是出现"笔墨纸砚"合称。王羲之《王右军题卫夫人笔阵图后》曰："夫纸者，阵也；笔者，刀稍也；墨者，鍪甲也；水砚者，城池也；心意者，将军也；本领者，副将也；结构者，谋略也。"④另据考古资料可知，1979年，江西南昌市东吴高荣墓中发现两件木方，其中丙棺内的木方，长24.5厘米、宽9.5厘米、厚1厘米，其上墨书有"书刀一枚、研一枚、笔三枚……官纸百枚"⑤的文字；1974年，江西南昌市东湖区一晋墓中发现一块木方，长26.2厘米、宽15.1厘米、厚1.2厘米，其上墨书有"故书砚一枚/故笔一枚/纸一百枚/故墨一

---

① 详见上海市文物管理委员会：《上海宝山明朱守城夫妇合葬墓》，《文物》1992年第5期。
② （宋）吴自牧：《梦梁录》卷3《士人赴殿试唱名》，《丛书集成初编》本，第3219册，中华书局1985年版，第21页。
③ （清）阿桂等：《八旬万寿盛典》卷1《宸章一·古稀说》，《景印文渊阁四库全书》本，第660册，台湾商务印书馆1984年版，第25页。
④ （唐）张彦远：《法书要录》卷1《王右军题卫夫人笔阵图后》，人民美术出版社1984年版，第7页。
⑤ 江西省历史博物馆：《江西南昌市东吴高荣墓的发掘》，《考古》1980年第3期。

丸"①的文字。

这一时期出现"笔墨纸砚"合称，绝不是偶然的。正是通过长期的积累和总结，文人们更加体会到笔墨纸砚的重要性，并对笔墨纸砚的实用性提出更高要求。如卫夫人《笔阵图》所云："笔要取崇山绝仞中兔毛，八九月收之，其笔头长一寸，管长五寸，锋齐腰强者；其砚取煎涸新石，润涩相兼，浮津耀墨者；其墨取庐山之松烟，代郡之鹿胶，十年已上强如石者为之；纸取东阳鱼卵，虚柔滑净者。"②又如南朝梁虞龢《论书表》所言："天府之名珍，盛代之伟宝，陛下渊昭自天，触理必镜。凡诸思制，莫不妙极。乃诏张永更制御纸，紧洁光丽，辉日夺目。又合秘墨，美殊前后，色如点漆，一点竟纸。笔则一二简毫，专用白兔，大管丰毛，胶漆坚密。草书笔悉使长毫，以利纵舍之便。兼使吴兴郡作青石圆砚，质滑而停墨，殊胜南方瓦石之器。缣素之工，殆绝于昔。"③

此外，我们从南朝齐王僧虔《论书》中，还可再作审视：

> 夫工欲善其事，必先利其器。伯喈非流纨体素，不妄下笔。若子邑之纸，研染辉光；仲将之墨，一点如漆；伯英之笔，穷神静思。妙物远矣，邈不可追。遂令思挫于弱毫，数屈于陋墨。言之使人于邑。若三珍尚存，四宝斯觏，何但尺素信札，动见模式，将一字径丈、方寸千言也。④

由上观之，足见优良的笔、墨、纸、砚对文人们是何其重要，而"三珍"、"四宝"之谓中"文房四宝"之名亦呼之欲出。因此，笔者认为魏晋南北朝时期是"文房四宝"的萌芽阶段。

---

① 江西省博物馆：《江西南昌晋墓》，《考古》1974年第6期。
② （唐）张彦远：《法书要录》卷1《晋卫夫人笔阵图》，第5—6页。
③ （唐）张彦远：《法书要录》卷1《梁中书侍郎虞龢论书表》，第41页。
④ （唐）张彦远：《法书要录》卷1《南齐王僧虔论书》，第22页。

三、文房"四友"出现 ——"文房四宝"的确立阶段

隋唐时期,国家再次实现大一统,经济繁荣、文教昌明,极大地促进了官私手工业的发展。正是在这样一个时代环境中,随着笔、墨、纸、砚种类的扩大及广泛应用,文人流行将"文房"代称书房,而笔、墨、纸、砚与文人的关系愈加密切,成为文人不可或缺的物品,它们对文人而言,不仅仅具有实用价值,更变得"人性化",具有象征意义。因此,"文房四宝"逐渐形成并得以正式确立。韩愈《毛颖传》中将"笔、墨、纸、砚"喻作文房"四友",这可视作"文房四宝"在唐代正式确立的标志。

由于科举制度的影响,笔、墨、纸、砚对文人往往具有特殊意义,如"唐世举子将入场,嗜利者争卖健毫圆锋笔,其价十倍,号'定名笔'"[①],正是对文人求取功名心理的直接反映。此外,窦群《初入谏司喜家室至》诗云:"不知笔砚缘封事,犹问佣书日几行"[②];卢嗣业《致孙状元诉醵罚钱》诗云:"苦心事笔砚,得志助花钿"[③],这些诗句也都是士人心境的真实写照。

隋唐时期,儒、释、道三教合流,笔、墨、纸、砚的重要性在唐初佛教典籍中亦有体现。如《法苑珠林》云:"昔过去久远阿僧祇劫,有一仙人,名曰最胜,住山林中,具五神通,常行慈心","不惜身命,剥皮为纸,刺血为墨,析骨为笔,为众生故,至诚不虚"。[④]此外,还有"以须弥为砚,以四大海水为墨,以四天下竹木为笔"[⑤]的说法。

笔、墨、纸、砚与文人的情感、仕途、命运紧紧联系起来,成为文人寄托情感、隐喻仕途的最佳方式,在这种情况下,也就是在初唐、盛唐时

---

① (宋)陶穀:《清异录》卷下《文用门·定名笔》,朱易安、傅璇琮等主编:《全宋笔记》第一编(二),大象出版社2003年版,第88页。
② (清)彭定求等编:《全唐诗》卷271,第3042页。
③ (清)彭定求等编:《全唐诗》卷667,第7635页。
④ (唐)释道世撰,周叔迦、苏晋仁校注:《法苑珠林校注》卷17《敬法篇·求法部》,中华书局2003年版,第573页。
⑤ (唐)释道世撰,周叔迦、苏晋仁校注:《法苑珠林校注》卷25《见解篇·引证部》,第787页。

期,"文房四宝"初步形成,只不过,这时尚未有正式名称。此间,薛稷"为笔封九锡,拜墨曹都统、黑水郡王兼毛州刺史"[①];"为墨封九锡,拜松燕督护、玄香太守兼亳州诸郡平章事"[②];"为纸封九锡,拜楮国公、白州刺史、统领万字军界道中郎将"[③];"为砚封九锡,拜离石乡侯、使持节即墨军事长史兼铁面尚书"[④]。

与此同时,从目录学的角度考察,这一时期,虞世南所撰《北堂书钞》卷104《艺文部一〇》载有"笔纸砚墨",欧阳询所撰《艺文类聚》卷58《杂文部四》载有"纸笔砚",徐坚等奉敕撰《初学记》卷21《文部》载有"笔纸砚墨"[⑤],亦表明此间笔墨纸砚虽连在一起,然尚未有正式名称。

中唐时,韩愈作《毛颖传》云:

> 毛颖者,中山人也。其先明眎,佐禹治东方土,养万物有功,因封于卯地,死为十二神。……明眎八世孙𪕭,世传当殷时居中山,得神仙之术,能匿光使物,窃妲娥,骑蟾蜍入月,其后代遂隐不仕云。……
>
> 秦始皇时,蒙将军恬南伐楚,次中山,……围毛氏之族,拔其豪,载颖而归,献俘于章台宫,聚其族而加束缚焉。秦皇帝使恬赐之汤沐,而封诸管城,号曰管城子,日见亲宠任事。
>
> 颖为人强记而便敏,自结绳之代以及秦事,无不纂录。阴阳、卜筮、占相、医方、族氏、山经、地志、字书、图画、九流、百家、天人之书,及至浮图、老子、外国之说,皆所详悉。又通于当代之务,

---

① (后唐)冯贽撰,张力伟点校:《云仙散录·黑水郡王》引《龙须志》,中华书局2008年版,第133页。
② (后唐)冯贽撰,张力伟点校:《云仙散录·松燕督护》引《纂异记》,第141页。
③ (后唐)冯贽撰,张力伟点校:《云仙散录·楮国公》引《事略》,第147页。
④ (后唐)冯贽撰,张力伟点校:《云仙散录·离石乡侯》引《凤翔退耕传》,第146页。
⑤ 详见中田勇次郎:《文房清玩史考》,《大手前女子大学论集》4,1970年,第167页。或见中田勇次郎:《文房清玩五》,二玄社1976年版,第22—23页。

官府簿书、市井货钱注记,惟上所使。……累拜中书令,与上益狎,上尝呼为"中书君"。上亲决事,以衡石自程,虽官人不得立左右,独颖与执烛者常侍。上休方罢,颖与绛人陈玄、弘农陶泓及会稽褚(楮)先生友善,相推致,其出处必偕。上召颖,三人者,不待诏辄俱往,上未尝怪焉。①

实际上,文人的创作并非凭空臆断,他们的文章往往主要是依据和反映自己所处时代的现实情况。正如《唐国史补》中所言:"韩愈撰《毛颖传》,其文尤高,不下史迁。"②《毛颖传》的出现不是偶然的,可以说是个标志:

其一,是"文房四宝"在唐代正式确立的标志,此时使用的名称是文房"四友"。"文房四宝"在初唐、盛唐时期业已形成,但一直没有正式名称,《毛颖传》将"笔、墨、砚、纸"拟称形影不离的文房"四友",可以说这是"文房四宝"出现的最早名称。

其二,是"文房四宝"特指含义的开始。《毛颖传》将笔、墨、砚、纸分别喻作"中山毛颖、绛人陈玄、弘农陶泓及会稽楮先生",而据两《唐书》、《通典》、《元和郡县图志》等书可知,唐代中山即是指宣城,贡笔;绛州,贡墨;虢州弘农郡,贡砚;越州会稽郡,贡纸。因而,韩愈笔下的文房"四友"又是按贡物产地来特指的,反映了中唐时期"文房四宝"的特定含义。

在以后的历史发展中,"文房四宝"作为笔墨纸砚的统称始终没有变化,但是作为特指,却顺时因地而变。如唐人文嵩作"四侯传"(《管城侯传》、《松滋侯易玄光传》、《好畤侯楮知白传》、《即墨侯传》),陆龟蒙作《管城侯传》,他们二人也都把笔、墨、纸、砚喻作"四友",且"宣城毛元锐、燕人易玄光、华阴楮知白、南越石虚中"分别代指当时的宣州笔;易

---

① (唐)韩愈撰,马其昶校注:《韩昌黎文集校注》卷8,上海古籍出版社1986年版,第566—568页。
② (唐)李肇:《唐国史补》卷下,上海古籍出版社1979年版,第55页。

州墨；华州纸；端州砚，反映了晚唐时期"文房四宝"的特定含义。

有唐一代，文人多把笔、墨、纸、砚喻作"四友"。然而，值得注意的是，"文房四宝"的内涵已经明确，但名称没有出现，只是文人们把笔墨纸砚喻作"四友"而已。换言之，此间，"文房四宝"是以文房"四友"之名出现的，这也集中反映出唐代笔墨纸砚除了实用价值之外，已经"人性化"，具有独特的象征意义。

四、名称多元化——"文房四宝"的盛行阶段

安史之乱及唐末五代战乱，使得人口大量流动，一些掌握先进技术的工匠定居江南，促进了江南笔、墨、纸、砚制造业的发展。"南唐于饶置墨务，歙置砚务，扬置纸务，各有官，岁贡有数。"[1] 由于后主李煜"留意笔札，所用澄心堂纸、李廷珪墨、龙尾石砚三物为天下之冠"[2]。另据《十国春秋》记载："江南以澄心堂纸、龙尾砚及廷珪墨为文房三宝。"[3]

宋初，即出现谱录"文房四宝"的专著——《文房四谱》，亦如《云林石谱》序中所云："陆羽之于茶，杜康之于酒，戴凯之于竹，苏太古之于文房四宝，欧阳永叔之于牡丹，蔡君谟之于荔枝，亦皆有谱。"[4]《文房四谱》的问世，亦足表明当时"文房四宝"在社会上已倍受青睐，如宋徽宗政和五年（1115），觉范《李德茂书城四友序》中有云："苏易简常辅此四人（笔者按：指笔砚纸墨）之贤为文房四宝。"[5]

---

[1] （宋）陈师道撰，李伟国点校：《后山谈丛》卷2《论墨二》，中华书局2007年版，第32页。
[2] （宋）王辟之撰，吕友仁点校：《渑水燕谈录》卷8《事志》，中华书局1997年版，第97页。
[3] （清）吴任臣撰，徐敏霞、周莹点校：《十国春秋》卷32《李廷珪传》，中华书局1983年版，第458页。
[4] （宋）杜绾：《云林石谱》，《景印文渊阁四库全书》本，第844册，台湾商务印书馆1985年版，第584页。
[5] （宋）释觉范撰，释觉慈编：《石门文字禅》卷23《李德茂书城四友序》，《景印文渊阁四库全书》本，第1116册，台湾商务印书馆1985年版，第463页。

北宋至和二年（1055），梅尧臣《九月六日登舟再和潘歙州纸砚》诗云："文房四宝出二郡，迩来赏爱君与予。"[①] 这是最早正式提出"文房四宝"的名称。不过，两宋时期，随着"文房四宝"的盛行，其名称已经多元化，如有"文房四宝"、"文房四友"、"文房四物"、"文房四士"、"文房四子"、"文苑四贵"等。[②]

宋代，"文房四宝"的名称虽然多元化，但是其含义作为统称，仍专指笔墨纸砚。如叶梦得《避暑录话》云："世言歙州具文房四宝，谓笔、墨、纸、砚也"[③]。另如陈师道《寇参军集序》云："张李氏之墨，吴、唐、蜀、闽、两越之纸，端溪、歙穴之研，鼠须、栗尾、狂毫、兔颖之笔，所谓文房四物，山藏海蓄，极天下之选"[④]，文中所言"文房四物"仍是笔墨纸砚的统称。

两宋时期，尽管"文房四宝"作为笔墨纸砚的统称没有变化，但是作为特指，其含义却顺时因地而异。如梅尧臣诗中所言："文房四宝出二郡"，除具有统称含义外，实际上是还特指北宋时宣州、歙州（后改徽州）两地出产的笔、墨、纸、砚。另如王十朋《何子应以蜀中文房四宝分赠洪景卢王嘉叟某与焉成一绝》诗云："江左风流属宪台，笔端妙语出琼瑰。滥居益友三人列，误辱文房四宝来。"[⑤] 诗中所言"文房四宝"，乃是特指南宋时蜀地所出笔、墨、纸、砚。

除统称、特指以外，"文房四宝"有时又泛称文房用具，如祝穆所撰《古今事文类聚》别集卷14《文房四友部》中，就包括了笔、墨、纸、砚以

[①] （宋）梅尧臣著，朱东润编年校注：《梅尧臣集编年校注》卷25，上海古籍出版社1980年版，第809页。
[②] 参见陈涛：《〈辞源〉补正三则》，《五邑大学学报（社会科学版）》2009年第3期。
[③] （宋）叶梦得：《避暑录话》卷上，朱易安、傅璇琮等主编：《全宋笔记》第二编（十），大象出版社2006年版，第235页。
[④] （宋）陈师道：《后山居士文集》卷16《寇参军集序》，上海古籍出版社1984年版，第732页。
[⑤] （宋）王十朋：《王十朋全集》卷17《何子应以蜀中文房四宝分赠洪景卢王嘉叟某与焉成一绝》，上海古籍出版社1998年版，第294页。或见北京大学古文献研究所编：《全宋诗》卷2031，第36册，北京大学出版社1998年版，第22776页。

及水滴、笔架、笔床等文房用具[①]。另从唐宋类书中文具记载的统计情况来看（表1），南宋以前，所记文房用具主要是笔、墨、纸、砚，而南宋以后，所记文房用具既有笔、墨、纸、砚，也有笔架、笔床、水滴等其他用具，已愈加广泛。

表1 唐宋类书中文具记载统计表

时代	著者	书名	卷名	文具内容	备注
唐代	虞世南	《北堂书钞》	卷104《艺文部一〇》	笔、纸、砚、墨	
唐代	欧阳询	《艺文类聚》	卷58《杂文部四》	纸、笔、砚	
唐代	徐坚等	《初学记》	卷21《文部》	笔、纸、砚、墨	
唐代宋代	白居易 孔传	《白孔六帖》	卷14	笔、砚、纸、墨	
北宋	李昉等	《太平御览》	卷605《文部二一》	笔、墨、砚、纸	
北宋	吴淑	《事类赋》	卷15《什物部一》	笔、砚、纸、墨	
北宋	朱长文	《墨池编》	卷6《器用》	笔、砚、纸、墨	
北宋	高承	《事物纪原》	卷8《什物器用部》	纸、笔、墨、砚	
宋代	叶廷珪	《海录碎事》	卷19《文学部下》	笔、墨、纸、砚	
南宋		《锦绣万花谷》	前集卷32	笔、墨、纸、砚	
南宋	潘自牧	《记纂渊海》	卷82《字学部》	砚、笔、墨、纸、笔架、水滴、界方笔槽	
南宋	杨伯岩	《六帖补》	卷12《文房四宝》	笔、砚、墨、纸	以"文房四宝"之名
南宋	祝穆	《古今事文类聚》	别集卷14《文房四友部》	砚、水滴、笔、笔架、笔床、纸、墨	以"文房四友"之名
南宋	谢维新	《古今合璧事类备要》	前集卷46《文房门》	笔、笔床、墨、纸、砚	

综观两宋时代，在诸多名称中，流行最广的要属"文房四友"，不仅是诗词文赋多称"文房四友"，而且出现了《文房四友除授集》[②]。《文房四友除

[①] （宋）祝穆：《古今事文类聚》别集卷14《文房四友部》，《景印文渊阁四库全书》本，第927册，台湾商务印书馆1985年版，第733—752页。
[②] （宋）郑清之：《文房四友除授集》，《丛书集成初编》本，第2987册，中华书局1985年版。

授集》有宋安晚先生（郑清之）撰的制诏，有林希逸撰的谢表，还有刘克庄撰的制诏及谢表。文中用"宣城毛颖、陈玄、剡溪褚（楮）知白、端溪石虚中"代指笔、墨、纸、砚，且为"文房四宝"的特指，即是指南宋时的"宣笔、徽墨、越纸、端砚"。宋人胡谦厚在《文房四友除授集》后序中说："淳祐庚戌（1250），客京师，一日于市肆目《文房四友除授集》"，足见该书流布之广。陈垲在《文房四友除授集》题后中云："青山郑公发昌黎未尽之蕴，托王命出高爵，合文房四友，例有除授，训辞甚美……且夫四友之在天下匪但文章家所须，若贵若贱，皆不可以一日缺。虽不免为人役，亦有时而不能徇。人人有遇否，友实随之其遇也。"从中可以想见，"文房四友"在当时的重要和盛行程度。

就在"文房四友"广为流传的同时，宋人除了强调笔、墨、纸、砚的实用价值和象征意义外，也开始注重其艺术性和收藏价值。正因如此，"文房四宝"之名才开始在南宋时期逐渐流行起来。此间，还一度出现"新安四宝"：即"澄心堂纸、汪伯立笔、李廷珪墨、羊斗岭旧坑砚"[①]。

此外，从目录学的角度考察，北宋初年，吴淑所撰《事类赋》卷15《什物部一》[②]及李昉等撰《太平御览》卷605《文部二一》[③]皆载有"笔墨砚纸"，然仍未用"文房四宝"的名称。南宋时期，祝穆所撰《古今事文类聚》将笔墨纸砚等文房用具列入别集卷一四《文房四友部》，杨伯岩所撰《六帖补》将笔墨纸砚列入卷12《文房四宝》[④]，分别用了"文房四宝"的不同名称。苏易简《文房四谱》在南宋的目录中，晁公武《郡斋读书志》和陈振孙《直斋书录解题》记为《文房四谱》，而尤袤《遂初堂书目》就记作

[①] （明）李日华：《六研斋笔记》卷4，《景印文渊阁四库全书》本，第867册，台湾商务印书馆1985年版，第563页。
[②] 见（宋）吴淑：《事类赋》卷15《什物部一》，《景印文渊阁四库全书》本，第892册，台湾商务印书馆1985年版，第935—942页。
[③] 见（宋）李昉等：《太平御览》卷605《文部二一》，中华书局影印本1960年版，第2721—2724页。
[④] 见（宋）杨伯岩：《六帖补》卷12《文房四宝》，《景印文渊阁四库全书》本，第948册，台湾商务印书馆1985年版，第793—794页。

《文房四宝谱》。这些从另一个侧面反映出南宋时期"文房四宝"的名称始渐流行,文人们已用这一名称来代指笔墨纸砚,或泛称文房用具。

元代的制笔中心转至湖州,湖笔代替了宣笔,所以自元代以后,"文房四宝"作为特指即是称"湖笔、徽墨、宣纸、端砚"。明清时期,随着人们对笔墨纸砚艺术性和收藏价值的注重更加凸现,"文房四宝"之称也就广为盛行,就连清宫中也有此种说法,"太和殿内所设文房四宝御案著于东边居中安设。升殿日若有表文,将文房四宝御案移于西边居中安设,表文御案于东边居中安设。若无表文,将文房四宝御案仍于东边居中安设"[1]。

可以说"文房四宝"作为笔墨纸砚的统称,明清时期已经"名副其实"了。尽管如此,但是还需要注意三点:

其一,即是在明清时期,也不是"文房四宝"之名一统天下,"文房四友"、"文房四君"、"文房四事"等名称仍有存在。

如明郑真撰《荥阳外史集》称笔墨纸砚为"文房四友"[2];明祝允明《墨林藻海》称"文房四君"[3];《钦定西清砚谱》序云"文房四事"[4]。

其二,"文房四宝"有时又泛称文房用具。

如康熙六旬寿庆,诚亲王进献"万寿文房四宝",有"石渠阁瓦砚、玉管笔、万历窑笔、万历雕香笔、玛瑙水盛、古墨、万历八宝笔筒"[5]。

其三,清代,砚逐渐为墨盒所取代,但是"文房四宝"之名仍然流传下来。

清谢崧梁撰《今文房四谱》云:"宋苏氏易简著有《文房四谱》,条谱

---

[1]《钦定大清会典则例》卷2《内阁》,《景印文渊阁四库全书》本,第620册,台湾商务印书馆1984年版,第58页。

[2] (明)郑真:《荥阳外史集》卷12《铁砚斋记》,称"夫砚为文房四友之一,与笔墨出处、任用相类而寿夭不同",《景印文渊阁四库全书》本,第1234册,台湾商务印书馆1985年版,第59页。

[3] (清)张照、梁诗正等:《石渠宝笈》卷13,称"文房四君,岭外惟陶泓名天下",《景印文渊阁四库全书》本,第824册,台湾商务印书馆1985年版,第371页。

[4] (清)于敏中、梁国治等编:《钦定西清砚谱》,序称"向咏文房四事,谓笔、砚、纸、墨,文房所必资也",《景印文渊阁四库全书》本,第843册,台湾商务印书馆1985年版,第133页。

[5] (清)王原祁、王奕清等:《万寿盛典初集》卷54《庆祝五·贡献一》,《景印文渊阁四库全书》本,第654册,台湾商务印书馆1984年版,第2页。

纸笔墨砚,各述原委本末。今略仿其例,不谱其形制,止论其性情。惟今世士大夫既舍砚用盒,故只及盒,不及砚。仍其旧号,不名续而名今者,犹王氏晫《今世说》之例尔。"[①]

五、小结

通过考察"文房四宝"的源流,本文得出以下三点结论:其一,一致性。"文房四宝"的形成及其流传,与中国古代社会经济、文化观念的演进是一致的。魏晋南北朝时期,是"文房四宝"的萌芽阶段;初唐、盛唐时期,是"文房四宝"的初步形成阶段;中晚唐时期,是"文房四宝"的正式确立阶段;赵宋以降,是"文房四宝"的广为盛行阶段。其二,非同步性。"文房四宝"的"名"(名称)与"实"(含义)发展是非同步的,先后经历了由"笔墨纸砚"合称到"文房四友"再到"文房四宝"的阶段,可以说是先有"实",后有"名",经历了"有实无名"(魏晋南北朝时期)到"实至名归"(隋唐两宋时期)再到"名副其实"(明清时期)的过程。其三,时代性。首先,"文房四宝"的名称具有时代性。唐代始称文房"四友",宋、元、明、清各代名称多元化。宋代,"文房四友"之称最为流行;元、明、清时期及此后,"文房四宝"之名广为通用。其次,"文房四宝"的含义具有时代性。"文房四宝"的含义因时因地而异,既有广义、狭义之分,又有泛指、特指之别。"文房四宝",从广义上讲,可代称所有文房用具;从狭义上说,则统称笔墨纸砚。作为泛指,可代称文房用具;作为特指,顺时因地而变。再次,"文房四宝"的演变具有时代性。"文房四宝"的演变经历了从侧重实用价值,到兼具象征意义,再到重视艺术性和收藏价值的过程。

[①] (清)谢崧梁:《今文房四谱》,赵诒琛辑:《艺海一勺》第1册,上海书店1987年版,第161页。

宋代东京城"马行街无蚊"

20世纪末,在西方环境史成为继政治史、经济史、社会文化史之后西方历史编纂学的第四大类型;在中国,与环境有关的历史研究也越来越受到人们的关注。中国的环境史研究作为一个崭新的学术领域,目前仍处于初步介绍和引进的阶段,因此,如何建构中国环境史就更需要我们认真思考和探索。

中华文明上下几千年,中国环境史比任何其他非欧洲国家的环境史都要记录完整,因而,在建构中国环境史的过程中,我们绝不能不考虑中国古代环境意识的承续性。我们通过梳理中国古代的环境意识,正有助于更好地建构中国环境史,而"马行街无蚊"这则史料,恰恰充分体现了中国古代的城市生态环境意识。

宋人周密撰《齐东野语》载:"闻京师独马行街无蚊蚋"[1],蔡絛撰《铁围山丛谈》亦记载:"天下苦蚊蚋,都城独马行街无蚊蚋。"[2] 这两则史料是治唐史、宋史的学者所熟稔的。学者们在研究、论述唐宋经济的繁荣、城市的发展时,多引用此史料。"马行街无蚊",除了从经济史角度研究外,我们还可以从环境史层面来探讨。通过对这则史料的重新挖掘和深入分析,我们力图将环境意识在中国环境史研究中的重要性加以说明。

唐宋时期,时人对蚊的产生、蚊的生存环境、人与蚊的关系、蚊与城

---

[1] (宋)周密撰,张茂鹏点校:《齐东野语》卷10《多蚊》,中华书局1983年版,第178页。
[2] (宋)蔡絛撰,冯惠民、沈锡麟点校:《铁围山丛谈》卷4,中华书局1983年版,第70页。

市环境的关系等问题已有明确认识。①

一、唐宋时人对"蚊"的认知

关于"蚊"的产生：一说是蚊母鸟（或吐蚊鸟）能吐蚊。"按《尔雅》：'鹎、蚊母，一名蚊母，相传此鸟能吐蚊。'陈藏器云：'其声如人呕吐，每吐辄出蚊一二升。'"②《唐国史补》载："江东有蚊母鸟，亦谓之吐蚊鸟。夏则夜鸣，吐蚊于丛苇间，湖州尤甚。"③《岭表录异》曰："蚊母鸟，形如青鹢，嘴大而长，于池塘捕鱼而食，每叫一声，则有蚊蚋飞出其口。……亦呼为吐蚊鸟。"④《北户录》亦载："端新州有鸟，类青鸦而嘴大，常在池塘间捕鱼而食。每作一声，则有蚊子群出其口。"⑤

另一说是蚊子树（或蚊子木、蚊母木）、蚊母草等所出。《岭南异物志》曰："（岭表）有树如冬青，实生枝间，形如枇杷子，每熟即坼裂，蚊子群飞，唯皮壳而已，土人谓之蚊子树。"⑥《唐国史补》载："南中又有蚊子树，实类枇杷，熟则自裂，蚊尽出而空壳矣。"⑦

唐宋时人认为，蚊母鸟、蚊母草和蚊子树都能出蚊，因如《北户录》所言：端新州有蚊母鸟，"塞北有蚊母草，岭南有蚊母木，此三色异类而同功。"⑧

《说文》曰："秦晋谓之蚋，楚谓之蚊。"关于"蚊"的习性和生存环

---

① 参见陈涛：《论"马行街无蚊"——从环境史角度的诠释》，《社会科学论坛（学术研究卷）》2007年第10期。
② （宋）周密撰，张茂鹏点校：《齐东野语》卷10《多蚊》，第179页。
③ （唐）李肇：《唐国史补》卷下，上海古籍出版社1979年版，第64页。
④ （唐）刘恂撰，鲁迅校勘：《岭表录异》卷中 945，广东人民出版社1983年版，第21页。
⑤ （唐）段公路：《北户录》卷2《蚊母扇》，《丛书集成初编》本，第3021册，中华书局1985年版，第19页。
⑥ 《岭南异物志》，又见（宋）李昉等编《太平广记》卷407《蚊子树》，引《岭南异物志》，中华书局1961年版，第3287页。
⑦ （唐）李肇：《唐国史补》卷下，第64页。
⑧ （唐）段公路：《北户录》卷2《蚊母扇》，《丛书集成初编》本，第3021册，中华书局1985年版，第19页。

境。唐宋时人认为，蚊子"长喙细身，昼亡夜存，嗜肉恶烟"[1]，虽然"专肠嘴距利如锥，自恃平生贪肉肥"[2]，"磨牙吮血走群庞"[3]，但是却害怕风雨，"物微深可悯，畏雨复兼风"[4]。

蚊子多生存于有水、有草的地方，"盖蚊乃水虫所化，泽国故应尔"。"《淮南子》曰：'水虿为蟌，孑孓为蚊，兔啮为螺。物之所为，出于不意，弗知者惊，知者不怪。'""今孑孓，污水中无足虫也，好自伸屈于水上，见人辄沉，久则蜕而为蚊，盖水虫之所变明矣。""若生草中者，吻尤利，而足有文彩，号为豹脚。"[5]

可是，也并非有水、草就一定能育蚊，"吴兴独江子汇无蚊蚋，旧传马自然尝泊舟于此所致"[6]。当然，因马自然泊舟江子汇，故而无蚊，只是传说。其实唐宋时人就已经意识到"育蚊者非一端，固不可专归罪于水也"[7]。

二、唐宋时人对"人与蚊"关系的揭示

在"人与蚊"关系上，唐宋时人已经有了明确认识：

其一，是揭示"蚊"给人们带来的困扰和畏惧。长期以来，人们早已认识到蚊子性嗜血，但体形小且行动敏捷，"飞蚊猛捷如花鹰"[8]，使得人们"适见传呼宠，俄成扑地空"[9]，"烟驱扇击手频挞，奈尔传呼又满衙"[10]，往往

---

[1] （宋）周密撰，张茂鹏点校：《齐东野语》卷10《多蚊》，第179页。
[2] （宋）刘克庄编集，胡问侬、王皓叟校注：《后村千家诗校注》卷20《昆虫门·蚊》，贵州人民出版社1986年版，第561页。
[3] （宋）刘克庄编集，胡问侬、王皓叟校注：《后村千家诗校注》卷20《昆虫门·蚊》，第562页。
[4] （宋）刘克庄编集，胡问侬、王皓叟校注：《后村千家诗校注》卷20《昆虫门·蚊》，第562页。
[5] （宋）周密撰，张茂鹏点校：《齐东野语》卷10《多蚊》，第179页。
[6] （宋）周密撰，张茂鹏点校：《齐东野语》卷10《多蚊》，第178页。
[7] （宋）周密撰，张茂鹏点校：《齐东野语》卷10《多蚊》，第179页。
[8] （宋）周密撰，张茂鹏点校：《齐东野语》卷10《多蚊》，第178页。
[9] （宋）刘克庄编集，胡问侬、王皓叟校注：《后村千家诗校注》卷20《昆虫门·蚊》，第562页。
[10] （宋）刘克庄编集，胡问侬、王皓叟校注：《后村千家诗校注》卷20《昆虫门·蚊》，第561页。

有一种无可奈何的心境,更有甚者发出"鞠囚有诏请君尝"[1]的感叹。

唐宋时期,人们一直遭受蚊蚋侵扰,深受其苦。如"吴兴多蚊,每暑夕浴罢,解衣盘礴,则营营群聚,嘈嘬不容少安,心每苦之。坡翁尝曰:'湖州多蚊蚋,豹脚尤毒。'"[2]由于"飞蚊所扰",人们时常"夜不能寐"[3]。而据《梦溪笔谈》记载:"信安、沧、景之间,多蚊虻。夏月牛马皆以泥涂之。不尔多为蚊虻所毙;郊行不敢乘马,马为蚊虻所毒,则狂逸不可制。行人以独轮小车,马鞍蒙之以乘,谓之'木马';挽车者皆衣韦裤。"[4]

蚊蚋,除了给人们带来困扰外,往往还伴随有心理上的畏惧。

"蚊蚋,亦名白鸟"[5],"相传江淮间有驿,俗呼露筋。尝有人醉止其处,一夕,白鸟姑嘬,血滴筋露而死"。[6]欧阳修曾有诗云:"尝闻高邮间,猛虎死凌辱。哀哉露筋女,万古仇不复。"[7]此外,《孙公谈圃》亦载:"秦州西溪多蚊,使者按行,左右以艾烟熏之。有一厅吏醉仆,为蚊所嘬而死。"[8]这的确令人生畏。然而,最恐怖的还要算是平望蚊子,"天下有蚊子,候夕嘬人肤",平望有蚊子,白昼袭人,且"不避风与雨,群飞出菰蒲,扰扰蔽天黑"[9]。宋代大诗人陆游过平望时不得不发出"蚊如蜂虿可畏"[10]的惊叹。

其二,是揭示人们在"蚊"的侵扰下,积极应对,寻求御蚊之法。面对蚊蚋的侵扰,人们并不仅仅是被动接受、坐以待毙,而是主动思考、积

---

[1] (宋)刘克庄编集,胡问侬、王皓叟校注:《后村千家诗校注》卷20《昆虫门·蚊》,第562页。
[2] (宋)周密撰,张茂鹏点校:《齐东野语》卷10《多蚊》,第178页。
[3] (宋)何薳撰,张明华点校:《春渚纪闻》卷7《徐氏父子俊伟》,中华书局1983年版,第105页。
[4] (宋)沈括著,胡道静校正:《梦溪笔谈校注》卷23《讥谑》,上海古籍出版社1987年版,第736页。
[5] (宋)孙奕:《履斋示儿编》卷15《杂记·人物通称》,《丛书集成初编》本,第206册,中华书局1985年版,第149页。
[6] (唐)段成式撰,方南生点校:《酉阳杂俎续集》卷4《贬误》,中华书局1981年版,第237页。
[7] (宋)袁文著,李伟国校点:《瓮牖闲评》卷7,上海古籍出版社1985年版,第69—70页。
[8] (宋)孙升:《孙公谈圃》卷上,朱易安、傅璇琮等主编:《全宋笔记》第二编(一),大象出版社2006年版,第142页。
[9] (宋)祝穆:《古今事文类聚》后集卷49《平望蚊子》,《新编古今事文类聚》(中册),书目文献出版社1991年版,第1073页。
[10] (宋)陆游著,蒋方校注:《入蜀记校注》卷1,湖北人民出版社2004年版,第20页。

极应对，寻求御蚊之法。通过不断积累、认真总结，时人发现了这样四种御蚊的方法：

第一，通过蚊蚋的天敌御之。《夏小正》云："丹鸟，萤也。羞白鸟，谓萤以蚊为粮云。"[①]"萤火，一名耀夜，一名景天，一名熠耀，一名磷，一名丹鸟，一名夜光，一名宵烛，一名丹良。腐草为之，食蚊蚋。"[②]

第二，通过某种驱蚊的植物御之。"蛆草，高一二尺，状如茅。夏月插一枝盘筵中，蚊蝇不近，食物亦不速腐。柳州有之。"[③]"（储泳）自幼爱接道友，有一人能呼鼠群聚，久之遣去，亦能祛蚊，自谓以法追禁。……一夜醉寝，取其箧中香末试烧，蚊悉远去，但不知其用药，然正作荷花香。来日叩之，微笑不答，想亦荷花之须耳。"[④]

第三，通过帷帐、幮等避之。"（吴越文穆王）尝出师，师次平望，时蚊蚋尤甚，左右请施帷帐。王曰：'三军皆暴露，我独何避？'竟不许。"[⑤]陆游《入蜀记》载："是夜蚊多，始复设幮。"[⑥]

第四，通过蚊烟驱之。宋人华岳曾有《苦蚊》诗云："四壁人声绝，榻下蚊烟灭。可怜翠微翁，一夜敲打拍。"[⑦]蚊烟的使用颇为广泛，即使在旅店等处亦不乏见，宋人葛立方即有"野店蚊烟接"[⑧]的诗句。在南宋都城临安，甚至出现了专门生产销售蚊烟的作坊，"都民骄惰，凡买卖之物，多与

[①]（宋）周密撰，张茂鹏点校：《齐东野语》卷10《多蚊》，第179页。
[②]（后唐）马缟：《中华古今注》卷下《萤火》，商务印书馆1956年版，第49页。
[③]（宋）周去非撰，杨武泉校注：《岭外代答校注》卷8《蛆草》，中华书局1999年版，第341页。
[④]（宋）储泳：《祛疑说·呼鼠 祛蚊》，《景印文渊阁四库全书》本，第865册，台湾商务印书馆1985年版，第207页。
[⑤]（宋）钱俨撰，李最欣校点：《吴越备史》卷2，傅璇琮等主编：《五代史书汇编》（拾），杭州出版社2004年版，第6231页。
[⑥]（宋）陆游著，蒋方校注：《入蜀记校注》卷1，第43页。
[⑦]（宋）华岳：《翠微南征录》卷3《苦蚊》，《景印文渊阁四库全书》本，第1176册，台湾商务印书馆1985年版，第641页。
[⑧]（清）曹庭栋：《宋百家诗存》卷19《入寿昌县界》，《景印文渊阁四库全书》本，第1477册，台湾商务印书馆1986年版，第473—474页。然《全宋诗》卷1952《葛立方三》作"野店炊烟接"，见《全宋诗》第三四册，北京大学出版社1998年版，第21810页。

（于）作坊行贩已成之物"[①]。

在上述四种御蚊方法中，宋人认为较常用且最实用的还是以蚊烟驱蚊。

三、唐宋时人对"蚊与环境"问题的理解

在"蚊与城市环境"问题上，宋人已有自己独到的见解，时人认为"马行街无蚊"的原因有以下几点：

其一，人口密集。"土市北去乃马行街也，人烟浩闹"[②]，这里人口密集，居住有官员、商贾、医生、百姓、工匠、伎人等。"北去杨楼以北穿马行街，东西两巷，谓之大小货行，皆工作伎巧所居"[③]，"马行南北几十里"，"多国医、咸巨富"[④]，至于"官员宅舍"[⑤]，更是不欲遍记。特别在"上元五夜"，更是"声妓非常"，由此足见，"马行街人物嘈杂"[⑥]。

其二，经济繁荣。"马行街者，都城之夜市、酒楼极繁盛处也。"[⑦]这里，店铺林立、经济活动频繁、商业服务业兴盛，加之人口密集，就进一步促进了城市经济的繁荣。

"马行北去，旧封丘门外袄庙斜街，州北瓦子。新封丘门大街，两边民户铺席，外余诸班直军营相对，至门约十里余，其余坊巷院落，纵横万数，莫知纪极。处处拥门，各有茶坊酒店，勾肆饮食。市井经纪之家，往往只于市店旋买饮食，不置家蔬。""夜市直至三更尽，才五更又复开张。如要

---

① （宋）周密：《武林旧事》卷6《作坊》，《丛书集成初编》本，第3218册，中华书局1991年版，第130页。
② （宋）孟元老撰，伊永文笺注：《东京梦华录笺注》卷2《潘楼东街巷》，中华书局2006年版，第164页。
③ （宋）孟元老撰，伊永文笺注：《东京梦华录笺注》卷2《酒楼》，第174页。
④ （宋）蔡絛撰，冯惠民、沈锡麟点校：《铁围山丛谈》卷4，第70页。
⑤ （宋）孟元老撰，伊永文笺注：《东京梦华录笺注》卷3《马行街北诸医铺》，第268页。
⑥ （宋）蔡絛撰，冯惠民、沈锡麟点校：《铁围山丛谈》卷4，第70页。
⑦ （宋）蔡絛撰，冯惠民、沈锡麟点校：《铁围山丛谈》卷4，第70页。

闹去处，通晓不绝。"①

"凡京师酒店门首，皆缚彩楼欢门。唯任店入其门，一直主廊约百余步。南北天井两廊皆小合子，向晚，灯烛荧煌，上下相照。浓妆妓女数百，聚于主廊槛（檐）面上，以待酒客呼唤，望之宛若神仙。北去杨楼以北穿马行街，东西两巷，谓之大小货行"，"小货行通鸡儿巷妓馆，大货行通笺纸店"②。

此外，每当"七月七夕，潘楼街东宋门外瓦子、州西梁门外瓦子、北门外、南朱雀门外街及马行街内，皆卖磨喝乐"③。

其三，灯火兴盛。"闻京师独马行街无蚊蚋，人以为井市灯火之盛故也。"④马行街"灯火照天，每至四鼓罢，故永绝蚊蚋"。及至"上元五夜"，"烧灯尤壮观"，"故诗人亦多道马行街灯火"⑤。

其四，油烟弥漫。宋人认为"蚊蚋恶油"⑥，而马行街经济繁荣、餐饮业发达，"北食则矾楼前李四家、段家爊物、石逢巴子，南食则寺桥金家、九曲子周家，最为屈指"。"夜市亦有燋酸豏、猪胰胡饼、和菜饼、獾儿、野狐肉、果木翘羹、灌肠、香糖果子之类。冬月虽大风雪阴雨，亦有夜市"，"姜豉、抹脏、红丝、水晶脍、煎肝脏、蛤蜊、螃蟹、胡桃、……查子、楂榟、糍糕、团子、盐豉汤之类"⑦，这里释放的大量油烟，有利于驱蚊。

其五，香药遍及。唐宋时人早已知晓，一些植物、药草能够驱蚊，而马行街"南北几十里，夹道药肆"⑧。"马行北去，乃小货行，时楼，大骨傅药铺，直抵正系旧封丘门，两行金紫医官药铺，如杜金钩家、曹家独胜元（丸）、山水李家口齿咽喉药、石鱼儿班防御、银孩儿柏郎中家医小儿、大

---

① （宋）孟元老撰，伊永文笺注：《东京梦华录笺注》卷3《马行街铺席》，第312—313页。
② （宋）孟元老撰，伊永文笺注：《东京梦华录笺注》卷2《酒楼》，第174页。
③ （宋）孟元老撰，伊永文笺注：《东京梦华录笺注》卷8《七夕》，第780—781页。
④ （宋）周密撰，张茂鹏点校：《齐东野语》卷10《多蚊》，第178页。
⑤ （宋）蔡絛撰，冯惠民、沈锡麟点校：《铁围山丛谈》卷4，第70页。
⑥ （宋）蔡絛撰，冯惠民、沈锡麟点校：《铁围山丛谈》卷4，第70页。
⑦ （宋）孟元老撰，伊永文笺注：《东京梦华录笺注》卷3《马行街铺席》，第312—313页。
⑧ （宋）蔡絛撰，冯惠民、沈锡麟点校：《铁围山丛谈》卷4，第70页。

鞋任家产科。其余香药铺席",亦是"不欲遍记"[①]。

宋人对"马行街无蚊"的理解,已经能够从人口、经济、环境等因素来考察、解释,这是极其难能可贵的。

宋人周密在记载"马行街无蚊"的同时,也指出,"然余有小楼在临安军将桥,面临官河,污秽特甚。自暑徂秋,每夕露眠,寂无一蚊,过此仅数百步,则不然矣,此亦物理之不可晓者"[②]。

宋人对"人与城市环境"关系的认识,由于时代的局限性很难从更深层的原因来解释,这是一个遗憾,但却是可以理解的。因为我们可以看到北宋时期时人已经注意到都城"马行街无蚊"的问题,且从不同方面来解释无蚊的原因,在当时的历史条件下,宋人不仅对"人与蚊"的关系做出明确揭示,而且对"蚊与城市环境"的关系进行认真思考,从中实际上已经反映出宋人对"人与城市环境"的关系有了一定程度的认识,尽管这种认识还很不全面、不深刻,但是,可以说,这表明宋人已经具有某种朦胧的城市环境意识。而考察这种环境意识的承续,对我们深入研究中国环境史(包括城市环境史)是必不可少的。

四、从环境史角度对"马行街无蚊"的诠释

在当代,我们能够利用科学知识和技术手段对"马行街无蚊"做出深层揭示。就整个地球环境而言,可以分为自然环境(非人为作用的环境)和人化环境(人为作用的环境),自然环境和人化环境之间是相互联系、相互作用、相互影响、相互制约的。随着人口的增加、人类活动范围和领域的扩展,人化环境逐渐扩大,自然环境不断缩小,两者是此消彼长的关系。

两宋时期,是中国古代商品经济发展的又一个高峰,此间,城市的发

---

① (宋)孟元老撰,伊永文笺注:《东京梦华录笺注》卷3《马行街北诸医铺》,第268页。
② (宋)周密撰,张茂鹏点校:《齐东野语》卷10《多蚊》,第179页。

展,不仅在数量上,规模上、形态上等也远超前代。城市作为一个以人类为中心的社会、经济、自然的复合生态系统,其最大特点是人口高度集中,"马行街"作为都城夜市、酒楼极繁盛处,在城市生态系统中,这里人口流、物质流、能流、信息流最大、最集中。在一定的时间和空间范围内,随着人类活动强度和频率的加大,从而盲目加快开发利用环境资源,改变了城市地区的地形、地貌,造成大气和水体污染、温度和湿度的改变,破坏了自然生态系统的自我调节和修复能力,使人与其周围环境之间的生态关系失调,破坏了原有的生态和生态平衡,给城市生态环境造成了沉重压力。从中国古代城市发展史的角度讲,"人—城市—环境"之间既能共同发展,也会互相制约,"马行街无蚊",即是从一个侧面对此做出的反映。

"马行街无蚊",体现了宋人在人与自然关系问题上的一些看法(即环境意识);折射出随着人口的增加、社会经济的繁荣、城市空间的扩展、人类社会的进步,自然环境和人化环境在不断地发生消长变化;实质上反映了人类活动空间的拓展,侵夺、破坏了"蚊"(或其他生物)的生存环境和生存条件,而破坏生物的生境是最致命的;警示人们应该科学、正确地处理好社会经济发展同人口、资源、环境的协调、和谐发展。

"环境史的主要魅力在于,它激励人们不只是在'历史的遗迹',而是在更广袤的土地上发现历史。在那里人们会认识到,人类历史的痕迹几乎处处可寻,甚至在臆想的荒野——在被侵蚀的山野、在草原、在热带森林——中都能找到。"[①] 因而,我们无论是在专业学习抑或学术研究中,都应该注意到经济史、城市史、环境史等等之间的密切联系和互动关系,力求从社会经济与生态环境统一、人与自然互动的视角去考察、分析、研究,这既有利于拓宽学术视野,又有利于深化问题意识,还有利于提升研究价值。

---

① 〔德〕约阿希姆·拉德卡著,王国豫、付天海译:《自然与权力:世界环境史》,河北大学出版社 2004 年版,前言。

制度视域下的唐代冬至节及其对日本的影响

古人认为"气始于冬至，周而复生"[①]，会对自然和人类产生重要影响，所以汉代时已有冬至节庆贺之事，如《独断》记载："冬至阳气起，君道长，固贺。"[②] 魏晋时期，出现冬至节朝贺、朝会的制度，"魏、晋则冬至日受万国及百僚称贺，因小会。其仪亚于岁旦"[③]。隋唐时期的冬至节，既承袭魏晋旧制，又出现新变化，一方面是制度日趋完备，另一方面是娱乐性、礼仪性逐渐增强。

岁时节令，因其能生动地反映特定的时代特征、社会生活和民情风俗等，故而深受学者重视。不过，学界在唐代节日研究中有关冬至节的成果却比较有限[④]，迄今为止，仍然缺少对唐代冬至节制度的系统总结。有鉴于此，本文拟重点考察唐代冬至节的制度规定，兼及民间社会风俗，进而探讨唐代冬至节制度对日本影响。

一、唐代冬至节的制度规定与社会风俗

冬至在夏历十一月中，《历义疏》曰："冬至，十一月之中气也。言冬

[①] （汉）司马迁：《史记》卷25《律书》，中华书局1982年版，第1251页。
[②] （汉）蔡邕：《独断》卷下，《景印文渊阁四库全书》本，第850册，台湾商务印书馆1985年版，第91页。
[③] （梁）沈约：《宋书》卷14《礼志一》，中华书局1974年版，第345—346页。
[④] 如有李斌城主编：《唐代文化》，中国社会科学出版社2002年版；徐连达：《唐朝文化史》，复旦大学出版社2003年版；谭蝉雪：《敦煌民俗：丝路明珠传风情》，甘肃教育出版社2006年版；张晶：《唐代冬至节研究》，陕西师范大学硕士学位论文，2008年；王兰兰：《唐代冬至节及其对东亚诸国的影响》，《西安文理学院学报（社会科学版）》2018年第6期，等等。

至者，极也。太阴之气，生于太阳；太阳之气，下极于地，寒气已极，故曰冬至。"①

唐代，"元正，岁之始，冬至，阳之复，二节最重"②。当时，冬至节的祭祀活动很受重视，在"岁之常祀二十有二"③中位列第一。因此时人对冬至节的记载颇多，冬至节也有"冬节、至日、长至、南至、亚岁、冬至日、长至日、南至日"等别称，且唐人称冬至前一天为"小至、小冬日"，有时也称冬至前一夜为"冬除、除夜"，称冬至节后为"至后、冬至后"。冬至作为唐代重大节日之一，不论是在官方制度规定，还是在民间社会风俗中，都有深刻影响。

（一）冬至节的制度规定

唐代官方制度中，对冬至节有诸多规定，包括南郊祭天、大赦、改元、朝贺、朝会、祭陵、巡陵、进贡、朝贡、宴饮、休假、赏赐、恤民等。

1. 南郊祭天

唐高祖武德初年，曾定令："每岁冬至，祀昊天上帝于圆丘"④；太宗时期，所修《贞观礼》云："冬至祀昊天上帝于圆丘"⑤；玄宗时期，所修《开元礼》中同样记载："冬至祀昊天上帝于圆丘。"⑥可以说，有唐一代，礼仪制度中都明确规定：冬至时，要在南郊举行祭天仪式，如贞观十七年

---

① （宋）高似孙：《纬略》卷6《冬至》，《景印文渊阁四库全书》本，第852册，台湾商务印书馆1985年版，第320页。
② （宋）欧阳修、宋祁：《新唐书》卷13《礼乐志三》，中华书局1975年版，第346页。
③ （唐）李林甫等撰，陈仲夫点校：《唐六典》卷4《尚书礼部》，中华书局1992年版，第120页。
④ （唐）杜佑撰，王文锦等点校：《通典》卷43《礼三·沿革三·吉礼二·郊天下》，中华书局1988年版，第1192页。
⑤ （宋）欧阳修、宋祁：《新唐书》卷13《礼乐志三》，第333页。
⑥ （唐）萧嵩等：《大唐开元礼》卷1《序例上·神位》，民族出版社2000年影印本，第13页。

(643)十月甲寅诏曰:"今年冬至,有事南郊。"[1]

冬至的南郊祭天仪式,有时皇帝亲祀,如太宗贞观"十四年(640)十一月甲子,朔旦冬至,亲祠南郊"[2],又如德宗贞元六年(790)"十一月庚午,日南至,帝亲祀昊天上帝于南郊"[3];有时令大臣摄行,如代宗大历五年(770)"十一月庚寅,日长至,命有司祀昊天上帝于南郊"[4],又如权德舆曾摄行南郊祭天,并作有《朔旦冬至摄职南郊因书即事》一诗。

冬至祭祀的规格非常高,祭器,祀昊天上帝用"笾十二,豆十二,簠一,簋一,甑一,俎一",祭品,"用苍犊一","若冬至祀圜(圆)丘,加羊九豕九"[5];仪式极为庄严隆重,皇帝服"大裘冕,无旒,金饰,玉簪导,以组为缨,色如其绶;裘以黑羔皮为之,玄领、褾、襟缘;朱裳,白纱中单,皂领,青褾、襈、裾;革带,玉钩䚢,大带,韨;鹿卢玉具剑,火珠镖首;白玉双佩;玄组双大绶,六彩:玄、黄、赤、白、缥、绿,纯玄质,长二丈四尺,五百首,广一尺;朱袜,赤舄"[6],又以"冬至之音,万物皆含阳气而动",故置"雷鼓八面以祀天"[7],自贞观年间始,冬至祀昊天用乐章八首[8]。

2. 大赦、改元

唐代,每逢冬至,朝廷也会有大赦、改元之举。

冬至大赦,唐代前中后期皆有事例,前期,如中宗景龙三年(709)"十一月乙丑,亲祀南郊","大赦天下,见系囚徒及十恶咸赦除之,杂犯流

---

[1] (宋)王溥:《唐会要》卷9上《杂郊议上》,上海古籍出版社1991年版,第171页。
[2] (宋)王钦若等编:《册府元龟》卷33《帝王部·崇祭祀二》,中华书局影印本1960年版,第356页。
[3] (宋)王钦若等编:《册府元龟》卷34《帝王部·崇祭祀三》,第369页。
[4] (宋)王钦若等编:《册府元龟》卷34《帝王部·崇祭祀三》,第368页。
[5] (唐)萧嵩等:《大唐开元礼》卷1《序例上·俎豆》,第17—19页。
[6] (唐)李林甫等撰,陈仲夫点校:《唐六典》卷11《殿中省》,第326—327页。
[7] (后晋)刘昫等:《旧唐书》卷29《音乐志二》,中华书局1975年版,第1078页。
[8] (后晋)刘昫等:《旧唐书》卷30《音乐志三》,第1090页。

人并放还"①;中期,如德宗贞元九年(793)十一月乙酉,日南至,大赦天下,"自贞元九年十一月十日昧爽已前,大辟罪咸赦除之。左降官及流人,并量移近处"②;后期,如文宗太和三年(829)南郊赦文云:"今因南至,有事圆丘。荐诚敬于二仪,申感慕于九庙。群祀来享,至诚必通。既陈言以告虔,宜覃恩而广泽,可大赦天下。"③

冬至改元,并不多见,其事例如武则天永昌元年(689)"十一月,庚辰朔,日南至。太后享万象神宫,赦天下。始用周正,改永昌元年十一月为载初元年正月"④;又如代宗永泰二年(766)十一月"甲子,日长至,上御含元殿,下制大赦天下,改永泰二年为大历元年"⑤。

3. 朝贺、朝会

据《大唐开元礼》等书记载,冬至时,皇帝受皇太子、皇太子妃和群臣朝贺;皇后受皇太子、皇太子妃和命妇朝贺;皇太子受群臣和宫臣朝贺。如代宗广德二年(764)"十一月甲寅,是日长至,御含元殿受朝贺,仗卫如常仪。礼毕,百官诣崇明门进名谒皇太子"⑥。朝贺时,大臣也向皇帝祝寿,如崔琮《长至日上公献寿》诗云:"应律三阳首,朝天万国同。斗边看子月,台上候祥风。五夜钟初动,千门日正融。玉阶文物盛,仙仗武貔雄。率舞皆群辟,称觞即上公。南山为圣寿,长对未央宫。"⑦当"群官朝贺中宫"时,内给事"则出入宣传"⑧。对于不能朝贺者,则"进名奉贺"⑨。

---

① (后晋)刘昫等:《旧唐书》卷7《中宗纪》,第148页。
② (宋)王钦若等编:《册府元龟》卷89《帝王部·赦宥八》,第1063页。
③ (宋)宋敏求:《唐大诏令集》卷71《典礼·南郊五》,商务印书馆1959年版,第397页。
④ (宋)司马光编著:《资治通鉴》卷204《唐纪二〇》"则天后永昌元年(689)十一月庚辰"条,中华书局1976年版,第6462页。
⑤ (后晋)刘昫等:《旧唐书》卷11《代宗纪》,第285页。
⑥ (宋)王钦若等编:《册府元龟》卷107《帝王部·朝会一》,第1277页。
⑦ (清)彭定求等编:《全唐诗》卷272,中华书局1979年版,第3056页。
⑧ (唐)李林甫等撰,陈仲夫点校:《唐六典》卷12《内侍省》,第357页。
⑨ (唐)李肇:《翰林志》,《景印文渊阁四库全书》本,第595册,台湾商务印书馆1984年版,第300页。

唐代，皇太后也受群臣称贺，如宪宗元和三年（808）"十一月甲申，日南至"，"群臣诣兴庆宫奉贺皇太后"①。至于命妇参贺皇太后也有相应规定，"元和元年（806）十月，太常奏：'外命妇参贺皇太后仪制，自今以后，每年元日冬至，外命妇有邑号者，并准式赴皇太后所居宫殿门，进名参贺。……如泥雨即停。'依奏"②。对于违反制度的，朝廷给予惩罚，如元和二年七月敕：每年冬至，"外命妇朝谒皇太后，自有常仪，不合前却，自今已后，诸公主、郡县主，宜委宗正寺勾当。常参官母妻，御史台勾当。如有违越者，夫、子夺一月俸。无故频不到者，有司具状闻奏"③。

唐代还有皇帝朝谒太上皇和太皇太后的事例，如肃宗"乾元二年（759）十一月丁亥冬至，帝朝圣皇于兴庆宫"④；文宗太和元年（827）"十一月己亥，日南至，帝由复道谒太皇太后、宝历太后于兴庆宫"⑤。

朝贺之外，朝廷通常还会举行隆重的朝会，"设斧扆于正殿。施榻席及熏炉"⑥，"展宫县之乐，陈历代宝玉、舆辂，备黄麾仗"⑦，皇帝服"通天冠，加金博山，附蝉十二首，施珠翠，黑介帻，发缨翠緌，玉若犀簪导；绛纱袍，白纱中单，朱领、襈，白裙襦，绛纱蔽膝；白假带，方心曲领"；革带、剑、珮、绶与祀天所服相同；"白袜，黑舄。若未加元服，则双童髻，空顶黑介帻，双玉导，加宝饰"⑧。天子视朝，"宴见蕃国王"⑨，黄门侍郎"则以天下祥瑞奏闻"⑩。唐代对文武百官参加朝会的服饰也有相应规定，对于违反制度的，朝廷会采取惩罚措施，如玄宗"开元二十五年（737）御史大夫李通奏：'每至冬至，及缘大礼，应朝参官并六品清官，并服朱衣，余六

---

① （宋）王钦若等编：《册府元龟》卷107《帝王部·朝会一》，第1280—1281页。
② （宋）王溥：《唐会要》卷26《命妇朝皇后应仪制附》，第575页。
③ （宋）王溥：《唐会要》卷26《命妇朝皇后应仪制附》，第575页。
④ （宋）王钦若等编：《册府元龟》卷107《帝王部·朝会一》，第1276页。
⑤ （宋）王钦若等编：《册府元龟》卷38《帝王部·尊亲》，第423页。
⑥ （唐）李林甫等撰，陈仲夫点校：《唐六典》卷11《殿中省》，第329页。
⑦ （唐）李林甫等撰，陈仲夫点校：《唐六典》卷4《尚书礼部》，第113页。
⑧ （唐）李林甫等撰，陈仲夫点校：《唐六典》卷11《殿中省》，第327页。
⑨ （宋）欧阳修、宋祁：《新唐书》卷23上《仪卫志上》，第483页。
⑩ （唐）李林甫等撰，陈仲夫点校：《唐六典》卷8《门下省》，第244页。

品以下，许通著裤褶。如有掺故，准式不合著朱衣裤褶者，其日听不入朝。自余应合著而不著者，请夺一月俸，以惩不恪。'制曰：'可。'"①

通常，冬至朝会选在当日，但在玄宗时期，也曾出现冬至节前后朝会的事例，据《通典》记载："大唐开元八年十一月，中书门下奏曰：'伏以冬至，一阳始生，万物潜动，所以自古圣帝明王，皆此日朝万国，观云物，礼之大者，莫逾是时。其日亦祀圆丘，皆令摄官行事，质明既毕，日出视朝，国家以来，更无改易。缘修新格将毕，其日祀圆丘，遂改用小冬日受朝。若亲拜南郊，受朝须改，既令摄祭，理不可移，伏请改正。'从之。因敕，自今以后，冬至日受朝，永为恒式。至天宝三载十一月五日，甲子冬至，敕：'伏以昊天上帝，义在尊严，恭惟祀典，每用冬至。既于是日有事圆丘，更受朝贺，实深兢惕。自今以后，冬至宜取以次日受朝，仍永为恒式。'"②

此外，唐代也有因故取消冬至朝会的事例，如德宗贞元十五年兴兵讨伐蔡州吴少诚，"十一月乙巳，冬至，罢朝会，兵兴也"③。

4. 祭陵、巡陵

唐代，冬至也举行祭陵仪式，《唐六典》记载："凡朔望、元正、冬至、寒食，皆修享于诸陵。"④玄宗开元二十三年（735）四月下敕："献昭乾定桥恭六陵，朔望上食，岁冬至寒食日，各设一祭。"⑤

此外，还有公卿巡陵制度。"旧制，每年四季之月，常遣使往诸陵起居"，然"自天授以后，时有起居"⑥。中宗景龙二年（708）三月，左台御史唐绍上表，"望停四季及忌日降诞日并节日起居陵使，但准二时巡陵"，皇

---

① （宋）王溥：《唐会要》卷24《朔望朝参常朝日附》，第541—542页。
② （唐）杜佑撰，王文锦等点校：《通典》卷70《礼三十·沿革三十·嘉礼十五·元正冬至受朝贺》，第1933—1934页。
③ （后晋）刘昫等：《旧唐书》卷13《德宗纪下》，第391页。
④ （唐）李林甫等撰，陈仲夫点校：《唐六典》卷14《太常寺》，第401页。
⑤ （唐）杜佑撰，王文锦等点校：《通典》卷52《礼十二·沿革十二·吉礼十一·上陵》，第1451页。
⑥ （唐）杜佑撰，王文锦等点校：《通典》卷52《礼十二·沿革十二·吉礼十一·上陵》，第1451页。

帝手敕答曰："乾陵每岁正旦、冬至、寒食遣外使去，二忌日遣内使去，其诸陵并依来奏。"①此后，朝廷仅以春秋二时，命使巡陵。因此，在武则天朝和中宗朝，冬至公卿巡陵之制曾短时存在。

5. 进贡、朝贡

唐代，冬至"诸道进献"，"任以土贡，修其庆贺，其余杂进"②，太府寺则对"冬至所贡方物应陈于殿庭者，受而进之"③。朝臣也会上表称贺进贡，如裴次元作有《贺冬进物状》，令狐楚作有《冬至进鞍马弓剑香囊等状二首》，李商隐作有《为荥阳公进贺冬银等状》④。

此外，冬至还"受万国之朝贡"⑤，如崔立之《南至隔仗望含元殿香炉》诗云："千官望长至，万国拜含元。"⑥《开元天宝遗事》中记载了交趾国进辟寒犀之事，玄宗"开元二年（714）冬至，交趾国进犀一株，色如黄金。使者请以金盘置于殿中，温温然有暖气袭人。上问其故，使者对曰：'此辟寒犀也。顷自隋文帝时，本国曾进一株，直至今日。'上甚悦，厚赐之。"⑦

6. 宴饮、休假

唐代，冬至常设有宴会，"飨百官"⑧，并"宴见蕃国王"⑨。殿中省官员要给皇帝"跪而进爵"，尚食奉御与光禄视官员品秩，"分其等差而供焉。其赐王公已下及外方宾客亦如之"⑩。宴会中备有乐舞，用乐章七⑪，奏《七德》

---

① （宋）王溥：《唐会要》卷20《公卿巡陵》，第465—466页。
② （宋）王溥：《唐会要》卷29《节日》，第635页。
③ （唐）李林甫等撰，陈仲夫点校：《唐六典》卷20《太府寺》，第542页。
④ （宋）李昉等编：《文苑英华》卷640《进贡上》，中华书局1982年影印本，第3293页。
⑤ （唐）李林甫等撰，陈仲夫点校：《唐六典》卷7《尚书工部》，第217页。
⑥ （清）彭定求等编：《全唐诗》卷347，第3882页。
⑦ （五代）王仁裕撰，曾贻芬点校：《开元天宝遗事》卷上《辟寒犀》，中华书局2006年版，第16页。
⑧ （唐）李林甫等撰，陈仲夫点校：《唐六典》卷11《殿中省》，第324页。
⑨ （宋）欧阳修、宋祁：《新唐书》卷23上《仪卫志上》，第483页。
⑩ （唐）李林甫等撰，陈仲夫点校：《唐六典》卷11《殿中省》，第323—324页。
⑪ （宋）王溥：《唐会要》卷33《太常乐章》，第708页。

之舞①。

另外，冬至与元正作为唐代最重要的节日，例行休假且时间最长。官方明文规定，内外官吏在元正、冬至"各给假七日"②。

7. 赏赐

唐代，冬至例行赏赐，包括赐官、赐爵、加阶、赐勋、赐出身、赐物、赐酺等。

赐官，如德宗贞元六年（790）十一月庚午，南郊祭天后下诏："宰相及东都留守、六军统军、诸道节度使、神策神武金吾六军、都团练防御观察使、京兆河南尹、正员尚书、御史台长官、太常卿，各与一子官。故尚父子仪，与一子五品正员官，如已五品已上，量与改转。赠太尉秀实，与一子官。张巡、许远、南霁云、颜真卿、杲卿，各与一子正员官。"③

赐爵、加阶、赐勋，如玄宗开元十一年（723）十一月戊寅，亲祀南郊后，下制："升坛行事官及供奉官，三品已上赐爵一级，四品已下赐一阶。内外文武官及致仕并前资陪位者，赐勋一转"，"其诸军节度大使及三都留守，虽不陪位，资寄既重，特宜同升坛官例"④。

赐出身，如德宗贞元元年（785）十一月癸卯，日南至，下诏赐"嗣王、郡主、县主，各与一子出身"⑤。

赐物，如在敦煌写本 S.6537 背 14 分号《大唐新定吉凶书仪一部并序》所载"节候赏物"中有"冬至日赏毡履、（？）袜"等。例如玄宗开元十一年（723）"十一月戊寅，亲祠南郊"，"百岁老人赐帛五段、粟五石，县令至其家存问给付。亚献邠王守礼、终献宁王宪，各赐物一千匹。侍中源乾耀（曜）、中书令张说、兵部尚书同中书门下三品王晙，各赐物五百匹。三

---

① （宋）王溥：《唐会要》卷33《庆善乐》，第717页。
② （唐）李林甫等撰，陈仲夫点校：《唐六典》卷2《尚书吏部》"吏部郎中员外郎"条注，第35页。
③ （宋）王钦若等编：《册府元龟》卷131《帝王部·延赏二》，第1576—1577页。
④ （宋）王钦若等编：《册府元龟》卷80《帝王部·庆赐二》，第932页。
⑤ （宋）王钦若等编：《册府元龟》卷81《帝王部·庆赐三》，第942页。

王后,赐物一百匹。二品、三品,八十疋;四品、五品,六十疋;六品、七品,四十疋;八品、九品,三十疋。郡王、县主,各赐物八十疋"①。当大臣受赏赐后,例加谢恩,如常衮《谢冬至赐羊酒等表》曰:"中使某至,奉宣恩旨,以至节赐臣米、面、羊、酒、猪、鹿、杂味等"②;又如令狐楚《为人作谢子恩赐状五首之三》云:"臣得进奏官赵履温状,报中使姚文嵩到院,奉宣进旨,赐臣男公敏冬至节料、羊、酒、面等。伏以愚臣在边,贱等蝼蚁,弱子兼疾,微如尘埃。岂意陛下施惠必均,推恩皆及属。……不胜感戴,恋结之至。"③

此外,皇帝有时也会下诏赐酺,如中宗景龙三年十一月乙丑,亲祀南郊后,诏赐天下"大酺三日"④;又如玄宗开元九年(721)十一月庚午冬至,"赐酺三日"⑤。

8. 恤民

唐代冬至,皇帝大赦天下时,也常有恤民举措,如代宗大历元年(766)"十一月甲子,日长至",大赦天下,并诏"天下百姓除正租庸及军器所须外,不承正敕,一切不得辄有科率。国以人为本,人以农为业,顷由师旅,征税殷繁,编户流离,田畴荒废,永言牧宰,政切亲人。其刺史、县令,宜以招辑户口垦田多少用为殿最,每年终委本道按察使、节度等使案覆闻奏,如课绩尤异,当加超擢;或正理无闻,必实科贬。逃亡失业,萍泛无依,特宜招抚,使安乡井。其逃户复业者,宜给复三年。如百姓先货卖田宅尽者,宜委州县取逃死户口田宅,量丁口充给,仍仰县令亲至乡村安存处置,务从乐业,以赡资粮。王畿之间,赋敛尤重,百役供亿,当甚艰辛,哀我疲人,良多悯念。盍彻之税,著自周经,未便于人,何必行

---

① (宋)王钦若等编:《册府元龟》卷80《帝王部·庆赐二》,第932页。
② (宋)李昉等编:《文苑英华》卷595《谢冬至赐羊酒等表》,第3086页。
③ (宋)李昉等编:《文苑英华》卷629《为人作谢子恩赐状五首之三》,第3256页。
④ (后晋)刘昫等:《旧唐书》卷7《中宗纪》,第148页。
⑤ (后晋)刘昫等:《旧唐书》卷8《玄宗纪上》,第182页。

古？其什一税宜停"①。

（二）冬至节的社会风俗

唐代，民间对于冬至节也是非常重视，这一天往往要举行献寿、饮宴、拜贺等活动。

冬至献寿是当时民间重要的习俗，如姚合《和李十二舍人冬至日》诗云："献寿人皆庆，南山复北堂。从今千万日，此日又初长。"②祝贺长寿的对象既有长辈，如杨炯《伯母东平郡夫人李氏墓志铭》云："夫人年逾耳顺，视听不衰，每献岁发春，日南长至，群从子弟称觞上寿者动至数十百"③；也有晚辈，如杜牧《冬至日寄小侄阿宜诗》云："去岁冬至日，拜我立我旁。祝尔愿尔贵，仍且寿命长。今年我江外，今日生一阳。忆尔不可见，祝尔倾一觞。"④

饮宴，唐代有"亚岁崇佳（一作高）宴"⑤的风俗，如张登《冬至夜郡斋宴别前华阴卢主簿》序云："时日南至，登与宾客僚吏，会别于郡斋，骊酒卜夜，夜艾酒酣而不能自已，故咸请诗之"，登遂作诗："虎宿方冬至，鸡人积夜筹。相逢一尊酒，共结两乡愁。"⑥当时，甚至出现了寻亲却误入他宅，并参加冬至家宴的趣事，据《实宾录》记载："唐进士何需亮自外州至访其从叔，误造郎中赵需宅，自云同房。会冬至，需欲家宴，谓需亮云：既是同房，便令入宴。姑娣妹妻子尽在焉。需亮馔毕徐出，乃细察之，何氏之子也。需大笑，需亮岁余不敢出京城。时号赵为'何需郎中'。"⑦

---

① （宋）王钦若等编：《册府元龟》卷88《帝王部·赦宥七》，第1052页。
② （清）彭定求等编：《全唐诗》卷501，第5694页。
③ （宋）李昉等编：《文苑英华》卷964《伯母东平郡夫人李氏墓志铭》，第5068页。
④ （唐）杜牧撰，吴在庆校注：《樊川文集》卷1，《杜牧集系年校注》，中华书局2008年版，第80—81页。
⑤ （唐）皎然：《冬至日陪裴端公使君清水堂集》，（清）彭定求等编：《全唐诗》卷817，第9205页。
⑥ （清）彭定求等编：《全唐诗》卷313，第3526页。
⑦ （宋）马永易：《实宾录》卷1《何需郎中》，《景印文渊阁四库全书》本，第920册，台湾商务印书馆1985年版，第300页。

拜贺，唐代僧俗民众在冬至节会相互馈赠物品，并互致良好祝愿，对域外人士一样拜贺，其祝词种类颇多。《入唐求法巡礼行记》中对此有形象生动的描述：开成三年十一月廿七日，"冬至之节，道俗各致礼贺。住俗者，拜官，贺冬至节。见相公即道：'〔晷〕运推移，日南长至。伏惟相公尊体万福。'贵贱官品并百姓皆相拜贺。出家者相见拜贺，口叙冬至之辞，互相礼拜。俗人入寺，亦有是礼。众僧对外国僧，即道'今日冬至节，和尚万福。传灯不绝，早归本国，长为国师'云云。各相礼拜毕，更到'严寒'。或僧来云'冬至，和尚万福。学光三学，早归本乡，常为国师'云云。有多种语。……俗家、寺家各储希膳，百味总集。随前人所乐，皆有贺节之辞。道俗同以三日为期贺冬至节。"[1]

唐代还出现冬至前一夜守岁的习俗，如卢延让《冬除夜书情》诗云："兀兀坐无味，思量谁与邻。数星深夜火，一个远乡人。雁蠹天微雪，风号树欲春。愁章自难过，不觉苦吟频"[2]；又如《太平广记》中记载：贞元六年（790），"是夕冬至除夜，卢家方备粢盛之具"[3]；另在《入唐求法巡礼行记》中也明确记载开成三年十一月廿六日，即冬至前一天，"夜，人咸不睡"[4]。

此外，民间还有自冬至节数九等习俗。相关研究颇多，兹不赘述。

由上可见，唐代冬至节的官方制度规定日臻完备，且具有极强的礼仪性和明显的娱乐性，而民间冬至节风俗的礼仪性和娱乐性也显著增强。

二、日本冬至节的出现及其流变

日本原来没有冬至节，如《令义解·杂令》"诸节日"条记载："凡正

---

[1] 〔日〕释圆仁原著，白化文等校注：《入唐求法巡礼行记校注》卷1，花山文艺出版社2007年版，第78—79页。

[2] （清）彭定求等编：《全唐诗》卷885，第10008—10009页。

[3] （宋）李昉等编：《太平广记》卷340《鬼二五·卢顼》引《通幽录》，中华书局1986年版，第2909页。

[4] 〔日〕释圆仁原著，白化文等校注：《入唐求法巡礼行记校注》卷1，第77页。

月一日、七日、十六日，三月三日，五月五日，七月七日，十一月大尝祭，皆为节日。其普赐，临时听敕。"[1] 在日本官方史籍中最早提及冬至节的是《日本书纪》，据载：齐明天皇五年（659）七月戊寅，"遣小锦下坂合部连石布、大仙下津守连吉祥使于唐国，仍以陆道奥虾夷男女二人示唐天子"[2]。此次遣唐使团参加了唐高宗显庆四年（659）东都洛阳的冬至大朝会，使团中一位叫伊吉连博德的人员记录了随行见闻，即《伊吉连博德书》，其中提到"十一月一日，朝有冬至之会，日亦觐。所朝诸蕃之中，倭客最胜"[3]。该记述虽被《日本书纪》引用，但反映的却是唐代的冬至节。

日本的冬至节始于圣武天皇时期，神龟二年（725）"十一月己丑，天皇御大安殿，受冬至贺辞。亲王及侍臣等，奉持奇玩珍宝，进之。即引文武百寮、五位已上，及诸司长官、大学博士等，宴饮终日，极乐乃罢。赐禄各有差"[4]。当时伴有朝贺、进贡、宴饮、赏赐等内容。圣武天皇神龟二年正是唐玄宗开元十三年，唐朝正值"开元盛世"。显然，日本的冬至节是在受到唐朝制度文化影响后孕育而生的。

日本冬至节的礼仪制度虽然还远不如唐朝那样完备，但是也有祭天、大赦、朝贺、进贡、宴饮、赏赐、恤民等具体规定（见表1），同样具有礼仪性和娱乐性的特点。

表1 日本史籍中有关冬至节的记载

在位天皇	年号	礼仪制度	史料出处
圣武天皇	神龟二年（725）	朝贺、进贡、宴饮、赏赐	《续日本纪》卷9
圣武天皇	神龟五年（728）	宴饮、赏赐	《续日本纪》卷10
圣武天皇	天平四年（732）	宴饮、赏赐、大赦、恤民	《续日本纪》卷11

---

[1]〔日〕清原夏野等：《令义解》卷10《杂令》，《新订增补国史大系》（第22卷），吉川弘文馆2000年版，第341页。
[2]〔日〕舍人亲王等：《日本书纪》卷26，经济杂志社1897年版，第464页。
[3]〔日〕舍人亲王等：《日本书纪》卷26，第465页。
[4]〔日〕菅野真道等：《续日本纪》卷9，经济杂志社1897年版，第155页。

续表

在位天皇	年号	礼仪制度	史料出处
称德天皇	神护景云三年（769）	宴饮、进贡、赏赐	《续日本纪》卷30
桓武天皇	延历三年（784）	赏赐、恤民	《续日本纪》卷38
桓武天皇	延历四年（785）	祭天	《续日本纪》卷38
桓武天皇	延历六年（787）	祭天	《续日本纪》卷39
桓武天皇	延历廿二年（803）	朝贺、大赦、赏赐、恤民	《类聚国史》卷74《岁时部五·冬至》
嵯峨天皇	弘仁十三年（822）	朝贺、大赦、赏赐、恤民	《类聚国史》卷74《岁时部五·冬至》
仁明天皇	承和八年（841）	朝贺、大赦、赏赐、恤民、宴饮	《类聚国史》卷74《岁时部五·冬至》
清和天皇	贞观二年（860）	朝贺、大赦、赏赐、恤民、宴饮	《类聚国史》卷74《岁时部五·冬至》
阳成天皇	元庆三年（879）	朝贺、大赦、赏赐、恤民、宴饮	《类聚国史》卷74《岁时部五·冬至》

日本冬至节的礼仪制度在圣武天皇（724—749）和桓武天皇（781—806）在位时期，有重要发展和变化，具体表现在三个方面：

第一，冬至大赦和恤民之制，始于圣武天皇天平四年（732），完善于桓武天皇时期。

圣武天皇时期，冬至节还只是"曲赦京及畿内二监，天平四年十一月二十一日昧爽已前，徒罪已下"[1]。至桓武天皇时期，冬至节已经开始大赦天下了，如延历二十二年（803）十一月戊寅，朔旦冬至，壬辰诏曰："自延历廿二年十一月十五日昧爽以前，徒罪以下，计无轻重，悉皆赦除。但犯'八虐'、故杀人、谋杀人、强窃二盗、私铸钱，常赦所不免者，不在赦限。"[2]

圣武天皇时期，冬至节恤民对象只是针对"京及倭国百姓年七十以上，鳏寡茕独不能自存者，给绵有差"[3]。至桓武天皇延历三年（784）十一月朔旦冬至，恤民对象仍仅为京畿百姓，敕曰："京畿当年田租并免之。"[4]但是到了桓武天皇延历廿二年，恤民对象已经变为天下高年，如十一月壬辰诏

---

[1] 〔日〕菅野真道等：《续日本纪》卷11，第189—190页。
[2] 〔日〕菅原道真：《类聚国史》卷74《岁时部五·冬至》，经济杂志社1916年版，第529—530页。
[3] 〔日〕菅野真道等：《续日本纪》卷11，第189—190页。
[4] 〔日〕菅野真道等：《续日本纪》卷38，第702页。

曰：" 天下高年，百岁以上穀二斛，九十以上一斛，八十以上五斗，庶恤隐之旨，感于上玄，珍贶之应，……布告遐迩，知朕意焉。"①

可以说，冬至大赦和恤民的覆盖范围在桓武天皇时期正式从京畿扩展到全国，且成为定制。

第二，冬至祭天只出现于桓武天皇时期。

据《续日本纪》所载，桓武天皇时期的冬至祭天共有两次，一次是在延历四年（785）十一月"壬寅，祀天神于交野柏原，赛宿祷也"②；另一次是在延历六年（787）"十一月甲寅，祀天神于交野"。第二次祭天留有祭文，"维延历六年岁次丁卯十一月庚戌朔甲寅，嗣天子臣谨遣从二位行大纳言兼民部卿造东大寺司长官藤原朝臣继绳，敢昭告于昊天上帝……方今大明南至，长暑初升。敬采燔祀之义，祇修报德之典"③。从中可知，这次的祭天礼仪是由朝臣摄行的。

第三，9世纪后，19年一次的"朔旦冬至"定型于桓武天皇时期。

桓武天皇时期，曾出现过两次"朔旦冬至"，第一次是在延历三年十一月戊戌，当时敕曰："十一月朔旦冬至者，是历代之希遇，而王者之休祥也。朕之不德，得值于今，思行庆赏，共悦嘉辰。王公已下，宜加赏赐。"④第二次是在延历廿二年十一月戊寅，当时百官诣阙上表曰："伏检今年历，十一月戊寅，朔旦冬至。又有司奏称：老人星见。臣等谨案，元命包曰：老人星者，瑞星也。见则治平主寿。……谨诣阙奉表以闻。"⑤桓武天皇于壬辰下诏曰："又今年十一月，朔旦冬至，皇太子某及百官表贺……自延历廿二年十一月十五日昧爽以前，徒罪以下，计无轻重，悉皆赦除。但犯'八虐'、故杀人、谋杀人、强窃二盗、私铸钱，常赦所不免者，不在赦限。敢以赦前事相告言者，以其罪罪之。其王公以下，宜加普赐，但能尽忠力，

---

① 〔日〕菅原道真：《类聚国史》卷74《岁时部五·冬至》，第530页。
② 〔日〕菅野真道等：《续日本纪》卷38，第720页。
③ 〔日〕菅野真道等：《续日本纪》卷39，第735页。
④ 〔日〕菅野真道等：《续日本纪》卷38，第702页。
⑤ 〔日〕菅原道真：《类聚国史》卷74《岁时部五·冬至》，第528—529页。

先有勤效者，特加爵赏，用申褒宠。内外文武官主典已上，叙爵一级，正六位上者，宜量一物。天下高年，百岁以上穀二斛，九十以上一斛，八十以上五斗，庶恤隐之旨，感于上玄，珍贶之应……布告遐迩，知朕意焉。"[1]

"朔旦冬至"，每19年一次。自桓武天皇延历二十二年以后，《类聚国史》中还记载了嵯峨天皇（809—823）、仁明天皇（833—850）、清和天皇（858—876）和阳成天皇（876—884）时期的"朔旦冬至"，虽然这几位天皇所颁诏书措辞不同，但是内容大都沿袭了桓武天皇延历二十二年"朔旦冬至"的礼仪制度。

到了9世纪后，从日本古代的《内里式》《仪式》到日本南北朝时期的《建武年中行事》，都没有收入冬至。从平安后期到江户时代，除了有关19年才有一次的"朔旦冬至"，在日本朝廷的年中岁时中，已经很难见到冬至节的踪影。[2] 尽管如此，我们仍可以确定9世纪以降，19年一次的"朔旦冬至"定型于桓武天皇时期。

不过，唐代冬至节对日本的影响仅限于官方礼仪制度层面，还没有能够深入民间社会风俗之中。因为据《入唐求法巡礼行记》记载，日本僧人圆仁认为唐代冬至节"总并与本国正月一日节同也"[3]，可知当时日本民间并没有冬至习俗。

三、结语

综上所述，唐代的冬至作为重要节日，在国家祀典中具有举足轻重的地位，在官方制度中有较为完备的规定，在民间社会风俗中有重要的影响。

---

[1] 〔日〕菅原道真：《类聚国史》卷74《岁时部五·冬至》，第529—530页。
[2] 参见刘晓峰：《日本冬至考——兼论中国古代天命思想对日本的影响》，《清华大学学报（社会科学版）》2007年第3期。
[3] 〔日〕释圆仁原著，白化文等校注：《入唐求法巡礼行记校注》卷1，第79页。

唐代冬至节的官方制度与民间风俗呈现出礼仪性和娱乐性不断增强的趋势。在唐朝与日本的文化交流过程中，日本深受唐朝制度文化的影响，在8世纪前期逐渐出现了冬至节。虽然自9世纪后，除了19年一次的"朔旦冬至"，冬至节又从日本朝廷的年中岁时中淡出，但是唐代冬至节的礼仪制度却已深深融入日本制度之中。

后 记

  本书汇集了我在城市史研究方面的十余篇文章，起初想命名为《唐宋城市史研究》，只因感觉目前若做一个大而全的研究力有不逮，且全书在整体上还不够系统，故定名为《唐宋城市史论集》。

  城市是一个复杂且动态变化的系统，需要研究的问题甚多。本书反映了我对唐宋城市史研究的若干思考，以及在城市建置与交通路线、城市人口与社会群体、城乡经济与城市管理、城市景观与生态环境、城市文化与社会风俗等方面的一些探索。有些研究仅仅只是开始，未来还将砥砺前行。

  书中所收录的文章大多已经在《史学理论研究》、《中国边疆史地研究》、《中国农史》等期刊上发表，得到了诸多师友、审稿人和编辑的指正和帮助。其中，《"中世纪城市革命"论说的提出和意义》、《新中国70年来的中国古代人口史研究》和《唐代后期江南的乡村经济》等文章系由我执笔，分别与业师宁欣教授、孙俊教授、尹北直副教授合作。此次书稿出版，我对原来发表的一些内容有所修订。

  本书的出版，得到了教育部人文社会科学重点研究基地北京师范大学史学理论与史学研究中心项目的资助（项目号：22HTH77004），也得到商务印书馆的支持和帮助，谨致谢忱！

陈涛
北京师范大学史学理论与史学史研究中心
2023年7月22日